# EU AI법 활용 가이드

# EU AI법 활용 가이드

**초판 1쇄 발행** 2025년 3월 20일

**지은이** 박정인, 안상수, 정현
**펴낸이** 장길수
**펴낸곳** 지식과감성#
**출판등록** 제2012-000081호

**교정** 김지원
**디자인** 오정은
**편집** 오정은
**검수** 한장희, 이현
**마케팅** 김윤길

**주소** 서울시 금천구 벚꽃로298 대륭포스트타워6차 1212호
**전화** 070-4651-3730~4
**팩스** 070-4325-7006
**이메일** ksbookup@naver.com
**홈페이지** www.knsbookup.com

ISBN 979-11-392-2477-1(93360)
값 20,000원

- 이 책의 판권은 지은이에게 있습니다.
- 이 책 내용의 전부 또는 일부를 재사용하려면 반드시 지은이의 서면 동의를 받아야 합니다.
- 잘못된 책은 구입하신 곳에서 바꾸어 드립니다.

지식과감성#
홈페이지 바로가기

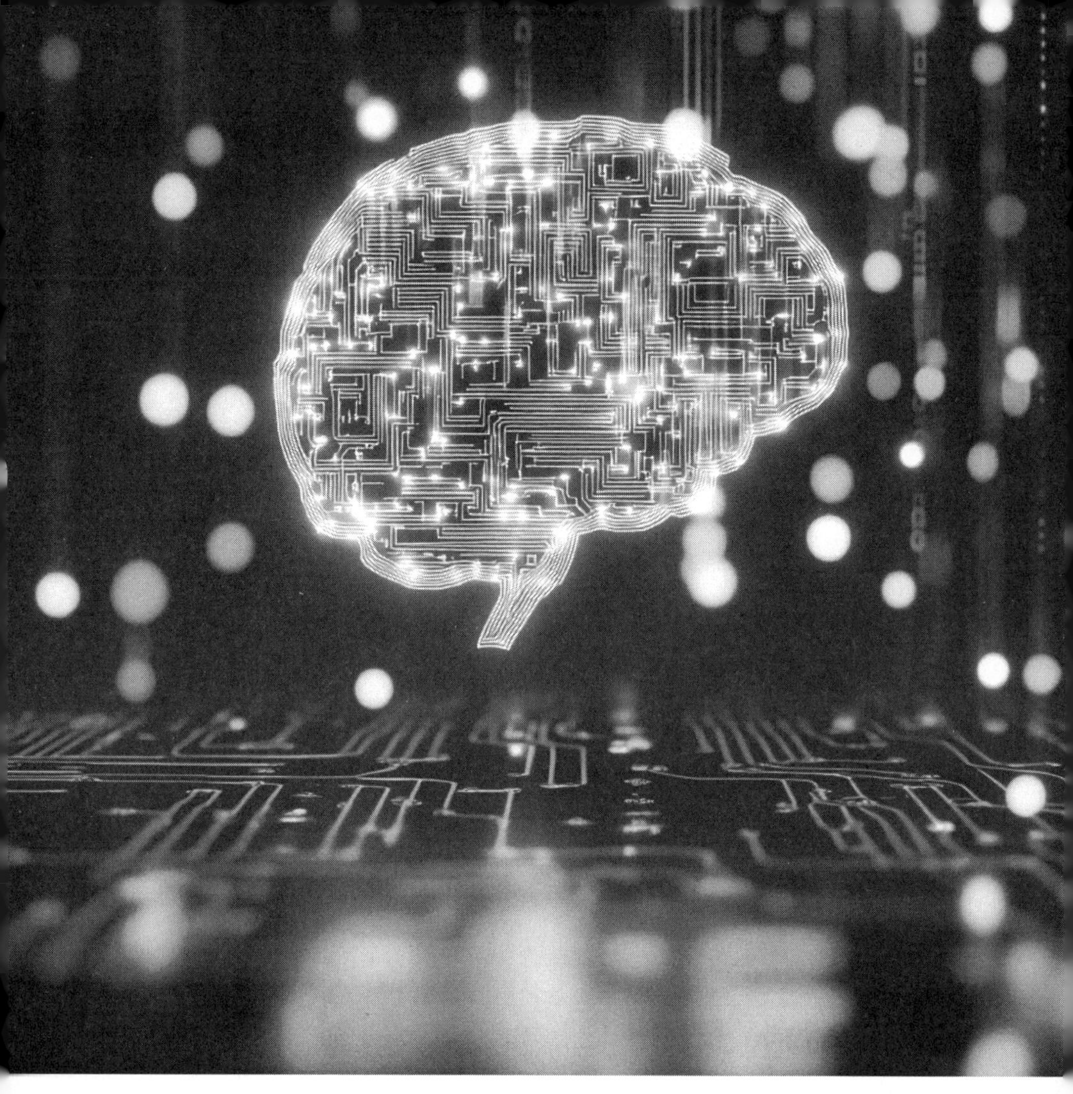

# EU AI법 활용 가이드

박정인 안상수 정현

# 목차

## I. EU AI Act 관련 현황
  1. 인공지능 산업 현황과 각국의 대응 · · · · · · · · · · · · · · · · · · · · · · · · · · · · · · 8
  2. EU AI Act를 공부해야 하는 이유 · · · · · · · · · · · · · · · · · · · · · · · · · · · · · · 13

## II. EU AI Act 내용
  제1장 총칙 · · · · · · · · · · · · · · · · · · · · · · · · · · · · · · · · · · · · · · · · · · · · · · · · · · · · · · · 22
  제2장 금지되는 AI 시스템 · · · · · · · · · · · · · · · · · · · · · · · · · · · · · · · · · · · · · · · 55
  제3장 고위험 AI 시스템 · · · · · · · · · · · · · · · · · · · · · · · · · · · · · · · · · · · · · · · · · 68
  제4장 특정 AI 시스템 제공자 및 배포자에 대한 투명성 의무 · · · · · · · · · 180
  제5장 범용 AI 모델 · · · · · · · · · · · · · · · · · · · · · · · · · · · · · · · · · · · · · · · · · · · · 189
  제6장 혁신지원방안 · · · · · · · · · · · · · · · · · · · · · · · · · · · · · · · · · · · · · · · · · · · · 205
  제7장 거버넌스 · · · · · · · · · · · · · · · · · · · · · · · · · · · · · · · · · · · · · · · · · · · · · · · · 226
  제8장 고위험 AI 시스템을 위한 EU 데이터베이스 등록 · · · · · · · · · · · · · · 241
  제9장 시장 출시 후 모니터링, 정보 공유 및 시장 감시 · · · · · · · · · · · · · · 244
  제10장 행동 강령 및 지침 · · · · · · · · · · · · · · · · · · · · · · · · · · · · · · · · · · · · · · · 289
  제11장 권한 위임 및 위원회 절차 · · · · · · · · · · · · · · · · · · · · · · · · · · · · · · · · 292
  제12장 벌칙 · · · · · · · · · · · · · · · · · · · · · · · · · · · · · · · · · · · · · · · · · · · · · · · · · · · 297
  제13장 최종 조항 · · · · · · · · · · · · · · · · · · · · · · · · · · · · · · · · · · · · · · · · · · · · · · 306

**기타** ················································· 323

**마치면서** ············································· 326

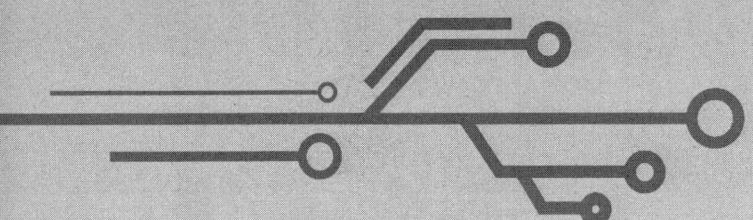

# I.
# EU AI Act 관련 현황

# 인공지능 산업 현황과 각국의 대응

인간은 왜 존엄한가? 다른 생명체도 모두 존엄한데 인간만이 존엄한가? 인간의 존엄은 사유(思惟) 때문이었다. 이러한 관점에서 인공지능은 인간의 사고에서 필요한 능력을 모방한 기술이라고 정의할 수 있다. 우리 인간과 마찬가지로 인공지능은 하루가 다르게 공부하며 성장하고 있으며, 그 시장 규모도 전 분야로 급속도로 확장되고 있다. 어느 순간에 모든 인간은 인공지능의 의존 없이 스스로 사유하기 어려워질 날이 올지 모른다.

인공지능이란 용어는 1956년 영국 다트머스 회의(Dartmouth Conference)에서 인지 과학자인 존 매카시에 의해 처음으로 개념이 정의되었다. 가트너는 인공지능이 인간을 대체하여 수행하는 것을 모방하는 기술로 정의하였다. 강한 인공지능은 인간처럼 생각하고 행동하는 시스템으로 튜링 테스트와 같이 인공지능이 한 것인지 인간이 한 것인지 알 수 없는 정도로 구분할 수 없는 것을 의미하고, 약한 인공지능은 인공지능의 산출물과 인간의 산출물을 구별할 수 있음을 뜻한다. 결국 약한 인공지능의 합리성은 계산 방식에서 오는 것이라서 강한 인공지능은 때로는 예측할 수 없는 인간의 특징까지 흉내 내는 것이라고 할 수 있다.

결국 인공지능이 체화된 시스템은 나아가 기계장치가 된다. 이는 차량, 드론 등과 같은 로봇, AI 에이전트 등 일정한 제어나 통제가 필요한 곳에 포함된다. 특히 제어가 특정되는 임베디드 시스템이나 인간의 뇌와 유사하게 작동하는 신경망으로서 인식과 인지를 수행하는 인공신경회로망까지 활용되어 ① 학습 및 추론, ② 상황 이해, ③ 언어 이해, ④ 시각 이해, ⑤ 인지컴퓨팅 등의 다양한 상황으로 인공지능의 역할이 확대될 것이다. 이미 인공지능은 제조업, 의료 및 바이오 기술, 국방 기술, 교육 서비스, 자동차 기술, 광고 마케팅, 금융, 법무, 회계 등 다양하고 복잡한 기술 분야에서 활용되고 있다. 이미 디자인 분야와 같이 직접 요청으로 산출물을 내는 오퍼 아웃풋 분야는 인력이 전멸한 상태에서 한국은 문화예술계의 TDM 등의 저작권법 수용이 반대에 그쳐 인공지능 산업은 상당히 불안한 상태에서의 행보를 계속하고 있다.

**산업별 AI 활용 사례**

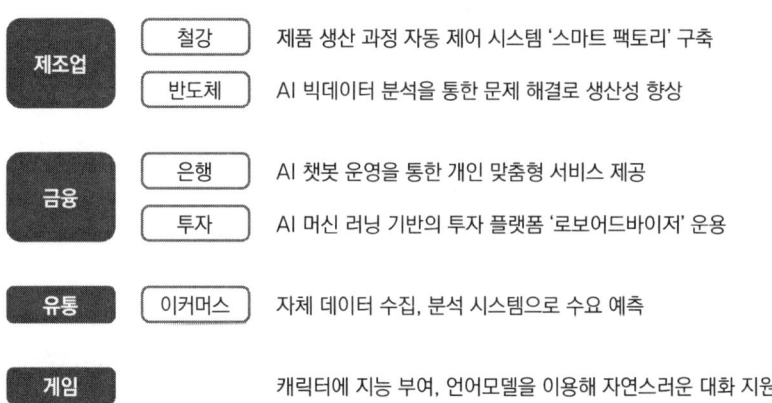

## 정부의 10대 AI 활용 서비스 목표와 구축 데이터

| 법률 | 계약서 검토·법령 해석·판결 분석 / 판결문 |
|---|---|
| 보건의료 | 진료수술실 대화 작성·영상 판독 / 의료 대화와 차트 |
| 행정사무 | 문서 작성·민원 대응 / 정부 문서 분류·신문고 민원 |
| 교육 | 받아쓰기, 문장 비교 / 문장 간 의미관계 이해 |
| 미디어콘텐츠 | 콘텐츠 생성·메타버스 / 영상·음성 등 멀티모달 |
| 제조·로보틱스 | 양팔 로봇 조작 등 / 비정형 물체 3D 등 |
| 교통·물로 | 법규 위반 선별·창고 풀필먼트 / 드론 도로·로봇 창고 주행 정보 |
| 국방 | 감시 정찰·AI 기반 지휘 / 지상무기·항공기·시설 CCTV |
| 안전환경 | 하천사고 대응·토지산림변화 탐지 / 국가 하천 CCTV·수종·식생 등 |
| 농림축수산 | 반려동물과 수산생물 질병 탐지 / 질병·감염 이미지 |

※ 2027년까지 과기정통부 추진 계획

미국은 2013년 2월 브레인 이니셔티브 정책을 과학기술정책국(OSTP: Office of Science and Technology Policy)에서 10년 동안 30억 달러 규모 투자 진행을 결정한 이래 DARPA(국방고등연구계획국), FDA(식품의학국), NSF(국립과학재단) NIH(국립보건원) 등이 정부 기관으로 함께 인공지능 투자에 혈안이 되어 있다. 일본 역시 총무성, 문부과학성, 경제산업성 등에서 로봇 등 기기 중심의 파편적 연구를 진행하다가 인프라, 의료, 에너지, 정보통신, 제조업, 교육, 농림어업 등 2015년 1월 로봇 신

전략을 발표하면서 인공지능산업에 대해 ① 휴머노이드(로봇) ② 자율주행차 ③ 산업용로봇으로 종합적 연구개발 계획이 등장했다. 유럽은 2014년 Humanbrain Project를 수행하여 인공지능기술을 유럽의 6대 기술로 선정한 이래 Horizon 2020으로 euRobotics AISBL 브뤼셀에 기반한 EU 내 비영리국제기구 유럽 로봇 커뮤니티를 구성하고 SPARC 프로그램, 인공지능 전 분야의 연구와 혁신, 기술과 시스템 촉진, 로보틱스 인프라 구축, 모니터와 평가, 투자와 기업가 정신 촉진을 유도하고 있다. 중국도 2015년 3월, 중국 정치회사 양회에서 차이나 브레인 프로젝트로 바이두의 리옌훙 최고 경영자가 제안한 이래 공업정보화부가 로봇 집중육성 계획과 함께 중국은 2016년부터 13.5개년 계획을 운영하고 있다.

우리나라는 2013년 미래창조과학부 엑소브레인 프로젝트에서 인공지능 정부 지원이 시작된 이래 로봇, 자율주행 자동차, 빅데이터, 사물인터넷이 각각 국토교통부, 행정자치부, 미래창조과학부, 산업통상자원부, 과학기술정보통신부로 부처별 지원이 진행되고 있다. 이와 관련하여 우리나라는 인공지능 분야 전문 인력 양성 계획에도 힘을 쏟고 있는데 교육 차원에서 접근하기도 하고 인공지능 스타트업 등 다양한 인력 흡수를 가지고 거래 비용을 낮추는 조세감면, 샌드박스 등 다양한 방식들을 고려할 수 있을 것이다.

나아가 2024년 12월 26일 국회는 '인공지능 발전과 신뢰 기반 조성 등에 관한 기본법안'이 의결되어 정부로 이송되었다. 만약 위의 법안이 국무회의를 거쳐 공포된다면 이는 인공지능과 관련된 법률 제정에 있어 EU에 이어 세계에서 두 번째로 제정되는 것으로 인공지능이 국가 경쟁력 향상을 위한 기본적 요소로 평가받고 있는 지금의 상황에서 큰 의미를 가진다고 볼 수 있다. 해당 법안은 제5장으로 구성되어 있는데, 제1장은 목적, 정의, 기본원칙 등의 내용을 담은 총칙, 제2장은 기본계획의 수립, 국가인공지능위원회, 인공지능정책센터, 인공지능안전연구소 등 인공지능의 건전한 발전과 신뢰 기반 조성을 위한 추친체계, 제3장은 인공지능기술의 표준화, 인공지능 개발 및 인공지능산업 활성화 등 인공지능 기술 개발 및 산업 육성, 제4장은 인공지능 윤리원칙, 민간자율인공지능윤리위원회, 투명성, 안전성 등 인공지능윤리 및 신뢰성 확보에 관한 내용을 규정하고 있다.

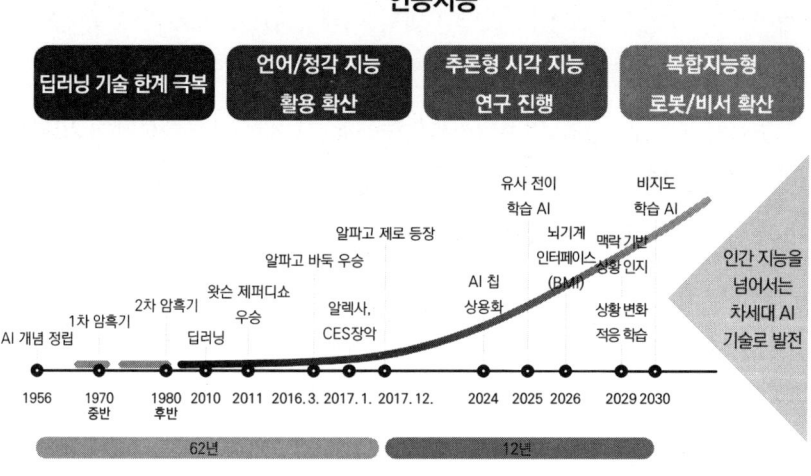

* 출처: I-Korea 4.0 실현을 위한 인공지능 R&D 전략(과기정통부, 2018. 5.)
* 본 그림은 2018년 5월까지의 인공지능 분야 주요 결과물과 향후 2030년까지의 주요 기술 동향을 함께 표시함.

## 2. EU AI Act를 공부해야 하는 이유

(1) 제정의 의미

세계 최초의 인공지능에 대한 포괄적인 규제법 EU AI Act가 2024년 3월 13일 유럽 의회를 통과, 이어 5월 21일 이사회를 통과하였고[1], 6월 13일 최종 법률안이 제정, 7월 12일에 EU Official Journal에 게재되어 그로부터 20일 후 8월 2일에 발효되었다. 발효 이후 6개월 뒤인 2025년 2월에는 금지 대상 AI 규정이 시행될 예정이며, 2025년 8월에는 순차적으로 고위험 AI에 대한 적합성 평가를 규정하고 범용 AI 준수 의무가 생겨나며 2026년 8월 이후에는 고위험 AI 준수 의무 등이 전면 시행될 예정이다.

EU가 포괄적 규제 입법을 모색하는 한편 미국은 인간들에게 사용 자율을 맡기고 각 기업의 정책(약관, 계약)으로 해결하려는 시도가 강한 가운데 EU AI Act는 2021년 4월에 집행위원회 원안과 AI 개념에서 상당한 차이가 발생하였다.

AI의 정의에 있어 단순한 기능의 소프트웨어는 AI에 넣지 않도록 하는 OECD 정의에 부합하는 안으로 수정하였고, 안면 인식을 통한 생체 정

---

[1] 상대적으로 기본권 보호를 중요시 여기는 유럽 의회(European Paliament)와 회원국의 산업진흥을 고려하는 유럽 이사회(Europeac Council)의 의견이 맞서는 부분이 많았으나 결국 유럽 의회 중심의 강도 높은 EU AI Act가 제정되었다.

보 분석, 감정 인식, 범죄 예측과 같은 기본권이 침해될 수 있거나 민감한 개인정보가 남용될 우려가 높은 유형의 개발 및 이용을 금지하며 법 집행을 위한 긴급 상황(테러, 특정 중대범죄 관련 실종자 수색 등) 활용 시에만 예외가 인정되도록 한 것이다. 최근 개발된 생성형 AI도 규제안에 추가되었는데 AI 이용(사업자)에 대한 의무가 강화되어 주로 개발사인 공급자에게 많은 의무가 부과되지만 개발된 AI 시스템을 활용하여 서비스를 제공하는 플랫폼 사업자(AI 이용자)에 대해서도 시장에 출시하기 전에 기본권 영향 평가를 실시하도록 하는 등 의무가 강화되었다. 그래서 특정 분야의 AI 시스템뿐 아니라 다양한 AI 기술과 시스템 전반에 걸쳐 기본법적 성격의 포괄적 규제 방식을 가진 것이 EU 인공지능법이라고 할 것이다. 특히 위험한 규제 방식인 허용 불가 위험, 고위험, 제한 및 최소 위험으로 구분하여 단계별 차등 규제를 기반으로 하고 범용 AI에 대해서는 그 특성을 반영하여 특정한 위험군으로 분류하지 않고 별도로 규제한다.

### 유럽연합(EU)의 인공지능(AI)법 주요 내용

| | |
|---|---|
| AI의 유해 행위 금지 | • 조작이나 기만 기술 등을 사용하는 AI 시스템<br>• 나이와 장애 또는 사회적 취약성을 이용하는 AI 시스템<br>• 공공기관이 사회적 점수 매기기를 목적으로 사용하는 AI 시스템<br>• 공공장소에서 실시간 원격 생체인식을 하도록 한 시스템(납치 피해자, 실종자 수색 등의 목적은 제외) |
| 범용 AI 규제 | • 범용 AI 모델 제공자는 시스템의 안전 및 AI법 준수와 관련한 특정 정보를 공개하도록 의무화함<br>• EU 저작권법에 따라 AI 학습에 활용된 콘텐츠 등을 요약한 내용을 공개해야 함 |

| 적용 대상 | • AI 시스템이 EU 시장에 배치되거나 그 사용이 EU 지역 사람들에게 영향을 미치는 경우, EU 안팎의 공공·민간 행위자(고위험 AI 시스템 배포자 포함) 모두에 적용<br>• 개발 장소와 무관하게 EU 시장에 있는 AI 제품에 적용 |
|---|---|
| 처벌 규정 | • AI법 위한 시 최대 3,500만 유로 또는 직전 회계연도 전 세계 매출액의 7% 규모 벌금 부과 |
| 적용 시기 | • EU 회원국 승인 절차 거쳐 2027년까지 점진적 시행 |

자료: EU 의회

## (2) 주요 내용

EU 인공지능법은 가장 강력한 인공지능 분야의 지침이자 규제이므로 EU 시장, EU와 함께하는 전 세계 190여 개국의 추후 상황을 생각해 볼 때 EU 인공지능법의 규제 체계와 요건에 대한 정확한 이해가 필요하다. 또 EU 인공지능법의 규제 요건이 AI 거버넌스에 미치는 영향 이해 및 대응체계를 국가, 기업, 전문가가 연계 구축할 필요가 있으며 범용 AI 모델 및 시스템 규제 개발 동향에 관한 입체적으로 안전, 경쟁, 안보, 환경 등을 이해하며, 규제 대상 확정의 기준과 리스크 식별-평가-관리-소통 체계 구축 및 이행 방식 지원 체계를 유사하게 도입할 필요가 있다. Regulation (EU) 2024/1689, AI법은 유럽연합 전역에서 인공지능(AI) 시스템의 개발, 시장 배치 및 사용에 관한 통합된 규칙을 설정한 규정이며 AI를 규제하기 위해 마련된 최초의 포괄적인 법률로, AI가 신뢰할 수 있고 인간 중심적이며 기본 권리를 존중하면서도 혁신을 촉진할 수 있도록 보장하는 것을 목표로 한다. 가장 특징적인 주요 내용은 위험 기반 분류를 했다는 것으로 AI 시스템은 위험 수준에 따라 분류되며, 허용되지 않는 위험(금지된 시스템)부터 고위험 시스템까지 각각의 범주에 맞는 요구 사항이 적용된다. 또한 제공자에게 투명성 의무를 요구하였는데 특히 인간과 상호작용하거나 결정에 영향을 미칠 수 있는 AI 애플리케이션(예: 채용, 사법, 의료 분야에서의 AI)에 대해 투명성을 보장해야 한다. 그 밖에 AI 시스템의 제공자, 수입업자 및 사용자에게 명확하게 정의된 책임이 부여되며, 이들은 안전과 EU 표준 준수를 유지해야 한다. 이 규정은 개인과 사회의 권리와 안전을 보호하면서도 안전한 AI 개발을 촉진하려는 EU의 광범위한 전략의 일환이다.

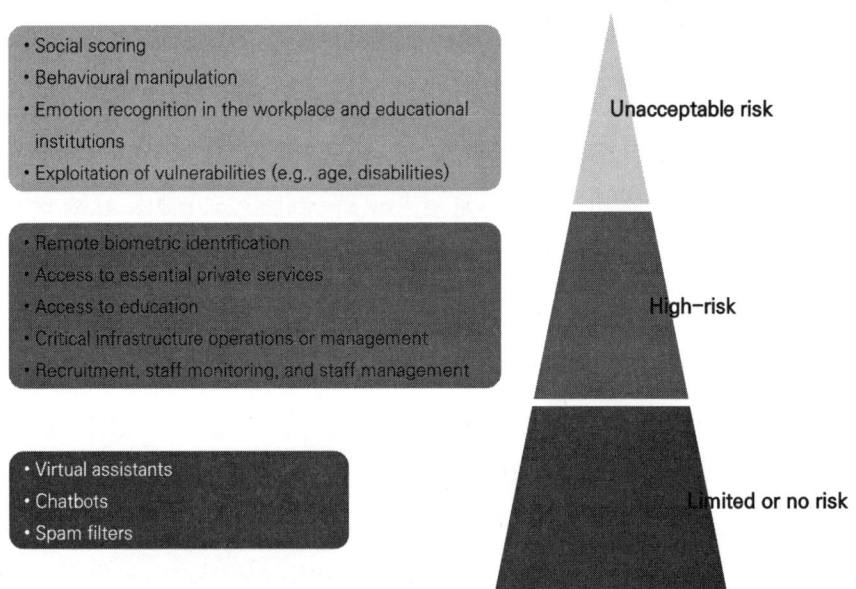

그림 1. EU AI법에서 리스크 수준에 따라 분류된 AI 시스템 예시의 비포괄적 목록

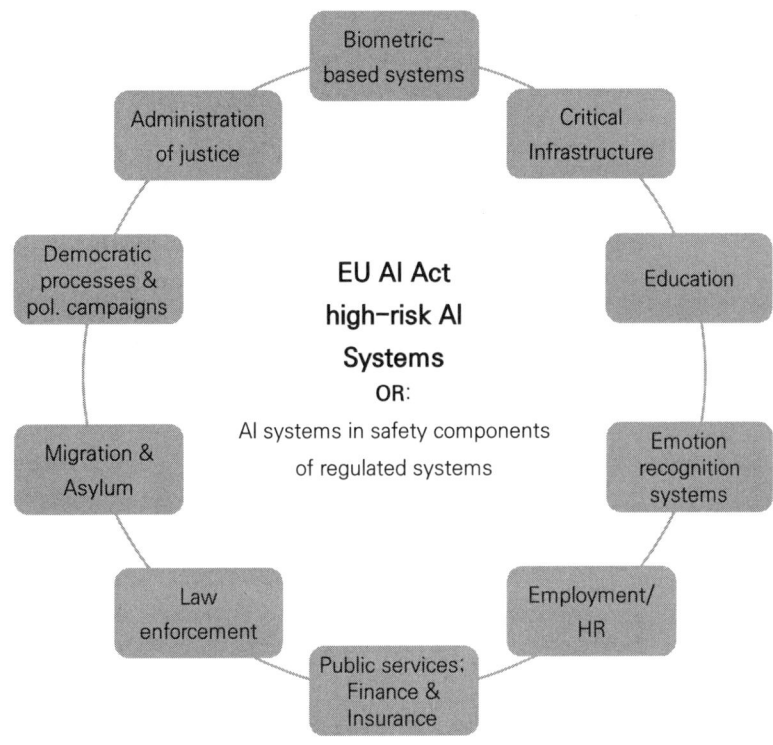

그림 2. EU AI법 고위험 AI 시스템

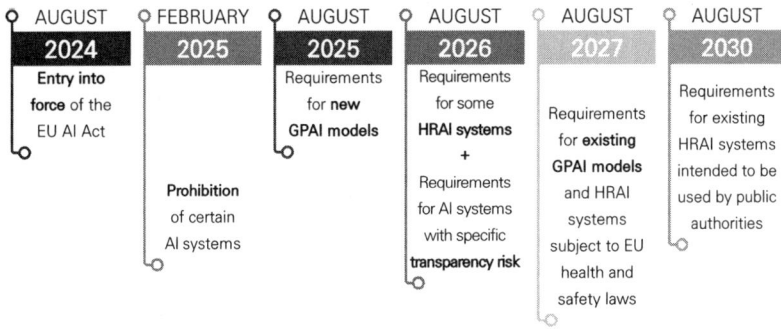

그림 3. EU AI 법안 타임라인

I. EU AI Act 관련 현황

① 위험 기반 규제 접근

　인공지능법은 위험 수준에 따라 AI 시스템에 대한 규제 수준을 자동화하는 위험 기반 접근법을 취하고 있는데 특정 유형의 AI 시스템(4장)과 범용 AI(5장)에 대해서는 별도의 장에서 규정하고 EC 원안에서는 고위험보다 낮은 수준인 제한된 위험으로 분류하였으나 최종안에서는 위험이라는 용어를 삭제하고 투명성 의무가 부과되는 특정 유형의 AI로 변경하였다.

② 규율 사항

　EU 내 AI 시스템의 시장 출시, 서비스 제공 및 사용에 대한 통합된 규칙, 특정 인공지능 활용 금지, 고위험성 AI 시스템에 대한 특정 요구 사항 및 해당 시스템 운영자의 의무, 특정 AI 시스템에 대한 통합된 투명성 규칙, 범용 AI 모델 시장 출시를 위한 통합된 규칙, 시장 모니터링, 시장 감시 관리 및 집행에 관한 규칙, 스타트업을 포함한 중소기업에 특히 초점을 맞춘 혁신 지원 조치로 볼 수 있다.
　리스크 분류 및 관리 체계는 '허용할 수 없는 위험성 활용 아예 금지, 고위험성: 다수의 준수 사항, 제한된 위험성(투명성 의무), 최소 위험성(자율 규제 권고), 잔존 위험성(고위험성 AI 시스템 리스크 관리 시 고려)'으로 나뉘면서 가장 핵심적인 내용은 투명성 의무라 할 것이다.

③ EU 인공지능법의 규제 체계 및 투명성 의무

　1장 총칙, 2장 금지된 AI 관행, 3장 고위험 AI 시스템, 4장 특정 AI 시스템 공급, 배포자에 대한 투명성 의무, 5장 범용 AI 모델로 나눈 뒤, 첫째, 고위험 AI 시스템 투명성 의무(제13조)에서 배포자가 AI 시스템의 결과물을 해석하고 적절하게 사용할 수 있도록 해야 하고, 제공자의 신원 및 연락처, 해당 AI 시스템의 특성 및 성능의 용량과 한계(의도된 목적, 정확성, 견고성, 사이버 보안의 수준, 의도된 목적 또는 합리적으로 예측 가능한 오용에 따라 건강, 안전, 기본권에 위험을 초래할 수 있는 상황 등), 배포자가 고위험 AI 시스템의 결과물을 쉽게 해석할 수 있도록 마련한 기술적 조치와 같은 인간의 감독 조치 등을 포함하는 사용지침을 제공해야 한다. 둘째, 범용 AI 제공자의 의무(제53조)를 규정하고 투명성 의무에 대해서는 제50조에서 규정하고 있는데 (a) 학습, 시험 절차 및 평가 결과 등을 포함한 기술 문서 작성 및 개정, (b) 범용 AI를 자신의 AI에 통합하고자 하는 AI 제공자가 이용할 수 있는 정보, 문서 작성 및 개정, (c) EU 저작권법 준수를 위한 정책 마련, (d) 범용 AI 학습에 사용된 콘텐츠에 관하여 충분히 상세한 요약서(AI Office가 양식 제공)를 작성하고 이를 일반인이 이용할 수 있도록 할 것. 위 의무 중 (a)와 (b)는 무료 오픈 라이선스에 따라 일반인이 이용 가능한 AI에 대해서는 적용되지 않으나 구조적 위험을 가진 범용 AI에 대해서는 적용이 면제되지 않는다.

④ 거버넌스
 (1) 정책 및 자문기구: 유럽인공지능위원회
 (2) 정책, 규제&법 집행기구: EU 집행위원회와 AI 사무국[2](AI 시스템, 범용 AI 모델 및 AI 거버넌스 구현, 모니터링 및 감독에 기여하는

---

2) AI 사무국(AI Office)은 커뮤니케이션, 네트워크, 콘텐츠, 기술부로 분류되며 회원국의 거버넌스를 업무지원(집행의 일관성)하고 범용 AI 모델 관련 규정을 전속 집행한다. 실행강령 개발, 법 위반 조사(모델성능평가, 시정 조치 명령), 행정지도, 가이드라인, 준수 도구, 각종 양식 등을 개발하며 AI 혁신 생태계 촉진. AI 규제 샌드박스 자문, 모델 약관 개발 등, 이해관계기관, 이해관계자, 전문가 및 국제협력 업무를 맡고 있다.

집행위원회 기능 의미를 규정, 범용 AI 모델의 경우 EU 전속관할임)

(3) 지원기구: 자문 포럼(산업계, 학계, 시민사회 대표로 구성), 과학 패널

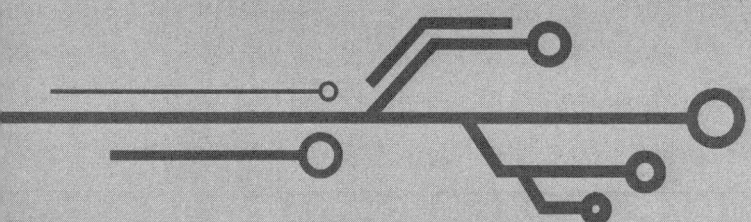

# II.

# EU AI Act 내용

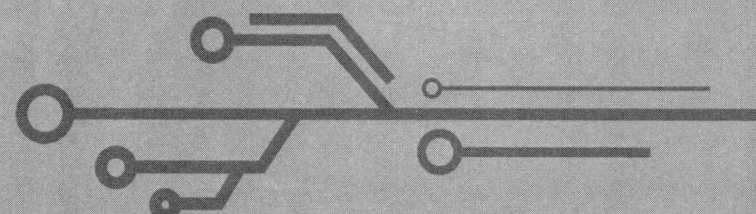

# 제1장 총칙

**제1조(목적)**

1. 이 규정의 목적은 내부 시장의 기능을 개선하고 인간 중심적이고 신뢰할 수 있는 인공지능(AI)의 도입을 촉진하는 동시에, 연합 내 AI 시스템의 유해한 영향으로부터 건강, 안전, 헌장에 명시된 기본적 권리(민주주의, 법치주의 및 환경 보호 포함)를 높은 수준으로 보호하고 혁신을 지원하는 것이다.

2. 이 규정은 다음을 규정한다.
   (a) 유럽연합 내 AI 시스템의 시장 출시, 서비스 제공 및 활용에 대한 통합된 규칙
   (b) 특정 AI 관행 금지
   (c) 고위험 AI 시스템에 대한 특정 요구 사항 및 해당 시스템 운영자의 의무
   (d) 특정 AI 시스템에 대한 통일된 투명성 규칙
   (e) 일반 용도의 AI 모델을 시장에 출시하기 위한 통합된 규칙
   (f) 시장 모니터링, 시장 감시, 거버넌스 및 집행에 대한 규칙
   (g) 스타트업을 포함한 중소기업에 특히 초점을 맞춰 혁신을 지원하는 조치

제1조 목적 규정이다. 첫째, AI 기술과 시스템의 혁신을 EU가 연대하여 지원하겠다고 밝히고 있다. 금지 또는 고위험 AI 시스템, 범용 AI 모델에 대한 강한 규제와 별개로 EU 내 AI 혁신 및 발전을 도모하고 특히 규제 샌드박스 내에서 규제 당국의 지침 등에 따라 적극적으로 법 준수를 한 경우 AI법 및 관련 다른 법상 과징금 부과를 하지 않을 것을 의무화하여 AI법의 특징인 강한 처벌 부담을 감경하여 줌으로써 공급자 등의 적극적인 참여를 유도한다. 또한 공익 목적 규제 샌드박스 내 테스트에 대해서는 개인정보 처리가 가능하도록 하여 양질의 개발, 학습 등 결과를 바탕으로 EU 시민이 AI 혜택을 누리게 하는 데 적극적 입장을 취한다. 고위험 AI 시스템에 대해서도 현실 세계 조건에서의 테스트를 허용하고 있는데 최대 1년만 허용됨에 따라 그 실효성은 지켜보아야 할 것으로 보인다.

둘째, 다양한 방식을 통해 법 이행과 준수를 회원국 모두에게 지원하겠다는 의지를 보이고 있다. 행동 강령, 가이드라인 및 하위 법령의 위임 등을 통해 구체적 법 이행 사항을 정하도록 함으로써 형식 등 측면에서 유연하게 접근하고 이는 AI법 자체의 이행의 모호성 등 한계를 보여 주며, AI 분야 기술 발달 속도를 고려한 불가피한 선택이라는 측면도 존재한다.

셋째, 국제기구 및 AI 특성을 반영한 다양한 소통 및 규제 방식을 마련하고 EU가 국제적으로 협력하여 국제기구인 EU와 회원국, 회원국 간 회원국 내 수범자 및 관련 이해자들 간의 원활한 소통을 위해 다양한 거버넌스 체계를 마련하여 이와 관련한 지침을 리드하겠다는 의지를 보이고 있다. 즉, 중대한 사고에 관한 정보 및 데이터베이스 등록 제도 등을 통해 회원국 간의 정보 공유 투명성 보장, 위험 관리 등을 추진하겠다는 것이다. 넷째, 구체적 법 집행은 회원국에 위임하면서 AI법의 주된 대상인 고위험 AI 시스템에 대해서는 개별 회원국 소관에 있어 여러 노력에도 불구하고 AI법상 예상하지 못한 공백으로 인한 회원국 간 규범 파편화 현상은 불가피할 것으로 예상된다. 공백의 구체적인 사항은 실제 법 이행, 해석 및 적용 과정에서 대두하므로 회원국 및 EU 간 적극 소통뿐 아니라 수범자 이의 제기 또한 주목할 필요도 존재한다.

'인공지능 발전과 신뢰 기반 조성 등에 관한 기본법안'(이하, 인공지능 기본법)은 제1조에서 인공지능의 건전한 발전과 기반 조성에 필요한 사항을 규정하여 국민의 권익과 존엄성을 보호하고 국민의 삶의 질 향상과 국가 경쟁력 강화를 목적으로 규정하고 있다. 인공지능의 활용이 거역할 수 없는 시대에서 무분별한 개발과 활용으로부터 인간의 권익이나 존엄성을 보호하고자 규제의 관점에서 이와 관련된 기본적인 사항을 규정하고, 나아가 활용을 위한 위원회, 센터, 전문 인력 양상 등과 같은 지원에 관한 내용도 규정하여 체계적이고 실효성 있게 지원하여 인공지능산업의 발전에 이바지하는 것을 목적으로 하고 있다.

---

제2조(적용 범위)

1. 이 규정은 다음에 적용된다.

(a) EU 내에서 AI 시스템을 시장에 출시하거나 서비스에 도입하거나 범용 AI 모델을 시장에 출시하는 공급업체. 해당 공급업체가 연합 내에 설립되었거나 위치하는지 여부는 관계없다. 제3국에 위치하는지 여부는 관계없다.

(b) EU 내에 사업장이 있거나 위치한 AI 시스템 배포자

(c) AI 시스템의 제공자 및 배포자 중 설립 장소가 있거나 제3국에 위치하고 있으며, AI 시스템에서 생성된 산출물이 EU 내에서 사용되는 경우

(d) AI 시스템 수입업체 및 유통업체

(e) 제품 제조업체가 자사 제품과 함께 AI 시스템을 자사 이름이나 상표로 시장에 출시하거나 서비스하는 경우

(f) EU에 설립되지 않은 공급업체의 공인 대표

(g) EU 내에 위치한 영향을 받는 사람들

2. 부속서 I의 B절에 나열된 EU 법률의 적용을 받는 제품과 관련된 제6조(1)에 따라 고위험 AI 시스템으로 분류된 AI 시스템의 경우, 제6조(1), 제102조~제109조 및 제112조만 적용된다. 제57조는 이 규정에 따른 고위험 AI 시스템에 대한 요구 사항이 해당 EU 법률에 통합된 범위 내에서만 적용된다.

3. 이 규정은 EU의 범위를 벗어나는 영역에는 적용되지 않으며, 회원국이 해당 권한과 관련된 업무를 수행하도록 위임한 기관의 유형에 관계없이 어떠한 경우에도 국가 안보와 관련된 회원국의 권한에 영향을 미치지 않는다.

본 규정은 군사, 방위 또는 국가 안보 목적으로만 수정 여부와 관계없이 시장에 출시되거나, 서비스에 도입되거나, 사용되는 AI 시스템에는 적용되지 않는다. 이러한 활동을 수행하는 기관 유형에 관계없다. 본 규정은 EU 내에서 시장에 출시되거나 사용되지 않는 AI 시스템에는 적용되지 않으며, 해당 시스템의 산출물이 EU 내에서 군사, 방위 또는 국가 안보 목적으로만 사용되는 경우에는 해당 활동을 수행하는 기관 유형에 관계없이 적용되지 않는다.

4. 이 규정은 제1항에 따라 이 규정의 범위에 속하는 제3국의 공공기관이나 국제기구에는 적용되지 아니한다. 해당 기관이나 기구가 EU 또는 하나 이상의 회원국과 체결한 국제 협력 또는 법 집행 및 사법 협력 협정의 틀에서 AI 시스템을 사용하는 경우에는 해당 제3국이나 국제기구가 개인의 기본적 권리와 자유를 보호하기 위한 적절한 안전 조치를 제공하는 경우에 한한다.

5. 이 규정은 규정 (EU) 2022/2065의 제2장[3]에 명시된 중개 서비스 제공자의 책임에 관한 조항의 적용에 영향을 미치지 않는다.

6. 본 규정은 과학적 연구 및 개발의 단일 목적을 위해 특별히 개발되어 서비스에 투입된 AI 시스템 또는 AI 모델(그 출력 포함)에는 적용되지 않는다.

---

3) Regulation (EU) 2022/2065, 흔히 디지털 서비스법(DSA)이라고 불리며, 사용자 권리를 보호하는 안전한 디지털 공간을 만들고 온라인 플랫폼에서의 콘텐츠 관리, 책임성, 투명성에 대한 포괄적인 프레임워크를 제시하는 법이다. 법 제2장은 중개 서비스 제공자의 주의 의무에 중점을 두고 있다. 이 장은 온라인 플랫폼이나 호스팅 서비스와 같은 중개 서비스 제공자가 안전한 디지털 환경을 보장하기 위해 따라야 하는 책임을 설명한다. ① 일반 규정: 중개 서비스 제공자는 불법 콘텐츠가 신고된 후 이를 신속하게 제거하거나 비활성화하는 등 주의 의무를 다해야 한다. 그러나 모든 콘텐츠를 사전에 모니터링할 의무는 없다. ② 신고 및 처리 메커니즘: 플랫폼은 사용자나 당국이 불법 콘텐츠를 신고할 수 있는 메커니즘을 구현해야 하며, 이러한 신고는 신속하고 투명하게 처리되어야 한다. ③ 투명성: 서비스 제공자는 불법 콘텐츠 및 사용자 불만 처리 방식 등 콘텐츠 관리 절차에 대한 명확하고 투명한 정보를 제공해야 한다. ④ 불만 처리 및 구제: 플랫폼은 사용자에게 콘텐츠 제거나 계정 정지 결정에 이의를 제기할 수 있는 접근 가능한 시스템을 제공해야 하며, 콘텐츠 관리 조치에 있어 공정성과 투명성을 보장해야 한다. ⑤ 대형 플랫폼에 대한 추가 의무: 특정 규모나 영향력을 가진 플랫폼, 즉 매우 큰 온라인 플랫폼(VLOPs)은 공공질서와 사용자 안전에 대한 위험을 완화하기 위한 추가 의무를 가지며, 정기적인 평가와 감사를 받아야 한다. 이 장은 온라인 표현의 자유와 디지털 공간에서의 불법 콘텐츠와 해악에 대한 보호 사이의 균형을 확립하는 중요한 역할을 한다.

7. 개인 데이터 보호, 프라이버시 및 통신의 기밀성에 관한 EU는 이 규정에 규정된 권리 및 의무와 관련하여 처리되는 개인 데이터에 적용된다. 이 규정은 이 규정의 제10조(5)항 및 제59조를 침해하지 않고 규정 (EU) 2016/679 또는 (EU) 2018/1725, 또는 지침 2002/58/EC 또는 (EU) 2016/680에 영향을 미치지 않는다.[4]

8. 이 규정은 시장에 출시되거나 서비스에 들어가기 전의 AI 시스템 또는 AI 모델에 대한 연구, 테스트 또는 개발 활동에는 적용되지 않는다. 이러한 활동은 해당 EU법에 따라 수행되어야 한다. 실제 환경에서의 테스트는 해당되지 않는다.

9. 이 규정은 소비자 보호 및 제품 안전과 관련된 기타 연합 법률에 의해 정해진 규칙을 침해하지 않는다.

---

4) Regulation (EU) 2016/679: 일반 데이터 보호 규정(GDPR)은 유럽연합(EU) 내에서 개인 데이터의 보호와 관련된 규정을 통합하고 강화하기 위한 규정이다.
Regulation (EU) 2018/1725: EU 기관, 기구, 사무소 및 기관이 개인 데이터 처리와 관련하여 자연인의 보호 및 해당 데이터의 자유로운 이동에 관한 규정이다. 이 규정은 유럽연합(EU) 기관 및 기구가 개인정보를 처리할 때 적용되는 규칙을 설정한 규정이다.
Directive 2002/58/EC: 전자 프라이버시 지침(또는 개인정보 및 전자 통신 지침)이 지침은 전자 통신 분야에서의 개인정보 보호와 사생활 보호를 규제하는 법령이다.
Directive (EU) 2016/680: 형사 범죄의 예방, 수사, 탐지 또는 기소 및 형 집행을 목적으로 하는 당국에 의한 자연인의 개인 데이터 처리에 관한 지침이다. 이 지침은 형사 범죄 예방, 수사, 탐지, 기소 및 형 집행을 목적으로 하는 당국의 개인정보 처리와 관련된 규칙을 설정한 지침이다. 이 법령들은 모두 유럽연합 내에서 개인정보 보호와 관련된 주요 법적 틀을 형성한다.

10. 이 규정은 순전히 개인적인 비전문 활동 과정에서 AI 시스템을 사용하는 자연인인 배포자의 의무에는 적용되지 않는다.

11. 이 규정은 연합 또는 회원국이 고용주에 의한 AI 시스템 사용과 관련하여 근로자의 권리를 보호하는 측면에서 근로자에게 더 유리한 법률, 규정 또는 행정 조항을 유지하거나 도입하거나 근로자에게 더 유리한 단체 협약의 적용을 장려하거나 허용하는 것을 금지하지 않는다.

12. 이 규정은 무료 및 오픈 소스 라이선스에 따라 출시된 AI 시스템에는 적용되지 않는다. 단, 고위험 AI 시스템 또는 제5조 또는 제50조에 해당하는 AI 시스템으로 시장에 출시되거나 서비스에 제공되는 경우는 예외이다.

## 제3조(용어의 정의)

(1) 'AI 시스템(AI system)'이란 다양한 수준의 자율성으로 작동하도록 설계된 기계 기반 시스템을 의미하며, 배포 후 적응성을 보일 수 있으며, 명시적 또는 암묵적 목적에 따라 수신한 입력을 통해 예측, 콘텐츠, 권장 사항 또는 물리적 또는 가상 환경에 영향을 줄 수 있는 결정과 같은 산출물을 생성하는 방법을 추론한다.

(2) '위험(risk)'이란 피해가 발생할 가능성과 그 피해의 심각성의 조합을 의미한다.

(3) '제공자(provider)'란 AI 시스템 또는 범용 AI 모델을 개발하거나 AI 시스템 또는 범용 AI 모델을 개발하여 시장에 출시하거나 자체 이름 또는 상표로 AI 시스템을 서비스에 제공하는 자연인 또는 법인, 공공 기관, 관청 또는 기타 단체를 의미하며, 유료 또는 무료이다.

(4) '배포자(deployer)'란 AI 시스템을 자신의 권한하에 사용하는 자연인 또는 법인, 공공 기관, 관청 또는 기타 단체를 의미하며, AI 시스템이 개인적 비전문 활동 과정에서 사용되는 경우는 제외한다.

(5) '공인 대리인(authorised representative)'이란 연합 내에 위치하거나 설립된 자연인 또는 법인으로, AI 시스템 제공자 또는 범용 AI 모델 제공자로부터 서면 위임을 받고 수락하여 각각 이 규정에서 정한 의무 및 절차를 대신 수행하도록 한 사람을 의미한다.

(6) '수입업자(importer)'란 유럽연합에 위치하거나 설립된 자연인 또는 법인으로서, 제3국가에 설립된 자연인 또는 법인의 이름이나 상표를 사용하는 AI 시스템을 시장에 출시하는 사람을 의미한다.

(7) '유통업자(distributor)'란 공급자나 수입자 이외의 공급망 내의 자연인 또는 법인으로서 AI 시스템을 유럽연합 시장에 제공하는 자를 의미한다.

(8) '운영자(operator)'란 공급자, 제품 제조업체, 배포자, 공인 대리인, 수입자 또는 유통업체를 의미한다.

(9) '출시(placing on the market)'란 AI 시스템 또는 범용 AI 모델을 유럽연합 시장에 처음으로 출시하는 것을 의미한다.

(10) '시장에 공급(making available on the market)'은 상업 활동의 일환으로 연합 시장에서 배포 또는 사용하기 위해 AI 시스템 또는 범용 AI 모델을 공급하는 것을 의미하며, 이는 유료 또는 무료로 제공된다.

(11) '서비스 개시(putting into service)'란 AI 시스템을 배포자에게 직접 처음 사용하도록 공급하거나 의도한 목적에 따라 연합 내에서 자체적으로 사용하도록 공급하는 것을 의미한다.

(12) '의도된 목적(intended purpose)'이란 제공자가 AI 시스템을 사용할 의도를 말하며, 여기에는 제공자가 사용 설명서, 홍보 또는 판매 자료 및 진술에서 제공하는 정보와 기술 문서에서 명시한 구체적인 맥락과 사용 조건이 포함된다.

(13) '합리적으로 예측 가능한 오남용(reasonably foreseeable misuse)'이란 AI 시스템을 의도된 목적에 맞지 않게 사용하는 것을 의미하지만, 이는 합리적으로 예측 가능한 인간의 행동이나 다른 AI 시스템을 포함한 다른 시스템과의 상호 작용의 결과로 발생할 수 있다.

(14) '안전 요소(safety component)'란 제품 또는 AI 시스템의 구성 요소로서 해당 제품 또는 AI 시스템의 안전 기능을 충족시키거나, 해당 구성 요소의 고장 또는 오작동으로 인해 사람이나 재산의 건강과 안전이 위험에 처하는 것을 의미한다.

(15) '사용 지침(instructions for use)'이란 공급자가 배포자에게 특히 AI 시스템의 의도된 목적과 적절한 사용법에 대해 알리기 위해 제공하는 정보를 의미한다.

(16) 'AI 시스템 회수(recall of an AI system)'란 배포자에게 제공된 AI 시스템을 서비스에서 제외하거나 사용 불가능하게 하거나 공급자에게 반환하는 것을 목표로 하는 모든 조치를 의미한다.

(17) 'AI 시스템 공급 철회(withdrawal of an AI system)'란 공급망 내의 AI 시스템이 시장에 출시되는 것을 방지하는 것을 목표로 하는 모든 조치를 의미한다.

(18) 'AI 시스템의 성능(performance of an AI system)'이란 AI 시스템이 의도된 목적을 달성할 수 있는 능력을 의미한다.

(19) '인증 관리 기관(notifying authority)'이란 적합성 평가 기관의 평가, 지정 및 통보와 이에 대한 모니터링을 위한 필요한 절차를 수립하고 수행하는 책임이 있는 국가 기관을 의미한다.

(20) '적합성 평가(conformity assessment)'란 고위험 AI 시스템과 관련된 제3장 제2절에 명시된 요건이 충족되었는지를 입증하는 과정을 의미한다.

(21) '적합성 평가 기관(conformity assessment body)'이란 시험, 인증 및 검사를 포함한 제3자 적합성 평가 활동을 수행하는 기관을 의미한다.

(22) '인증 기관(notified body)'이란 본 규정 및 기타 관련 유럽연합 통합 법률에 따라 공인된 적합성 평가 기관을 의미한다.

(23) '중대한 변경(substantial modification)'이란 AI 시스템이

시장에 출시되거나 서비스에 들어간 후에 발생하는 수정을 의미하며, 이는 공급자가 수행한 초기 적합성 평가에서 예상 또는 계획되지 않은 사항이며, 그 결과 AI 시스템이 제3장 제2절에 명시된 요구사항을 준수하는 데 영향을 미치거나 AI 시스템이 평가된 본래 목적이 수정되는 결과를 초래한다.

(24) 'CE 마크(CE marking)'란 공급자가 AI 시스템이 제3장 제2절 및 기타 적용 가능한 유럽연합 통합 법규에 명시된 요건을 준수한다는 것을 나타내는 마크를 의미한다.

(25) '출시 후 모니터링 시스템(post-market monitoring system)'이란 AI 시스템 제공자가 시장에 출시하거나 서비스에 도입한 AI 시스템을 통해 얻은 경험을 수집하고 검토하여 필요한 시정 또는 예방 조치를 즉시 적용할 필요성을 파악하기 위해 수행하는 모든 활동을 의미한다.

(26) '시장감독기관(market surveillance authority)'이란 규정 (EU) 2019/1020[5]에 따라 활동을 수행하고 조치를 취하는 국가 기관을 의미한다.

---

5) Regulation (EU) 2019/1020는 시장 감시 및 제품의 적합성 규정으로, EU 내에서 유통되는 제품이 안전하고 규제에 적합한지 확인하기 위한 규정을 강화하기 위해 제정된 법이다. 이 규정은 제품의 안전과 규정 준수에 관한 사항을 감독하고, 불법적이거나 위험한 제품이 유럽 시장에 진입하지 못하도록 하기 위함이다. 시장 감시로써 EU 회원국은 자국 내 시장에서 유통되는 제품이 EU법에 맞게 적합한지 감독할 의무가 있다. 이를 통해 제품의 안전성을 보장하고, 소비자 보호를 강화하며, 공정한 경쟁을 유지할 수 있다. 규정 준수는 제조업체, 수입업체, 유통업체는 제품이 EU의 규정을 준수하는지 확인할 책임이 있다. 불법 제품이 발견될 경우, 시장

(27) '통합 표준(harmonised standard)'이란 규정(EU) 1025/2012 제2조(1)항(c)[6]에 정의된 통합 표준을 의미한다.

(28) '공통 사양(common specification)'이란 규정(EU) 1025/2012 제2조(4)항[7]에 정의된 기술 사양 세트를 의미하며, 이 규정에 따라 설정된 특정 요구 사항을 준수하는 수단을 제공한다.

(29) '학습 데이터(training data)'란 학습 가능한 매개변수에 맞춰 AI 시스템을 훈련하는 데 사용되는 데이터를 의미한다.

---

감시 기관은 제품의 판매를 금지하거나 리콜 조치를 요구할 수 있다. 협력은 각국의 시장 감시 기관은 협력하여 효과적인 제품 감시 및 규정 집행을 보장하며, 이를 통해 EU 전역에서 통일된 수준의 안전 및 규정 준수 조치를 유지할 수 있다. 전자상거래에 대해 이 규정은 온라인으로 판매되는 제품에도 적용되며, 전자상거래를 통해 판매되는 제품의 안전성을 보장하기 위한 추가적인 조치도 포함하고 있다. 이 규정은 2021년 7월 16일부터 적용되었으며, EU 내 모든 제품에 대한 강력한 감시와 규제 준수를 목표로 하고 있다.

6) Regulation (EU) No 1025/2012는 유럽 표준화에 관한 규정으로, 유럽연합 내 표준화 작업을 규제하고 통합시키는 것을 목적으로 한다. 이 규정은 상품과 서비스의 자유로운 이동을 촉진하고 경쟁력을 강화하며, 소비자 보호를 위해 유럽 표준화 시스템을 개선하려는 목표를 가지고 있다. 제2조(1)항(c)는 '유럽 표준화 기구'에 대한 정의를 다루고 있다. 제2조(1)항(c)의 내용은 다음과 같다. 유럽 표준화 기구는 유럽 전기기술표준화위원회(CENELEC)를 가리키는데 이 기구는 전기 및 전자공학 분야에서 유럽 표준을 개발하고 통합시키는 역할을 한다. 즉, 제2조(1)항(c)는 전기 및 전자공학 표준화를 담당하는 기구인 CENELEC을 명확히 정의하고 있다.

7) Regulation (EU) No 1025/2012의 제2조(4)항은 표준의 정의를 다루고 있다. 제2조(4)항은 "표준이란 반복적인 사용을 위해, 특정 활동이나 그 결과에 대해 제공된 기술적 명세를 의미하며, 유럽 표준화 기구에 의해 승인된 문서를 말한다. 이 문서는 규정 준수를 위한 기술적 요구 사항이나 지침을 제공하며, 강제적이지 않고 자발적인 성격을 갖는다."라고 규정하고 있다. 즉, 이 항목은 표준의 정의와 그 목적을 규정하며, 유럽 표준화 기구가 승인한 자발적 기술 규격 문서로서, 특정 활동에 대한 기술적 명세를 명확히 하고 있다.

(30) '검증 데이터(validation data)'란 훈련된 AI 시스템을 평가하고 학습 불가능한 매개변수와 학습 과정을 조정하여 과소 적합이나 과대 적합을 방지하는 데 사용되는 데이터를 의미한다.

(31) '검증 데이터세트(validation data set)'란 고정 또는 가변 분할 형태의 별도의 데이터세트 또는 훈련 데이터세트의 일부를 의미한다.

(32) '시험 데이터(testing data)'란 AI 시스템을 시장에 출시하거나 서비스를 시작하기 전에 해당 시스템의 예상 성능을 확인하기 위해 독립적으로 평가를 제공하는 데 사용되는 데이터를 의미한다.

(33) '입력 데이터(input data)'란 AI 시스템이 출력을 생성하는 데 기초로 제공되거나 직접 수집한 데이터를 의미한다.

(34) '생체 정보(biometric data)'란 얼굴 이미지나 지문 데이터 등 자연인의 신체적, 생리적 또는 행동적 특성과 관련된 특정한 기술적 처리로부터 생성되는 개인 데이터를 의미한다.

(35) '생체 정보 식별(biometric identification)'이란 데이터베이스에 저장된 개인의 생체 인식 데이터와 해당 개인의 생체 인식 데이터를 비교하여 자연인의 신원을 확인할 목적으로 신체적, 생리적, 행동적 또는 심리적 인간의 특징을 자동으로 인식하는 것을 의미한다.

(36) '생체 정보 확인(biometric verification)'이란 자연인의 신원을 이전에 제공된 생체 인식 데이터와 비교하여 자동으로 일대일로 검증하는 것(인증 포함)을 의미한다.

(37) '개인정보의 특정 유형(special categories of personal data)'이란 규정(EU) 2016/679 제9조(1)항, 지침(EU) 2016/680 제10조 및 규정(EU) 2018/1725 제10조(1)항[8]에 언급된 개인 데이터 범주를 의미한다.

---

8) Regulation (EU) 2016/679 - General Data Protection Regulation (GDPR) 제9조(1)항은 특수 범주의 개인정보 처리에 대해 다루고 있다. 여기서 특수 범주의 데이터는 민감한 개인정보를 포함하며, 처리에 제한이 가해지는 데이터를 말한다. 이 조항에 따르면, 다음과 같은 민감한 정보의 처리는 원칙적으로 금지된다. 인종 또는 민족적 출신, 정치적 견해, 종교적 또는 철학적 신념, 노동조합 가입 여부, 건강 정보, 성생활 또는 성적 지향에 관한 정보, 유전 데이터 및 생체 인식 데이터를 통한 고유한 식별 정보이다. 단, 특정 예외에 해당하는 경우(예: 명시적 동의, 법적 요구 사항 등) 이러한 데이터 처리가 허용될 수 있다.
Directive (EU) 2016/680 - Law Enforcement Directive 제10조는 특수 범주의 개인정보 처리를 규정하고 있다. 이 조항에 따르면, 법 집행 목적을 위한 민감한 정보(인종, 민족, 정치적 견해, 종교, 건강, 성생활 등)의 처리는 법에 의해 명확하게 허용되거나, 데이터 주체의 명시적 동의가 있는 경우, 또는 중요한 공익을 위한 경우에만 가능하다. 이 조항은 민감한 데이터 처리에 대한 엄격한 조건을 부과하여 개인의 권리와 자유를 보호하는 데 중점을 두고 있다.
Regulation (EU) 2018/1725 - EU 기관의 데이터 보호에 관한 규정 제10조(1)항은 특수 범주의 개인정보 처리를 다룬다. 이 조항은 민감한 데이터, 즉 인종, 정치적 견해, 종교, 건강, 성생활 등에 관한 데이터를 처리하는 것이 원칙적으로 금지되며, 예외적으로 특정 조건을 충족하는 경우에만 허용된다고 규정하고 있다. 이 규정은 EU 기관 및 기구가 처리하는 민감한 데이터의 보호를 목적으로 한다. 이 조항들은 모두 민감한 개인정보 처리에 대한 엄격한 제한과 조건을 규정하고 있으며, 특정한 경우에만 예외적으로 처리가 허용된다는 공통적인 특징을 가지고 있다.

(38) '민감한 운영 데이터(sensitive operational data)'란 형사범죄의 예방, 탐지, 수사 또는 기소 활동과 관련된 운영 데이터를 의미하며, 해당 데이터가 공개되면 형사소송의 성실성이 위협받을 수 있다.

(39) '감정 인식 시스템(emotion recognition system)'이란 생체 인식 데이터를 기반으로 자연인의 감정이나 의도를 식별하거나 유추하는 목적을 가진 AI 시스템을 말한다.

(40) '생체 정보 분류 시스템(biometric categorisation system)'이란 생체 인식 데이터를 기반으로 자연인을 특정 범주에 배정하는 목적을 가진 AI 시스템을 의미하며, 다른 상업 서비스에 보조적이고 객관적인 기술적 이유로 엄격히 필요한 경우는 제외된다.

(41) '원격 생체 정보 식별 시스템(remote biometric identification system)'이란 개인의 능동적 개입 없이, 일반적으로 원격으로 참조 데이터베이스에 있는 생체 인식 데이터와 개인의 생체 인식 데이터를 비교하여 개인을 식별하기 위한 AI 시스템을 의미한다.

(42) '실시간 원격 생체 정보 식별 시스템(real-time remote biometric identification system)'이란 생체 인식 데이터의 수집, 비교 및 식별이 모두 상당한 지연 없이 이루어지는 원격 생체 인식 식별 시스템을 의미하며, 즉각적인 식별뿐만 아니라 우회를 방지하기 위해 제한된 짧은 지연도 포함한다.

(43) '사후 원격 생체 정보 식별 시스템(post remote biometric identification system)'이란 실시간 원격 생체 인식 식별 시스템이 아닌 원격 생체 인식 식별 시스템을 의미한다.

(44) '공개적으로 접근 가능한 공간(publicly accessible space)'이란 특정 접근 조건이 적용되는지 여부와 잠재적인 수용 인원 제한에 관계없이 불확실한 수의 자연인이 접근할 수 있는 공공 또는 사유의 물리적 장소를 의미한다.

(45) '법 집행 기관(law enforcement authority)'은 다음을 의미한다.
 (a) 범죄의 예방, 수사, 탐지 또는 기소 또는 형사 처벌의 집행을 담당하는 공공 기관, 여기에는 공공 안보에 대한 위협을 보호하고 예방하는 것이 포함된다.
 (b) 범죄의 예방, 수사, 탐지 또는 기소 또는 형사 처벌의 집행을 목적으로 공공 기관 및 공적 권한을 행사하도록 회원국 법률에 따라 위임받은 기타 기관 또는 단체. 여기에는 공공 안보에 대한 위협을 보호하고 예방하는 것도 포함된다.

(46) '법 집행(law enforcement)'이란 범죄의 예방, 수사, 탐지 또는 기소나 형사 처벌의 집행을 위해 법 집행 기관 또는 법 집행 기관을 대신하여 수행하는 활동을 의미하며, 여기에는 공공의 안전에 대한 위협을 예방하고 보호하는 것이 포함된다.

(47) 'AI 사무국(AI Office)'이란 2024년 1월 24일 위원회 결정에 명시된 대로 AI 시스템 및 범용 AI 모델의 구현, 모니터링 및 감독과 AI 거버넌스에 기여하는 위원회의 기능을 의미한다. 이 규정에서 AI 사무소에 대한 언급은 위원회를 지칭하는 것으로 해석되어야 한다.

(48) '국가 관할 기관(national competent authority)'이란 통보 기관 또는 시장 감시 기관을 의미한다. 유럽연합 기관, 기관, 사무소 및 단체에서 사용하거나 사용하는 AI 시스템과 관련하여 이 규정에서 국가 유관 기관 또는 시장 감시 기관에 대한 언급은 유럽 데이터 보호 감독관을 지칭하는 것으로 해석된다.

(49) '중대한 사고(serious incident)'란 다음 중 하나로 직접 또는 간접적으로 이어지는 AI 시스템의 사건 또는 오작동을 의미한다.
 (a) 사람의 사망 또는 사람의 건강에 심각한 피해가 발생하는 경우
 (b) 중요 인프라의 관리 또는 운영의 심각하고 돌이킬 수 없는 중단
 (c) 기본권을 보호하기 위한 EU법상의 의무 위반
 (d) 재산이나 환경에 심각한 피해를 입힘

(50) '개인정보(personal data)'란 규정(EU) 2016/679 제4조 제(1)항에 정의된 개인 데이터를 의미한다.

(51) '비개인정보(non-personal data)'란 규정(EU) 2016/679 제4조 제(1)항에 정의된 개인 데이터 이외의 데이터를 의미한다.

(52) '프로파일링(profiling)'이란 규정(EU) 2016/679 제4조 제(4)항에 정의된 프로파일링을 의미한다.

(53) '실증계획(real-world testing plan)'이란 실제 상황에서 테스트의 목표, 방법론, 지리적, 인구 및 시간적 범위, 모니터링, 조직 및 수행 방법을 기술한 문서를 의미한다.

(54) '샌드박스 계획(sandbox plan)'이란 참여 공급자와 유관 기관간에 합의된 문서를 의미하며, 샌드박스 내에서 수행하는 활동에 대한 목표, 조건, 기간, 방법론 및 요구 사항을 설명한다.

(55) 'AI 규제 샌드박스(AI regulatory sandbox)'란 유능한 기관이 설정한 통제된 프레임워크로, AI 시스템 제공자 또는 잠재적 제공자에게 규제 감독하에 제한된 기간 동안 샌드박스 계획에 따라 실제 조건에서 혁신적인 AI 시스템을 개발, 교육, 검증 및 테스트할 수 있는 가능성을 제공한다.

(56) 'AI 리터러시(AI literacy)'란 공급자, 배포자 및 영향을 받는 사람들이 이 규정의 맥락에서 각자의 권리와 의무를 고려하여 AI 시스템을 정보에 입각하여 배포하고 AI의 기회와 위험, 그리고 AI가

일으킬 수 있는 가능한 피해에 대한 인식을 얻는 데 필요한 기술, 지식 및 이해를 의미한다.

(57) '실제 조건에서의 시험(testing in real-world conditions)'이란 실험실이나 기타 시뮬레이션 환경 외부의 실제 조건에서 의도한 목적에 맞게 AI 시스템을 일시적으로 테스트하는 것을 의미하며, 신뢰할 수 있고 견고한 데이터를 수집하고 AI 시스템이 이 규정의 요구 사항에 적합한지 평가 및 검증하는 것을 목적으로 하며, 이 규정의 의미에 따라 AI 시스템을 시장에 출시하거나 서비스에 투입하는 것으로 간주되지 아니한다. 다만, 제57조 또는 제60조에 규정된 모든 조건을 충족해야 한다.

(58) '시험 대상자(subject)'는 실제 테스트의 목적을 위해 실제 조건에서 테스트에 참여하는 자연인을 의미한다.

(59) '정보 제공 후 동의(informed consent)'란 피험자가 시험 참여 결정과 관련된 모든 측면에 대해 정보를 제공받은 후, 실제 상황에서 특정 시험에 참여하겠다는 의지를 자유롭고 구체적이며 모호하지 않고 자발적으로 표현하는 것을 의미한다.

(60) '딥페이크(deep fake)'란 AI가 생성하거나 조작한 이미지, 오디오 또는 비디오 콘텐츠를 의미하며, 이는 실제 사람, 사물, 장소, 단체 또는 사건과 유사하며 사람에게 진짜이거나 진실인 것처럼

거짓으로 보이게 한다.

(61) '광범위한 위반(widespread infringement)'이란 개인의 이익을 보호하는 연방법에 반하는 모든 행위 또는 부작위를 의미하며, 이는 다음과 같다.
　(a) 다음의 회원국을 제외한 최소 2개 회원국에 거주하는 개인의 공동 이익을 해쳤거나 해칠 가능성이 있는 경우
　　(i) 해당 행위 또는 부작위가 발생했거나 발생하고 있는 경우
　　(ii) 해당 공급자 또는 공급자에 해당되는 공인 대리인이 위치하거나 설립되어 있는 경우
　　(iii) 배치자는 배치자가 위반 행위를 저지를 때 설립된다.
　(b) 개인의 공동 이익을 해쳤거나, 해칠 가능성이 있고, 동일한 불법 행위 또는 동일한 이익이 침해되고 있다는 공통적 특징이 있으며, 동일한 운영자에 의해 최소 3개 회원국에서 동시에 발생하고 있는 경우

(62) '주요 기반 시설(critical infrastructure)'이란 지침(EU) 2022/2557 제2조(4)항에 정의된 중요 인프라를 의미한다.

(63) '범용 AI 모델(general-purpose AI model)'이란, 자체 감독을 사용하여 대량의 데이터로 훈련을 받은 AI 모델을 포함하여 상당한 일반성을 보이고 모델이 시장에 출시되는 방식과 관계없이 광범위한 개별 작업을 유능하게 수행할 수 있으며 다양한 다운스트림

시스템이나 애플리케이션에 통합될 수 있는 AI 모델을 의미한다. 단, 시장에 출시되기 전에 연구, 개발 또는 프로토타입 제작 활동에 사용되는 AI 모델은 제외한다.

(64) '고영향 역량(high-impact capabilities)'이란 가장 진보된 범용 AI 모델에 기록된 역량과 동일하거나 이를 능가하는 역량을 의미한다.

(65) '시스템 위험(systemic risk)'이란 범용 AI 모델의 높은 영향력에 특정한 위험으로, 그 도달 범위로 인해 유럽연합 시장에 중대한 영향을 미치거나 공중 보건, 안전, 공공 안보, 기본권 또는 사회 전체에 실제적 또는 합리적으로 예측 가능한 부정적 영향으로 인해 가치 사슬 전반에 걸쳐 대규모로 확산될 수 있는 위험을 의미한다.

(66) '범용 AI 시스템(general-purpose AI system)'이란, 자체 감독을 사용하여 대량의 데이터로 훈련을 받은 범용 AI 모델을 기반으로 하고 다양한 목적에 부합할 수 있는 기능을 갖춘 AI 시스템을 의미하며, 직접적인 사용뿐만 아니라 다른 AI 시스템과 통합하는 용도로도 활용 가능하다.

(67) '부동 소수점 연산(floating-point operation, FLOP)'이란 부동 소수점 숫자를 포함하는 수학적 연산 또는 할당을 의미하며, 부동 소수점 숫자는 일반적으로 컴퓨터에서 고정된 정밀도의 정수로 표현되고 고정된 밑의 정수 지수로 조정되는 실수의 하위 집합이다.

(68) '하위 제공자(downstream provider)'란 범용 AI 시스템을 포함하여 AI 모델을 통합하는 AI 시스템 공급자를 의미하며, AI 모델이 자체적으로 제공되어 수직적으로 통합되었는지 또는 다른 기관이 계약 관계에 따라 제공하는지는 중요하지 않다.

제1항 다양한 수준의 자율성이라는 것은 완전히 자동화되지 않는다고 하더라도 인간이 관여하거나 개입하는 AI 시스템은 이 법의 적용 범위라는 의미라고 할 수 있으며, 배포 후 적응성이라는 것은 개발된 AI를 배포자가 활용하는 과정에서 특정 도메인 관련 데이터를 추가 학습시켜 해당 도메인에 맞는 용도로 적용해 활용이 가능하다는 의미이다. 또한 산출물을 생성하는 방식을 추론한다는 것은 입력 데이터로부터 기계적으로 산출물을 도출하는 것이 아니라 산출물 생성 방식도 스스로 학습해서 도출하고 있다는 의미이다.

인공지능기본법은 인공지능시스템을 "다양한 수준의 자율성과 적응성을 가지고 주어진 목표를 위하여 실제 및 가상 환경에 영향을 미치는 예측, 추천, 결정 등의 결과물을 추론하는 인공지능 기반 시스템"이라고 정의하고 있다.

제2항 AI 시스템의 위험(risk-based approach)은 4단계 정도로 나누어 생각할 수 있는데 ① 관여할 필요 없는 자율 규제 최소 위험 ② 챗봇이나 딥페이크 등과 같이 AI와 상호작용하거나 AI가 도움을 주어 생성한 결과물이라는 사실을 고지하는 투명성 의무만 다하면 되는 제한된 위험

③ 안전/건강/기본권과 직결되어 시장 출시 전에 영향 평가를 받고 시장 출시 후에는 정기적인 모니터링과 대책을 함께 논의하여야 할 국가에 보고, 위험 관리 등이 요구되는 엄격한 의무가 부과되는 고위험 ④ 인간의 존엄성과 자유권, 평등권, 기본권의 중대한 침해가 있을 뿐 아니라 남용의 소지가 있고 피해가 심각할 수 있어 개발과 이용 자체가 금지되어야 하는 수인 불가 위험 4단계로 구분할 수 있다.

## EU AI Act, AI 시스템 위험 단계 및 특징

| 단계 | | 특징 |
|---|---|---|
| 수용 불가능한 위험 (Unacceptable Risk) | 개념 | 인간의 안전, 권리 또는 기본적 자유를 심각하게 위협하는 AI 시스템 |
| | 예시 | - 사회적 점수화 시스템(신용점수)<br>- 얼굴 인식 시스템<br>- 조작적 기술 |
| | 규제 | 완전히 금지됨 |
| 고위험 (High Risk) | 개념 | 안전, 건강 또는 기본권에 중대한 영향을 미칠 가능성이 있는 AI 시스템 |
| | 예시 | - 생체 인식 및 식별<br>- 중요 인프라(교통, 전기 등)<br>- 교육 및 직업 평가(시험 채점 시스템)<br>- 법 집행 및 사법(범죄 예측 시스템) |
| | 규제 | - 엄격한 데이터 관리<br>- 투명성 확보<br>- 인간의 감독 필요<br>- 리스크 평가 및 완화 조치 |

| | | |
|---|---|---|
| 제한적 위험<br>(Limited Risk) | 개념 | 중간 수준의 위험을 가진 AI 시스템으로, 최소한의 요구 사항만 충족하면 됨 |
| | 예시 | - 챗봇<br>- 특정 비즈니스 활용 AI |
| | 규제 | 사용자가 AI와 대화 중이라는 사실을 알 수 있도록 해야 하는 등의 투명성 요건 및 정보 제공 등의 경미한 규제 |
| 최소 또는 무위험<br>(Minimal or No Risk) | 개념 | 일반적인 AI 시스템에 해당하며, 위험도가 최소화되어 있거나 없음 |
| | 예시 | - 게임<br>- 이메일 스팸 필터 |
| | 규제 | 특별한 규제 없음 |

ISO/IEC 42001 표준은 AI와 관련된 위험을 7가지로 유형화하고 있다. 첫째, 성능 위험은 AI 시스템의 작동 방식과 관련된 것으로 가장 일반적인 AI 위험이라 할 수 있다. AI 시스템의 성능에 문제가 발생하는 경우, 학습 모델의 결함이나 일반적 통계 오류의 결함이 그 원인이 될 수 있는데 성능 위험을 완화하기 위해서는 데이터의 품질을 향상시키고, AI 이용과정을 모니터링하고 제공자 등의 AI 개발자가 성능 위험을 완화할 수 있도록 교육할 필요가 있다. 둘째, 보안 위험은 데이터 중독, 적대적 공격 및 시스템 작동 방식을 방해할 수 있는 사이버 공격과 같은 여러 요인의 결과로 나타날 수 있다. 보안 위험을 완화할 수 있는 방안으로는 사이버 보안 전략 수립 및 시행, 관계자의 사이버 보안 인식 수준의 고취를 위한 지속적 캠페인 등이 있다. 셋째, 기업 위험은 AI 시스템과 조직의 불협화음으로 인해 발생하는데, 전문 인력의 부족, 데이터 활용 전략의 부재, 환경의 급격한 변화 등이 주요 원인으로 작용할 수 있다. 넷째, 평판 위험은 제시되는 위험 중 가장 복잡한 요인으로 발생하는데 AI 시스템의 활용에 있어 앞서 제시한 성능, 보안 및 기업 위험이 발생하는 경우 조직의 평판과 브랜드에 영향을 미치는 현상을 말한다. 다섯째, 법률 및 규제 위험은 AI 시스템과 관련된 법률 및 규제의 변경으로 인해 발생하는 법적 불확실성이 주요 원인으로 작용한다. 이러한 위험을 완화하기 위해서는 AI API, 알고리즘 개발 등 초기 AI 시스템의 개발부터 법무 담당자가 함께하는 것이 필요하다. 여섯째, AI 확장성 위험은 자동화된 AI 시스템의 특성에 내재된 위험으로 의사결정 프로세스를 확장하는 AI의 능력과 관련이 있다. AI 시스템을 통해 의사결정 과정이 자동화됨에 따라 그 영향 대량화, 급속화되고 이는 경제, 문화, 산업 등의 다양한 측면에 영향을 미치게 되는데, 의사결정상의 조그마한 오류가 더 큰 위험을 초래하기도 한다. 일곱째, 블랙박스 위험은 머신 러닝, 특히 딥 러닝 신경망 모델에서 발생하는데, 대량의 데이터를 처리하고 결과물을 생성하는 과정에 사용되는 데이터의 변수, 복잡성 등으로 인해 인간이 결과물이 생성되는 과정을 이해하지 못하는 위험이 발생할 수 있다. 이는 법적, 윤리적 위험을 초래하고 결과물에 대한 책임성과 신뢰성에 문제가 발생할 수도 있다.

제3항~제8항, ① 제공자는 법인 설립지와 무관하게 EU 역내에서 AI 시스템을 시장에 제공하는 자를 말한다. ② 배포자는 영리적 목적이 아닌 개인 이용자는 제외된다. (개인적 비전문 활동 과정에서 사용되는 경우) ③ 다만 EU 밖의 소재라고 하더라도 AI 시스템 공급자와 배포자 중 AI 시스템의 산출물이 EU 내에서 사용되면 이 법의 적용을 받게 된다. ④ EU 시장에 AI 시스템을 제공하는 수입업자 및 유통업자도 이 법의 적용을 받는다. ⑤ AI 시스템이 탑재된 제품을 자신의 명의 또는 상호로 EU 시장에 제공하는 제품 제조업자와 운영자 전부가 이 법의 적용을 받는다.

**EU AI Act에 따른 주체별 개념과 의무에 관한 내용**

| | 제공자(Provider) |
|---|---|
| 개념 | AI 시스템을 개발하고 이를 시장에 출시하거나 제3자에게 제공하는 주체로, 개발자 또는 브랜드 소유자를 포함한다. |
| 의무 | - 설계 및 개발: 시스템이 EU AI Act의 요구 사항(특히 고위험 시스템 요건)을 충족하도록 보장<br>- 기술 문서 작성: 시스템 작동 방식을 설명하는 문서 작성 및 유지<br>- 데이터 관리: 고품질의 데이터 사용 및 편향 방지를 위한 데이터 관리 절차 마련<br>- 투명성 제공: 시스템 사용 방식, 한계, 위험성 등에 대해 명확히 설명<br>- 리스크 평가: 시스템의 잠재적 위험을 분석하고 완화 조치 마련<br>- CE 마크: 규정을 준수하는 시스템임을 인증<br>- 모니터링 및 보고: 시스템이 시장에 출시된 후에도 지속적인 감시 및 문제가 발생하면 규제 당국에 보고 |

| 배포자(Distributor) ||
|---|---|
| 개념 | AI 시스템을 유통하는 주체로, 제공자와 최종 사용자 사이의 연결고리 역할을 한다. 주로 도매업체, 소매업체가 있다. |
| 의무 | - 정보 전달: 제공자가 제공한 정보와 지침을 정확히 전달<br>- 규정 준수 확인: AI 시스템이 EU AI Act를 준수하는지 확인<br>- 문제 보고: 규정 위반 사례나 위험을 발견하면 제공자 및 당국에 보고<br>- 보존 의무: 제품 관련 문서를 보관하고, 요청 시 규제 당국에 제공 |

| 사용자(User) ||
|---|---|
| 개념 | AI 시스템을 운영하거나 사용하는 자연인 또는 법인으로, 최종 사용자 또는 내부적으로 AI를 사용하는 기업 등이 포함된다. |
| 의무 | - 지침 준수: 제공자가 제공한 사용 지침을 따름<br>- 모니터링: 시스템 사용 중 발생하는 문제를 감시<br>- 보고: 예상치 못한 심각한 사고나 오류를 발견하면 제공자 및 규제 당국에 보고<br>- 부적절한 사용 금지: AI 시스템의 용도를 규정된 범위 밖으로 확장하거나 오용하지 않음 |

| 수입업자(Importer) ||
|---|---|
| 개념 | EU 외부에서 개발된 AI 시스템을 EU 시장에 도입하는 주체이다. |
| 의무 | - 규정 준수 확인: 수입된 시스템이 EU AI Act를 준수하는지 보장<br>- 문서 보관: 제공자의 기술 문서 및 적합성 선언을 보유<br>- 협조: 규제 당국이 요구하는 정보를 제공 |

| 감독 당국(Market Surveillance Authority) ||
|---|---|
| 개념 | AI 시스템의 규정 준수를 감시하고, 필요한 경우 제재를 부과하는 기관이다. |
| 의무 | - 감독 및 조사: 시장에서 운영 중인 AI 시스템을 점검<br>- 위험 관리: 규정 위반 사례나 위험성을 파악하고 적절한 조치를 취함<br>- 법 집행: 필요시 벌금, 회수 명령 등 집행 조치를 취함 |

\* AI 관리 체계(거버넌스)

① AI Office: EU 집행위원회(사무국으로도 번역됨) 내에 설치되는 동법의 거버넌스 총괄 기구로 기능적 독립성을 확보한다. AI 모델에 대해 전반적으로 감독하며 표준을 개발하고 테스트 관행 개발에 기여하며 EU 회원국의 소관 규제 당국과 협력하여 법 집행을 지원하고자 한다.

② AI Board: 개별 회원국 대표단의 협의기구로서 회원국이 행위 준칙을 제정하는 것을 지원하며 일관성 있게 법이 제정될 수 있도록 돕는다.

③ 과학 패널(Scientific Panel): 독립성이 보장된 과학, 기술계 전문가들이 AI 성능평가 방법 개발 및 분류 체계를 수립 지원하고 잠재적인 위험성(안전도 관련을 모니터링하여 의견을 제출한다.

④ AI 규제 샌드박스(법을 적용하지 않은 채 산업 진흥을 위해 시행해봄)는 EU 전역에서 AI 시스템 기술 혁신을 위해 의무화 규정되어야 하며 자율적으로 시스템을 실험, 테스트와 훈련, 검증할 수 있는 통제된 환경을 제공해야 한다. AI 시스템 공급자 등은 샌드박스 활동에 대해 서면 보고서를 발급받아야만 법령 준수를 충족했다는 증빙이 되어 시장 출시 승인을 신속화할 수 있다. 이때 현실상 실증 테스트를 제한적으로 허용할 수 있는데, 이 계획에 대해 국가가 승인하면 EU의 개인정보 보호 관련 규정을 준수한다는 전제 아래 테스트 기간을 6개월+6개월 연장하여 샌드박스의 혜택을 볼 수 있으며, 실증 환경 테스트 대상은 시장 출시 면허를 받게 된다.

> **제4조(AI 리터러시)**
>
> AI 시스템 제공자와 배포자는 자사를 대신하여 AI 시스템을 운영하고 사용하는 직원 및 기타 인력의 AI 이해도가 충분하도록 최선의 조치를 취해야 하며, 이들의 기술 지식, 경험, 교육 및 훈련과 AI 시스템이 사용될 맥락을 고려하고, AI 시스템이 사용될 개인이나 그룹을 고려해야 한다.

    AI 리터러시(AI Literacy)란 인공지능(AI)의 기본 개념, 원리, 기능, 그리고 이를 이해하고 활용하는 능력을 의미한다. AI 리터러시는 현대 사회에서 중요한 대응 소양으로, AI와 관련 지식을 이해하고 그 기초로 다양한 문제를 다룰 수 있는 능력을 갖춘 것을 목표로 한다. 단순히 AI 기술을 사용하는 데 그치는 것이 아니라 AI가 어떻게 작동하는지, 그로 인해 발생할 수 있는 사회적·윤리적 문제를 인식하고 대응하는 능력도 포함된다.

# 제2장 금지되는 AI 시스템

**제5조(금지된 AI 행위)**

1. 다음의 AI 행위는 금지된다.

(a) 사람의 의식을 초월하여 잠재의식적 기술을 사용하거나 의도적으로 조작적 또는 기만적인 기술을 사용하는 AI 시스템을 시장에 출시하거나 서비스에 제공하거나 사용하여 개인이나 개인 집단의 행동을 실질적으로 왜곡하여 정보에 입각한 의사결정 능력을 현저히 손상시키고, 그로 인해 개인이나 다른 개인 또는 집단에게 상당한 해를 끼치거나 끼칠 가능성이 높은 방식으로 그렇지 않으면 내리지 않았을 결정을 내리게 하는 것을 목적으로 하거나 그렇게 하는 효과를 내는 것.

(b) 연령, 장애 또는 특정 사회적 또는 경제적 상황으로 인해 자연인이나 특정 인구 집단의 취약성을 악용하는 AI 시스템을 시장에 출시하거나 서비스에 제공하거나 사용하는 행위로, 그 사람이나 그 집단에 속한 사람의 행동을 실질적으로 왜곡하여 그 사람이나 다른 사람에게 상당한 피해를 입히거나 입힐 가능성이 상당히 높은 방식으로 왜곡하는 것을 목적으로 하거나 그러한 효과를 내는 행위.

(c) 특정 기간 동안 사회적 행동이나 알려지거나 추론되거나

예측되는 개인적 또는 성격적 특성을 기반으로 자연인 또는 개인 집단을 평가 또는 분류하기 위해 AI 시스템을 시장에 출시하거나 서비스에 도입하거나 사용하는 것으로, 사회적 점수는 다음 중 하나 또는 둘 다에 해당한다.

(i) 데이터가 원래 생성되거나 수집된 맥락과 관련이 없는 사회적 맥락에서 특정 자연인이나 개인 집단에 대한 불리하거나 부정적인 대우인 경우.

(ii) 특정 자연인이나 개인 집단에 대한 부당하거나 그들의 사회적 행동이나 심각성에 비해 불균형적인 불리한 대우인 경우.

(d) 자연인의 프로파일링 또는 그들의 성격 특성 평가만을 기반으로 자연인이 범죄를 저지를 가능성을 평가하거나 예측하기 위해 자연인의 위험 평가를 하기 위한 AI 시스템의 시장 출시, 위와 같은 특정 목적을 위한 서비스 개시 또는 AI 시스템의 사용, 다만 이러한 금지는 이미 범죄 행위와 직접적으로 관련된 개관적이고 검증 가능한 사실에 기초하여 범죄 행위에 대한 개인의 개입에 대한 인적 평가를 지원하기 위하여 사용되는 AI 시스템에는 적용되지 아니한다.

(e) 인터넷, CCTV 영상에서 얼굴 이미지를 비표적적으로 스크래핑하여 얼굴 인식 데이터베이스를 생성하거나 확장하는 AI 시스템의 출시, 위와 같은 특정 목적을 위한 서비스 개시 또는 사용

(f) 사업장 및 교육 기관의 영역에서 자연인의 감정을 추론하기

위한 AI 시스템을 사용, 위와 같은 특정 목적을 위한 출시 및 서비스 개시, 다만, 의료 또는 안전상의 이유로 AI 시스템을 사용하거나 출시하려는 경우는 제외한다.

(g) 인종, 정치적 견해, 노동조합 가입 여부, 종교적 또는 철학적 신념, 성생활 또는 성적 지향을 연역하거나 추론하기 위해 생체 정보에 기초하여 자연인을 개별적으로 분류하는 생체 인식 분류 시스템의 출시, 위와 같은 특정 목적을 위한 서비스 개시 또는 사용, 이러한 금지는 생체 정보에 기초하여 합법적으로 획득한 이미지와 같은 생체 정보 데이터세트의 라벨링 또는 필터링 또는 법 집행 영역에서의 생체 정보 분류는 포함하지 아니한다.

(h) 법 집행의 목적으로 공개적으로 접근 가능한 공간에서 '실시간' 원격 생체 정보 식별 시스템을 사용하는 것은 허용되지만, 그러한 사용이 다음 목적 중 하나에 엄격히 필요한 경우에는 예외이다.

(i) 납치, 인신매매 또는 성 착취의 특정 피해자를 타깃으로 한 수색과 실종자 수색

(ii) 자연인의 생명이나 신체적 안전에 대한 구체적이고 실질적이며 임박한 위협이나 진짜이고 현재의 또는 진짜이고 예측 가능한 테러 공격 위협을 예방하는 것.

(iii) 부속서 II에 언급된 범죄에 대한 형사 수사 또는 기소 또는 형사 처벌을 집행할 목적으로 범죄를 저질렀다고 의심되는 사람을 찾아내거나 식별하는 것. 해당 범죄에 대해서는 회원국에서 최대 4년 이상의 징역형 또는 구금 명령을 내릴 수 있는 범죄이다.

첫 번째 하위 단락의 (h) 항목은 법 집행 이외의 목적을 위한 생체 인식 데이터 처리에 관한 규정 (EU) 2016/679 제9조[9]를 침해하지 않는다.

2. 법 집행의 목적을 위해 공개적으로 접근 가능한 공간에서 '실시간' 원격 생체 정보 식별 시스템을 사용하는 경우 제1항 제(h)호에 언급된 모든 목적은 해당 항목에 명시된 목적에 따라 구체적으로 타깃이 된 개인의 신원을 확인하는 데에만 사용되어야 하며, 다음 요소를 고려해야 한다.

  (a) 해당 시스템을 사용하지 않을 경우 발생할 수 있는 피해의 심각성, 확률 및 규모 등, 사용 가능성을 야기하는 상황의 특성
  (b) 해당 시스템 사용에 따른 모든 관계자의 권리와 자유에 미치는 결과, 특히 그 결과의 심각성, 가능성 및 규모에 관한 내용이다.

---

[9] Regulation (EU) 2016/679, 즉 일반 데이터 보호 규정(GDPR)의 제9조는 특수 범주의 개인정보 처리에 관한 규정을 다루고 있다. 이 조항은 민감한 개인정보의 처리에 대한 원칙과 예외 사항을 규정하고 있다. 제9조: 특수 범주의 개인정보 처리 제1항에 따르면, 다음과 같은 특수 범주의 개인정보의 처리는 원칙적으로 금지된다. 인종 또는 민족적 출신, 정치적 견해, 종교적 또는 철학적 신념, 노동조합 가입 여부, 유전 데이터, 생체 인식 데이터(개인을 고유하게 식별하기 위한 목적의 데이터), 건강 데이터, 성생활 또는 성적 지향에 관한 데이터가 그러하다. 이러한 민감한 정보의 처리는 특정한 경우에만 허용되며, 예외 사항은 제9조(2항)에 규정되어 있다. 예외적으로 처리할 수 있는 경우는 다음과 같다. 명시적 동의를 받은 경우, 고용법, 사회 보장법 또는 사회 보호법에 따른 법적 의무 이행을 위해 필요한 경우, 중대한 공익을 위해 필요할 경우, 건강 및 의료 목적을 위해 필요한 경우, 법적 청구를 위해 필요한 경우 등, 이 조항은 민감한 데이터의 처리를 엄격히 제한함으로써, 개인정보가 불법적으로 사용되는 것을 방지하고 데이터 주체의 권리를 보호하는 것을 목적으로 한다.

또한, 이 조항의 제1항 제(h)호에 언급된 목적을 위해 법 집행 목적으로 공개적으로 접근 가능한 공간에서 '실시간' 원격 생체 정보 식별 시스템을 사용하는 경우, 특히 시간적, 지리적 및 개인적 제한과 관련하여 해당 사용을 허가하는 국가법에 따라 사용하는 것과 관련하여 필요하고 비례적인 보호 조치 및 조건을 준수해야 한다. 공개적으로 접근 가능한 공간에서 '실시간' 원격 생체 정보 식별 시스템을 사용하는 것은 법 집행 기관이 제27조에 규정된 대로 기본권 영향 평가를 완료하고 제49조에 따라 EU 데이터베이스에 시스템을 등록한 경우에만 허가된다. 그러나 정당하게 정당화된 긴급한 경우 EU 데이터베이스에 등록하지 않고도 해당 시스템의 사용을 시작할 수 있지만, 해당 등록이 부당한 지연 없이 완료되어야 한다.

3. 제1항 제(h)호 및 제2항의 목적을 위해, 공개적으로 접근 가능한 공간에서 '실시간' 원격 생체 정보 식별 시스템을 법 집행 목적으로 사용하는 경우, 사용이 이루어질 회원국을 구속하는 결정을 내린 사법 기관 또는 독립 행정 기관이 부여한 사전 승인을 받아야 하며, 이는 합리적인 요청에 따라 발급되고 제5항에 언급된 국가법의 세부 규칙에 따라야 한다. 그러나 정당하게 정당화된 긴급 상황에서는 그러한 시스템의 사용을 승인 없이 시작할 수 있지만, 그러한 승인은 지체 없이, 늦어도 24시간 이내에 요청해야 한다. 그러한 승인이 거부되면 사용은 즉시 중단되고 모든 데이터와 그 사용의 결과 및 산출물은 즉시 폐기 및 삭제된다.

구속력이 있는 결정을 수령하게 되면 유능한 사법 당국 또는 독립 행정 당국은 객관적 증거 또는 제시된 명확한 표시에 근거하여 해당 '실시간' 원격 생체 정보 식별 시스템의 사용이 요청서에 명시된 제1항 제(h)호에 명시된 목적 중 하나를 달성하는 데 필요하고 비례하며, 특히 기간과 지리적, 개인적 범위와 관련하여 엄격히 필요한 것으로 제한된다는 점에 만족하는 경우에만 승인을 부여해야 한다. 요청에 대한 결정을 내릴 때 해당 당국은 제2항에 언급된 요소를 고려해야 한다. '실시간' 원격 생체 정보 식별 시스템의 산출물에만 근거하여 사람에게 불리한 법적 효과를 초래하는 결정을 내릴 수 없다.

4. 제3항의 적용을 받지 않고 법 집행 목적으로 공개적으로 접근 가능한 공간에서 '실시간' 원격 생체 정보 식별 시스템을 사용할 때마다 제5항에 언급된 국가 규칙에 따라 관련 시장 감시 기관과 국가 데이터 보호 기관에 통보해야 한다. 통보에는 최소한 제6항에 명시된 정보가 포함되어야 하며 민감한 운영 데이터는 포함되어서는 안 된다.

5. 회원국은 법 집행 목적으로 공개적으로 접근 가능한 공간에서 '실시간' 원격 생체 정보 식별 시스템의 사용을 제1항 제(h)호, 제2항 및 제3호에 열거된 한도 및 조건하에 완전 또는 부분적으로 허가할 가능성을 제공하기로 결정할 수 있다. 관련 회원국은 제3항에서 언급한 허가의 요청, 발급 및 행사, 그리고 이와 관련된 감독 및 보고에 대한 필요한 세부 규칙을 국내법에 규정해야 한다. 이러한 규칙은또한 제1항

제(h)호에 나열된 목표 중 어떤 것과 관련하여, 해당 제(h)호 (iii)목에 언급된 형사 범죄 중 어떤 것과 관련하여, 유능한 당국이 법 집행 목적으로 해당 시스템을 사용하도록 허가할 수 있는지도 명시해야 한다. 회원국은 해당 규칙을 채택한 후 최소 30일 이내에 위원회에 통보해야 한다. 회원국은 유럽연합법에 따라 원격 생체 인식 식별 시스템 사용에 대한 보다 제한적인 법률을 도입할 수 있다.

6. 제4항에 따라 법 집행 목적으로 공개적으로 접근 가능한 공간에서 '실시간' 원격 생체 정보 식별 시스템을 사용한다는 통지를 받은 회원국의 국가 시장 감시 기관 및 국가 데이터 보호 기관은 해당 사용에 대한 연례 보고서를 위원회에 제출해야 한다. 그 목적을 위해 위원회는 회원국 및 국가 시장 감시 및 데이터 보호 기관에 템플릿을 제공해야 하며, 여기에는 제3항에 따라 승인 요청에 구속력이 있는 결정을 내린 유능한 사법 기관 또는 독립 행정 기관의 결정 수와 그 결과에 대한 정보가 포함된다.

7. 위원회는 제6항에 언급된 연례 보고서를 기반으로 회원국의 집계된 데이터를 기반으로 법 집행 목적을 위한 공개적으로 접근 가능한 공간에서 실시간 원격 생체 인식 식별 시스템 사용에 대한 연례 보고서를 발행해야 한다. 이러한 연례 보고서에는 관련 법 집행 활동의 민감한 운영 데이터가 포함되지 않는다.

8. 이 조항은 AI 관행이 다른 연합법을 위반하는 경우 적용되는 금지 사항에 영향을 미치지 않는다.

집행위원회 원안과 이사회 수정안보다 기본권 보호를 중시하는 EU 의회가 좀 더 항목을 추가하여 제5조 제1항 8가지의 유형을 금지하게 되었다.

① 인간의 잠재의식을 이용하거나 이를 조작, 기만하는 기술로 의사결정 능력을 저하시켜 원하지 않는 결정을 야기하는 AI 시스템
- 무의식적 또는 조작, 기만하는 기술로 충분한 정보에 기반하는 의사결정을 상당히 저해하여 개인과 집단이 원하지 않았을 의사결정을 내리도록 중대한 정도로 왜곡시켜 중대한 피해를 초래하거나 초래할 우려가 있는 AI 시스템이다.
- 잠재의식을 이용한다는 것은 시청각적 자극과 이미지 등을 이용해 자율적인 의사결정을 저해하는 것을 의미하며 조작, 기만적 기법을 이용한다는 것은 인간이 수용하는 뇌 자극의 양과 질을 통제하여 여러 가지 방법 등을 이용하여(예: 가상 현실, 착각 유도 등) 자율적인 의사결정을 저해한다.
- 예외 사유로 정신적 질환으로 인한 심리 치료 등 환자의 동의를 얻은 적법한 의료적 치료행위는 해당되지 않는다.

② 연령, 장애, 사회경제적 상황 등의 취약점을 악용하여 개인, 집단에 중대한 피해를 끼칠 수 있도록 인간의 행동을 왜곡하는 목적 효과를 가진 AI 시스템
- 연령, 장애, 개인과 집단이 처한 구체적인 사회적 경제적 상황 등의 취약점을 이용하여 착취로 개인, 집단에 중대한 피해를 초래하거나 초래할 우려가 있는 AI 시스템으로 사회, 경제적 상황은 극도의 빈곤, 소수 인종

과 교파 등 개인이 경제적 착취에 현재 취약한 상황을 말하며 이러한 취약점을 이용한 착취는 그 피해가 장기간 누적될 위험이 있으므로 금지될 필요가 있다. 특히 EU 불공정 관행 금지 지침(Directive 2005/29/EC on Unfair Commercial Practice)[10]을 보완하여 AI를 활용한 불공정한 표시, 광고와 다크패턴 등으로 취약계층을 이용하는 경우 해당할 수 있다.

③ 개인의 특성, 성격, 사회적 행동에 기반하여 해당 개인에게 불이익한 처우를 초래할 수 있는 사회적 평가점수를 산정하는 AI 시스템(사회적 평점 AI 시스템)

사회적 평점은 일정 기간에 걸쳐 개인의 사회적 행동이나 성격/특성을 평가/분류하는 사회적 평점을 통해 개인이나 집단에 불리하거나 불이익이 되는 처우를 야기하는 AI 시스템을 말한다.

---

10) Directive 2005/29/EC는 불공정 상업 관행 지침(UCPD: Unfair Commercial Practices Directive)으로, 소비자를 보호하기 위해 유럽연합에서 제정된 중요한 법률이다. 이 지침은 내부 시장에서 기업들이 소비자와 거래할 때 공정하고 투명하게 운영되도록 공통 규칙을 설정한다. Directive 2005/29/EC의 적용 범위는 기업 대 소비자(B2C) 거래에 적용되며, 소비자의 경제적 이익을 해칠 수 있는 모든 유형의 불공정 상업 관행을 다룬다. 여기에는 광고, 마케팅, 판매 후 행동이 포함된다. 이때 불공정 관행의 정의로는 ① 오해를 불러일으키는 관행: 기업이 허위 정보를 제공하거나 정보를 오해를 불러일으킬 수 있는 방식으로 제시하여, 평균적인 소비자가 정상적으로 내렸을 거래 결정을 왜곡하게 만드는 경우에 해당된다. ② 공격적인 관행: 괴롭힘, 강요, 부당한 영향력 등을 사용하여 소비자의 선택의 자유를 심각하게 저해하고, 그로 인해 소비자의 의사결정에 영향을 미치는 행위이다. ③ 일반 금지: 전문적 성실성의 요구사항에 반하는 상업적 관행이 평균 소비자의 경제적 행동을 왜곡할 가능성이 있을 경우 금지된다. ④ 블랙리스트 관행: 부속서 I에는 모든 상황에서 불공정한 것으로 간주되는 31개의 관행이 나열되어 있는데 예를 들어, 제품이 질병을 치료할 수 있다는 허위 주장이나 제품의 재고에 대한 거짓말 등이 포함된다. ⑤ 집행에 있어 각 EU 회원국은 법 준수 여부를 감시하고, 잘못된 관행에 대해 벌금, 처벌, 허위 또는 공격적인 관행 금지 등을 집행할 책임이 있는 당국을 지정해야 한다. UCPD는 EU 전역에서 불공정 상업 관행에 대한 규칙을 완전히 통합시킴으로써, 회원국들이 지침에서 다루는 영역에 대해 더 엄격한 국가 규칙을 채택하지 못하도록 하고 있다. 이 지침은 불공정 상업 관행을 금지하고, 투명성과 신뢰를 증진함으로써 소비자 보호 수준을 높이는 것을 목표로 한다.

다만 모든 사회적 평점 시스템이 금지되는 것은 아니고 데이터 관련성이 있거나 개인의 사회적 행동을 좌지우지할 중대성에 비례해 크게 불이익을 주지 않으면 이는 허용된다.

이때 데이터 관련성이란 평가의 근거가 되는 데이터가 생성되고 수집된 맥락과 무관한 사회적 맥락에서 개인이나 집단에 불이익을 주는 평가를 말한다.

사회적 행동과의 비례성이라는 것은 평가의 근거가 되는 개인의 사회적 행동의 심각성에 비례하지 않거나 정당화될 수 없는 불이익을 주는 평가를 말한다.

④ 개인의 특성, 성향 등 프로파일링에 전적으로 의존한 범죄 발생 가능성 예측 AI 시스템

최근 과학수사가 발전하고 있고, 개인에 대한 프로파일링 또는 개인적, 성격적 특성의 평가에 전적으로 의존하여 특정인의 범죄 발생 가능성을 평가, 예측하는 AI 시스템을 말하는데 이때 프로파일링에 고려되는 개인적이고 성격적인 특성, 즉 국적, 출생지, 거주지, 자녀 수 채무 수준, 소유 자동차 등에 대한 분석으로 범죄의 발생 가능성을 평가하는 것을 말한다.

다만 AI를 보조적으로 사용하고 범죄 행위와 직접적으로 관련된 객관적이고 검증 가능한 사실에 기반하여 예측되는 범죄 가능성은 예외적으로 허용된다. 예를 들어 밀매 경로 정보에 근거하여 세관 당국의 마약과 밀수품을 검사하거나 신고를 통해 보이스 피싱 등 금융 사기 탐지를 할 수 있는 이상 거래 예측 시스템 예보 등은 제외된다.

즉, 개인이 자신이 실제로 한 행위에 근거하여 범죄 연루 여부를 판단받으라는 의미이며, 인간의 평가 및 합리적 의심을 뒷받침할 근거 등의

수반 없이 이루어지는 범죄 예측은 불허한다. 법무부는 2019년부터 특정 강력범죄의 유사한 패턴을 보인 경우 재범률이 높다는 점을 고려하여 전자발찌 피부착자의 재범 요인을 종합적으로 분석한 뒤 이상 징후를 사전 탐지하여 보호관찰관에게 알려 주는 범죄 징후 예측 시스템을 2019년부터 운용 중이며, 전자장치 부착 등에 관한 법률 제2조 제4호에 근거하여 전자파를 발신, 추적하여 위치를 확인하거나 이동 경로를 탐지하는 기계적 설비인 위치 추적 전자장치 및 단순한 위치 정보뿐 아니라 재범에 영향을 미치는 요인에 관한 정보를 종합적으로 분석하여 재범 가능성을 탐지할 수 있게 하는 범죄 징후 예측 시스템에 AI를 사용하고자 하고 있어 AI 시스템 이용에 주의가 요구된다.

⑤ 사업장, 교육기관에서 인간의 감정을 추론하기 위해 해석 이용하는 AI 시스템

인간의 감정 표현은 여러 가지 상황에서 문화적이고 상황상 달라질 수 있을 뿐만 아니라 개별적인 편차가 존재하는 부분이라 신뢰성에 문제가 생겨날 수 있고 그 정보에 의해 어떤 결정이라 하는 것에 대해서도 상당한 우려가 제기된다. 직장, 교육기관 등 평가자와 피평가자가 내재되어 있는 영역에서 감정 추론 시스템 등이 이용될 경우 개인에게 차별적인 결과를 가져올 수 있는 평가, 승진, 해고 등에 문제가 생겨날 수 있어 개인 또는 특정 집단이 피해를 입을 수 있다. 다만 치료 등 의료상의 안전 목적들을 위해 전문가가 엄격하게 제한된 범위 내에서 의사를 추론하기 위해서 사용되는 경우에는 예외가 인정될 수 있을 것이다.

⑥ 생체 정보의 유형을 분류하여 인종, 정치적 견해, 성적 지향, 종교적

신념 등 개인의 범주를 분류하는 AI 시스템

  생체 정보인 지문, 얼굴, 홍채, 음성 등 개인의 고유한 생물학적 특성에 따른 생체 정보를 사회에서 차별적 요소로 작용할 수 있는 분류(인종, 종교, 노조 가입 등)의 근거로 활용하는 것은 부적절하다. 특히 인종, 정치적 견해, 성적 지향, 종교적 신념 등은 GDPR 제9조의 민감 정보 유형과 상당 부분 수집 금지에 대해 규정이 중복되지만 그중 일부 유형은 제외되었다. (민족, 유전, 건강 정보 등등) 그러므로 생체 정보가 의학과 약학의 발전을 위하여 기반적인 분류를 하는 것은 허용되는 것이라고 할 수 있을 것이다. 그러므로 생체 정보 인식에 기반하여 법 집행을 해야 하는 경우, 적법하게 수집된 생체 정보에 기반하여 라벨링과 선별 등 데이터세트를 가공하는 경우, 상업적 서비스 제공을 위해 부수적으로 활용하는 경우 등은 생체 정보에 근거한 개인의 분류를 허용한다.

  ⑦ 인터넷 또는 CCTV로부터 불특정 다수의 안면 정보를 수집하여 안면 인식 데이터베이스를 생성하고 이를 확장하는 데 이용하는 AI 시스템
  불특정 다수를 대상으로 하여 안면 이미지를 수집하는 주체가 정부인 경우 대중 감시 우려를 증대시키며, 사생활 보호 등 중대한 기본권 침해 소지가 있어서 금지할 필요성이 존재한다. 개인정보보호법은 안면 인식 정보를 민감 정보로 보고 있으며 공개된 장소에서 CCTV로 수집될 수는 있으나 정보 주체의 동의 없이는 이것을 데이터베이스 구축에 활용하는 것은 금지되어 있다.

  ⑧ 법 집행 목적으로 공개된 장소에서 이용되는 실시간 원격 생체 인식 식별 AI 시스템

일반 대중들이 국가의 지속적인 감시에 놓여 있다는 우려를 가지게 되어 행동의 자유가 극히 제한될 뿐 아니라 기술의 정확도가 부족하여 인종, 성별, 장애 등 편향된 결과가 발생하면 차별을 심화하는 자료가 생성될 수 있고, 실시간으로 작동되는 시스템 특성상 이를 통해 결과는 즉시 발생하지만 만일 오류가 있는 경우 이를 확인하고 시정할 수 있는 기회가 제한적일 수밖에 없다. 그러나 스마트 치안 등 신원 확인 목적으로 이민, 망명 등을 통제하기 위한 확인 수단으로는 사용할 수 있다. 즉, 상당한 공익적 목적을 위해 필요한 경우로 납치, 인신매매 등의 범죄 피해자, 실종자에 대한 수색, 생명과 안전에 대한 구체적이고 중대하고 급박한 위험의 방지(주요 인프라 중대한 마비 등), 실제 또는 예상되는 테러 공격의 방지, 부속서 II에 열거된 범죄 유형의 수사, 기소 형 집행을 위한 범죄 혐의자의 소재 파악 및 식별(회원국 법상 4년 이상 징역형 부과 대상인 중범죄로 한정)의 경우 예외이다.

실시간 원격 생체 인식 식별 시스템의 기본권 침해 우려를 고려하여 ① 시스템을 이용하지 않을 경우의 피해와 이용할 경우 개인의 자유와 권리 침해의 중대성, 발생 가능성, 범위를 종합적으로 고려하고 ② 긴급 상황 발생 시 절대적으로 필요한 최소한의 범위 내에서 이용하는 조건으로 사후 승인 가능하지만 사전 승인을 구할 수 없었던 정당한 근거를 최대 48시간 이내에 소명할 의무가 있으며 원칙적으로 사전 승인이 요구되고 ③ 사법 당국 등의 승인이 거부된 경우 시스템 이용을 즉시 중단하고 해당 시스템의 이용 과정에서 취득한 입력 데이터와 산출물들은 삭제 폐기하여야 한다.

# 제3장 고위험 AI 시스템

개발이 금지되는 AI 시스템(제2장)보다 더 어려운 것이 본 제3장의 고위험으로 분류된 AI 시스템이 해야 할 의무라고 할 것이다. 본 장은 EU AI Act의 핵심이라 할 수 있으며 AI 가치 사슬에 따른 책임을 명확히 하고자 한다.

고위험 AI 시스템 공급자 간주 규정을 통해 누구든지 위험을 발견하는 자는 최대한 기본권을 침해하지 않도록 의무를 부여하였는데 그 대표적인 내용이 제공자 간주 규정이다. 이미 시장에 출시, 서비스 개시된 고위험 AI 시스템에 자신의 이름 또는 상표를 부착하거나, 이미 시장에 출시, 서비스가 공급된 고위험 AI 시스템을 제6조에 따른 고위험 AI 시스템 유지한 채 본질적 변경하거나 이미 시장에 출시되거나 서비스가 개시된 고위험이 아닌 AI 시스템(범용 AI 시스템 포함)을 제6조에 따른 고위험 AI 시스템으로 만들기 위해 AI 시스템의 의도된 목적이 변경된 경우 모두 제공자로 간주하고 최초 제공자는 더 이상 AI법의 목적상 더 이상 특정 AI 시스템의 제공자로 간주되지 않고 함께 부진정연대채무를 진다. 다만 새로운 제공자와 긴밀히 협력, 기술적 접근 및 기타 지원 등 제공 의무 부담한다.

본 장에서는 수범자 간 정보 제공 체계 등을 마련하여 수범자의 법 이행 보장을 위해 수범자 간 정보 비대칭성 및 정보 접근의 어려움 등 고려하여 수범자별로 정보 제공 및 확인 의무 부여하고 위험 완화 및 위험에 대한 조치 등을 위해 필요한 사항을 수범자별로 배분·배치한다.

구체적으로 AI 사용으로 인한 위험 완화 및 대비를 위해 필요한 정보, 조치 등을 구체화하고 이를 수범자 상황에 맞추어 배분 및 배치하고 AI가 개발되어 이용되는 과정에서 가장 첫 번째 단계에 위치하는 공급자에게 가장 많은 의무를 부여하고 AI를 실제 이용하는 배포자에게도 기본권 영향 평가 등 상당한 의무를 부과한다. 다양한 의무들은 법 위반 또는 위험, 피해 발생에 대비하기 위한 정보 또는 문서의 작성 및 보관 등으로서 유사시 상황 파악, 인과관계 입증, 책임 배분 등에의 대응뿐 아니라 위험의 사저 파악을 통한 위험 회피 등까지 고려하여 사전적 조치에 주안점을 둔 것으로 보인다. 집행 관할권의 영토적 한계를 국내 대리인 제도를 통해 실효성을 확보하여 GDPR 등 기존 EU법과 유사하게 국내 대리인 제도를 둠으로써 집행 권한의 영토적 한계를 극복하고자 하였다. 다만 이는 GDPR의 경우와 유사하게 국내 산업계에 상당한 부담으로 작용할 것으로 예상된다.

결국 이러한 AI 시장의 가치 사슬에 따른 책임에 있어서 이미 공급된 AI 시스템을 변경, 개조 등 하거나 그 이용 목적을 변경 등 처음 AI 시스템을 제공한 자에게 책임과 의무를 부과하기 곤란한 점을 고려하고 있는데 다만 고위험은 유지한 채로 본질적 변경을 한 경우는 단순한 미세 조정을 의미하는 것은 아니므로 구체적 적용 사례 내지 해석이 필요한 부분이라 하겠다. 또한 AI법상 의무 주체의 변화가 있는 것이므로 당사자들이(특히 변경을 한 자) 스스로 제공자에 해당하는지를 알 수 있는 방법의 명확화가 필요하다.

## 제1절 고위험 AI 시스템의 성립 요건

**제6조(고위험 AI 시스템에 대한 분류 규칙)**

1. AI 시스템이 (a) 및 (b) 항목에 언급된 제품과 별도로 시장에 출시되거나 서비스에 투입되는지 여부와 관계없이 다음 두 가지 조건이 모두 충족되는 경우 해당 AI 시스템은 고위험으로 간주된다.

  (a) AI 시스템은 제품의 안전 구성 요소로 사용되도록 의도된 것이거나 AI 시스템 자체가 부속서 I에 나열된 유럽연합 통합 법률의 적용을 받는 제품이다.

  (b) (a) 항목에 따른 안전 구성 요소가 AI 시스템인 제품 또는 제품으로서의 AI 시스템 자체가 부속서 I에 나열된 EU 관련 법률에 따라 해당 제품을 시장에 출시하거나 서비스를 제공하기 위해 제3자 적합성 평가를 거쳐야 하는 경우

2. 제1항에 언급된 고위험 AI 시스템 외에도 부속서 III에 언급된 AI 시스템은 고위험으로 간주된다.

3. 제2항의 적용을 면제하여, 부속서 III에 언급된 AI 시스템은 의사결정 결과에 실질적으로 영향을 미치지 않는 것을 포함하여 자연인의 건강, 안전 또는 기본권에 상당한 피해를 줄 위험을 초래하지 않는 경우에는 고위험으로 간주되지 않는다. 다음 조건 중 하나라도 충족되는 경우, 해당 AI 시스템은 고위험으로 간주된다.

  (a) AI 시스템은 좁은 절차적 작업을 수행하도록 설계되었다.

(b) AI 시스템은 이전에 완료한 인간 활동의 결과를 개선하기 위해 고안되었다.

(c) AI 시스템은 의사결정 패턴이나 이전 의사결정 패턴과의 편차를 감지하도록 의도된 것이지 적절한 인간 검토 없이 이전에 완료된 인간 평가를 대체하거나 영향을 미치도록 의도된 것이 아니다.

(d) AI 시스템은 부속서 III에 나열된 사용 사례의 목적에 적합한 평가를 위한 준비 작업을 수행하도록 설계되었다.

첫 번째 하위 단락에도 불구하고, 부속서 III에 언급된 AI 시스템은 해당 AI 시스템이 자연인에 대한 프로파일링을 수행하는 경우 항상 고위험으로 간주되어야 한다.

4. 부속서 III에 언급된 AI 시스템이 고위험이 아니라고 생각하는 제공자는 해당 시스템이 시장에 출시되거나 서비스를 시작하기 전에 평가를 문서화해야 한다. 해당 제공자는 제49조(2)에 명시된 등록 의무를 따라야 한다. 국가 유관 당국의 요청에 따라 제공자는 평가 문서를 제공해야 한다.

5. 위원회는 유럽인공지능위원회(이하 '위원회')와 협의한 후 늦어도 2026년 2월 2일까지 제96조에 따라 본 조항의 실질적 구현을 명시하는 가이드라인과 고위험 및 비고위험 AI 시스템의 실제 사용 사례에 대한 포괄적인 목록을 제공해야 한다.

> 6. 위원회는 제97조에 따라 위임 행위를 채택하여 본 조 제3항 제2호를 개정할 권한을 부여받는데, 이는 해당 조항에 규정된 조건에 새로운 조건을 추가하거나 해당 조건을 수정하는 방식으로 이루어지며, 부속서 III의 범위에 속하는 AI 시스템이 존재함을 구체적이고 신뢰할 수 있는 증거가 있는 경우이지만 자연인의 건강, 안전 또는 기본적 권리에 상당한 피해를 줄 위험이 없는 경우이다.
>
> 7. 위원회는 이 규정에서 규정하는 건강, 안전 및 기본권의 보호 수준을 유지하는 데 필요하다는 구체적이고 신뢰할 수 있는 증거가 있는 경우, 이 조항의 제3항 제2단락을 수정하여 해당 조항에 명시된 조건을 삭제하기 위해 제97조에 따라 위임 행위를 채택해야 한다.
>
> 8. 본 조의 제6항 및 제7항에 따라 채택된 제3항 제2호에 규정된 조건에 대한 모든 수정은 본 규정에 의해 규정된 건강, 안전 및 기본권의 보호의 전반적 수준을 저하시키지 않으며 제7조(1)에 따라 채택된 위임 행위와의 일관성을 보장해야 하며 시장 및 기술 발전을 고려해야 한다.

(1) 고위험 AI 시스템의 분류

① 특정 제품의 안전 구성 요소 또는 특정 제품 그 자체인 AI 시스템 또는 시장 출시나 서비스 공급을 위해 EU 관련 법률상 제3자 적합성 평가 대상

- 작동 등의 오류가 발생하는 경우 사람의 건강과 안전에 직접적으로 부정적인 영향을 미칠 가능성이 있는 제품들

> 부속서 Ⅰ A절: 기계류, 장난감, 레저용 및 개인용 선박, 승강기, 폭발 가능 환경에서 사용되는 장비 및 보호시스템, 무선설비, 압력 장비, 케이블 설비, 개인보호장비, 기체연료 연소기기, 의료기기, 체외 진단 의료기기
> 부속서 Ⅰ B절: 민간항공, 이륜 삼륜 사륜 차량, 농업·임업용 차량, 해양 장비, 철도 시스템, 자동차와 트레일러, 그 시스템·부품·기술 장치, 무인항공기와 그 엔진·프로펠러·부품·장비

② 사람의 건강, 안전, 기본권에 중대한 영향을 미칠 수 있는 AI 시스템
- 생체 인식 관련, 중요 인프라 관련, 교육 및 직업훈련 관련, 채용과 근로자의 관리 및 자영업자 접근 관련, 필수 민간·공공 서비스와 그 혜택에 대한 접근과 향유 관련, 관련 EU법 또는 회원국법에 따라 허용되는 한도에서 법의 집행 관련, 관련 EU법 및 회원국법에 따라 이용이 허용되는 이민, 망명 및 국경관리 관련, 사법 행정 및 민주 절차 관련

> 부속서 Ⅲ 1. EU법 또는 회원국 국내법에 따라 허용되는 생체 인식 관련
> 생체 인식 정보는 GDPR 등에서 특별한 범주의 개인정보 중 하나로, 위 정보를 기반으로 운영되는 생체 인식 관련 AI 시스템은 고위험성이 인정된다.

(a) 원격 생체 인식 식별 시스템
- 금지된 법 집행 복적의 공개적으로 접근 가능한 공간에서의 '실시간 원격 생체 인식 식별 시스템'이 아닌 경우
- 위와 같은 시스템은 기술적 부정확성으로 편향적일 수 있고, 차별적 효과를 수반할 수 있다.
- 특정인 본인임을 확인하고 서비스에 대한 접근, 기기 잠금 해제, 구내 보안 접근을 위한 목적의 특정인 신원 확인은 본 시스템에 포함되지 않는다.

(b) 생체 인식 분류 시스템
- 금지된 생체 인식 분류 시스템이 아닌 경우
- 민감한 속성이나 특성 기반의 속성, 특성 추론을 통한 생체 인식 분류 시스템
- 위와 같은 시스템은 기술적 부정확성으로 편향적일 수 있고, 차별적 효과를 수반할 수 있다.

(c) 감정 인식 시스템
- 직장이나 교육기관에서 활용되는 감정 인식 시스템이 아닌 경우
- 감정의 표현은 문화의 상황, 개인적 편차가 존재하며 그 식별이나 추론에 대한 과학적 근거가 불확실하다. 이에 제한된 신뢰성, 구체성 부족, 제한된 일반화 가능성 등의 한계가 존재한다. 따라서 이러한 감정 인식은 그 자체로 차별적인 결과를 초래하거나 해당 개인의 권리나 자유를 침해할 위험성이 있다.

**부속서 III 2. 중요 인프라 관련**

중요 디지털 인프라, 도로교통, 수도, 가스, 난방, 전기공급과 같은 중요 인프라의 안전 구성 요소는 물리적 무결성, 인명 및 재산의 건강과 안전을 직접 보호하기 위한 필수적 구성 요소라 할 수 있고 해당 AI 시스템이 고장 나거나 오작동되는 경우 대규모의 생명과 건강의 위협이 될 수 있다.

**부속서 III 3. 교육 및 직업 훈련 관련**

교육이나 직업 훈련기관에의 접근, 입학, 배정, 학습 결과의 평가, 시험 중 모니터링 등에 이용되는 AI 시스템은 개인의 교육 및 직업과정을 결정, 이로 인한 생계 보장 능력 등에 영향을 미친다. 부적절한 설계나 이용 시 기본권 침해, 차별의 역사적 패턴을 영속화할 수 있다.

  (a) 접근, 입학, 배정 등에 관련된 시스템
  (b) 학습 결과 평가에 관련된 시스템
  (c) 교육 수준 평가에 관련된 시스템
  (d) 시험 중 학생의 모니터링과 감지에 관련된 시스템

**부속서 III 4. 채용, 근로자의 관리 및 자영업자 접근 관련**

개인의 모집, 선발, 업무 관련 계약 조건, 승진, 종료, 업무 할당, 근로자의 모니터링, 평가 등은 생계나 근로자 권리에 상당한 영향을 준다. 근로자 등에 대한 평가, 승진, 유지, 종료 등은 차별의 역사적 패턴을 영속화할 수 있는데 업무 성과, 행동의 모니터링은 데이터 보호 및 프라이버시에 대한 기본권을 훼손할 가능성이 존재한다.

- 모집 또는 선발에 관련된 시스템은 모집, 선발, 표적 구인 광고, 지원자 분석, 지원서 선별, 지원자 평가에 이용되며 조건, 계약 관계 촉진, 종료, 업무 배분, 감시와 평가에 관련된 시스템은 근로 조건, 승진, 계약 관계 유지나 종료에 영향을 주는 결정, 업무 배분, 성과와 행동 감시나 평가에 이용된다.

**부속서 III 5. 필수 민간·공공 서비스와 그 혜택에 대한 접근과 향유 관련**
위 서비스나 그 혜택에 대한 접근과 향유는 사람들이 사회에 완전히 참여하거나 생활 수준을 향상시키는 데 필수적이다.
- 필수 공공부조 혜택, 서비스 적정 평가, 부여, 축소, 취소 등에 관련된 시스템의 경우 서비스나 혜택의 수령 자격, 부여, 거부, 축소, 취소 또는 회수 결정은 생계 및 사회적 보호, 차별 금지, 인간의 존엄성 또는 효과적인 구제 수단과 같은 기본권에 중대한 영향을 미친다.
- 신용도 평가, 신용점수 결정에 관련된 시스템은 개인의 금융 자원 또는 주택, 전기, 통신 서비스와 같은 필수 서비스에 대한 접근성 결정은 기본권에 중대한 영향, 차별과 같은 역사적 차별 패턴을 영속화하거나 새로운 형태의 차별적 영향을 초래 가능하다.
- 금융 사기를 적발하고 보험사업자의 자본 요건을 계산하기 위한 AI 시스템은 제외한다.
- 생명 및 건강보험 관련 위험 평가, 가격 책정에 관련된 AI 시스템은 생계에 중대한 영향을 미친다. 정당하게 설계, 개발 및 이용되지 않을 경우 기본권을 침해하고 금융 배제 및 차별을 포함한 사람의

생명과 건강에 심각한 결과를 초래할 가능성이 있다.
- 비상전화 평가, 분류, 응급 서비스와 응급환자 부류 등에 관련된 시스템은 경찰, 소방관, 의료지원 등 응급 초동 대응 서비스, 응급환자 분류 시스템과 같은 출동이나 우선순위 설정에 이용되는 AI 시스템이므로 사람의 생명과 건강 및 재산에 중대한 영향을 준다.

**부속서 III 6. 관련 EU법 또는 EU회원국법에 따라 허용되는 한도에서 법의 집행 관련**
- 법 집행 당국과 피집행자 사이의 권력 불균형, 법 집행 당국의 조치는 자유에 대한 감시, 체포 또는 박탈 등 기본권에 대한 부정적 영향을 초래, 부정확, 부당한 방식 작동의 경우 더욱 큰 부정적 영향을 초래 가능하며, 투명성, 설명 가능성, 문서화가 되지 않은 경우 효과적인 구제책과 공정한 재판을 받을 권리, 방어권 및 무죄 추정의 권리 등 중요한 절차적 기본권의 행사가 방해 위험이 있다. 조세 및 세관 당국, EU 자금 세탁 방지법(Regulation EU 2024/1620, Directive EU 2015/849 등)에 따른 정보 분석 행정 업무를 수행하는 금융 정보 부서의 행정 절차에 이용하기 위한 AI 시스템은 제외된다.
- 형사범죄 피해자 위험 평가에 관련된 시스템, 거짓말 탐지기, 유사 도구에 관련된 시스템, 수사 또는 기소 과정에서의 증거 신뢰성 평가에 관련된 시스템, 범죄성과 재범 가능성, 특성 또는 특징 혹은 과거 범죄 행동 평가에 관련된 시스템, 프로파일링에 관련된 시스템이 여기에 속한다.

**부속서 Ⅲ 7. 관련 EU법 및 EU회원국법에 따라 사용이 허용되는 이민, 망명 및 국경 관리 관련**

- 이주, 망명 및 국경 통제 관리에 이용되는 AI 시스템은 취약한 위치에 있고 관할 공공당국의 조치 결과에 의존하는 사람들에게 영향을 미친다. 위 시스템의 정확성, 비차별성 및 투명성은 기본권, 특히 자유로운 이동과 차별 금지, 사생활 및 개인정보 보호, 국제 보호 및 적정한 행정에 대한 권리의 존중을 보장하는 데 특히 중요하다. 비자코드법(Regulation EC 810/2009), 국제보호절차지침(Directive 2013/23/EU) 및 기타 관련 법에서 정한 관련 절차적 요건을 준수하고 유엔 난민의 지위에 관한 협약(1967년 1월 31일 의정서로 개정)에 따른 국제 의무 회피 수단으로 악용이 불가하다. 송환금지원칙 침해 및 국제적 보호 권리를 포함하여 EU의 영토로 들어오는 안전하고 효과적인 법적 경로를 거부하는 데 이용될 수는 없다.

- 거짓말 탐지기, 유사 도구에 관련된 시스템, 보안 위험, 비정규 이주 위험, 건강상 위험 평가에 관련된 시스템, 망명, 비자, 체류 허가 신청 등 검토에 관련된 시스템은 위 신청이나 증거 신뢰성 평가에 관한 이의 등을 신청한 사람의 자격에 관한 이의 신청 검토에 이용된다. 탐지, 인식, 확인에 관련된 시스템을 의미하며 여행 증명서의 검증은 제외한다.

**부속서 Ⅲ 8. 사법행정 및 민주 절차 관련**

- 사법행정과 민주적 절차를 위한 특정 AI 시스템은 민주주의, 법치,

> 개인의 자유, 효과적인 구제 수단과 공정한 재판을 받을 권리에 잠재적으로 중대한 영향을 미칠 수 있다.
> - 사실관계, 관련 법 조사 해석, 적용 등에 관련된 시스템이 여기에 속하는데 대체 분쟁해결절차에 있어 절차의 결과가 당사자에게 법적 효력을 발생시키는 경우에 한한다. 사법 결정, 문서 또는 데이터의 익명화 또는 가명화, 직원 간의 의사소통, 행정 업무 등 개별 사건의 실제 사법행정에 영향을 미치지 않는 순수하게 보조적인 행정 활동을 위한 시스템은 제외된다.
> - 투표 행위, 결과 영향에 관련된 시스템 또한 행정이나 기호논리학 관점에서 정치 캠페인을 조직, 최적화 및 통합하는 데 사용되는 도구와 같이 사람에게 직접 노출되지 않아 사람이 직접적으로 접하지 않는 결과를 생성하는 시스템은 제외된다.

③ 사람의 건강, 안전, 기본권에 중대한 영향을 미칠 수 있는 AI 시스템에서 제외되는 경우 의사결정 결과에 실질적으로 영향을 미치지 않거나 사람의 건강, 안전 또는 기본권을 해할 중대한 위험을 초래하는 것이 아닌 경우는 제2유형에서 제외된다. 다만 해당 AI 시스템이 사람에 대한 프로파일링을 수행하는 경우 프로파일링 자체의 특성상 항상 고위험으로 간주될 수밖에 없다. 그러나 ① 시장 출시나 서비스 공급 전에 평가 결과가 문서화된 경우 ② 제49조 제2항에 따른 공급자 정보와 해당 시스템이 EU 데이터베이스에 등록되어 있는 경우 ③ 국가 관할 당국의 요청이 있는 경우 위 평가 결과 문서를 제공한다. 협소한 절차적 과업을 수행하기

위한 경우에도 일정하게 제외되는데 의사결정 결과나 본질에 어떤 영향을 미친다고 볼 수 없는 경우로 비정형 데이터를 정형 데이터로 변환하거나, 입력된 문서를 카테고리에 따라 분류하거나 수많은 애플리케이션의 중복을 탐지하는 작업을 수행하는 경우가 여기에 속한다. 이미 완료된 인간 활동 결과를 개선하기 위해 이미 존재하는 완료된 인간 활동의 결과를 개선하기 위한 목적의 이용은 의사결정 결과나 본질에 영향을 미치지 않기 때문이다. 예를 들어 고위험 영역과 관련된 결과물로서의 문서를 전문적인 어조나 학술적인 언어 스타일로 변경하거나 문서를 특정 브랜드 메시지로 조정하는 것과 같이 이전에 작성한 문서에 이용된 언어를 개선하는 경우이다. 또한 이미 완료된 인적 평가를 대체하거나 영향을 미치지 않은 의사결정 패턴이나 기존 패턴의 편차를 탐지하기 위한 경우 완료된 사람의 평가에 영향을 주거나 대체하는 등 그 결과를 변경하지 않고, 완료된 의사결정의 패턴 탐지나 패턴들의 각 편차 탐지는 의사결정 결과나 본질에 어떠한 영향을 미친다고 볼 수 없다. 예를 들어 교사의 채점 패턴이 벗어났는지 사후 확인하여 잠재적인 불일치나 이상 징후를 표시하는 데 이용하는 경우가 여기에 속한다.

사람의 평가를 위한 준비 작업을 수행하기 위한 경우 이는 직접적으로 의사결정 결과나 본질에 어떠한 영향을 미친다고 볼 수 없다. 색인, 검색, 텍스트 및 음성 처리, 데이터와 다른 데이터 소스와의 연결 등 다양한 기능을 포함하는 파일 처리용 스마트 솔루션이나 초기 문서의 번역에 이용하는 경우는 고위험 AI 시스템에서 제외된다.

**제7조(부속서 III에 대한 수정 사항)**

1. 위원회는 다음 두 가지 조건이 모두 충족되는 경우 고위험 AI 시스템의 사용 사례를 추가하거나 수정하여 부속서 III을 개정하기 위해 제97조에 따라 위임 행위를 채택할 권한이 있다.

  (a) AI 시스템은 부속서 III에 나열된 모든 분야에서 사용되도록 의도되어 있다.

  (b) AI 시스템은 건강과 안전을 해칠 위험이 있거나 기본권에 부정적인 영향을 미칠 위험이 있으며, 그 위험이 부속서 III에 이미 언급된 고위험 AI 시스템이 초래하는 피해 또는 부정적인 영향 위험과 동일하거나 더 크다.

2. 위원회는 제1항 제(b)호에 따른 조건을 평가할 때 다음 기준을 고려해야 한다.

  (a) AI 시스템의 의도된 목적

  (b) AI 시스템이 사용되었거나 사용될 가능성이 있는 정도

  (c) AI 시스템이 처리하고 사용하는 데이터의 특성과 양, 특히 특수 범주의 개인 데이터를 처리하는지 여부

  (d) AI 시스템이 자율적으로 행동하는 정도와 인간이 잠재적으로 해를 끼칠 수 있는 결정이나 권장 사항을 무시할 가능성

  (e) AI 시스템의 사용으로 인해 이미 건강과 안전에 피해를 입힌 정도, 기본권에 부정적인 영향을 끼친 정도 또는 그러한 피해나 부정적인 영향의 가능성에 대해 상당한 우려를 불러일으킨 정도. 이는 예를 들어 국가 유관 당국에 제출된 보고서나 문서화된

주장을 통해 입증되거나, 적절한 경우 다른 보고서를 통해 입증된다.

(f) 그러한 피해 또는 그러한 부정적 영향의 잠재적 범위, 특히 그 강도와 다수의 사람들에게 영향을 미칠 수 있는 능력 또는 특정 집단에게 불균형적으로 영향을 미칠 수 있는 능력의 관점

(g) 잠재적으로 피해를 입거나 부정적 영향의 잠재적 정도, 특히 많은 사람에게 영향을 미치거나 특정 집단의 사람에게 불균형적으로 영향을 미칠 수 있는 강도와 능력 측면에서 정도

(h) AI 시스템의 배포자와 관련하여 권력 불균형이 있는 정도, 또는 잠재적으로 피해를 입거나 부정적인 영향을 받는 사람들이 취약한 위치에 있는 정도, 특히 지위, 권한, 지식, 경제적 또는 사회적 상황, 연령 등으로 인해 그러한 불균형이 있는 정도

(i) AI 시스템과 관련하여 생성된 결과가 쉽게 수정 또는 되돌릴 수 있는 정도, 이를 수정하거나 되돌리는 데 사용할 수 있는 기술적 솔루션을 고려할 때, 건강, 안전 또는 기본권에 부정적인 영향을 미치는 결과는 쉽게 수정 또는 되돌릴 수 있다고 간주되지 않아야 한다.

(j) AI 시스템을 구축하여 개인, 집단 또는 사회 전반에 혜택을 얻을 가능성과 규모, 여기에는 제품 안전성이 개선될 가능성이 포함된다.

(k) 기존 EU_법이 다음을 규정하는 경우

  (i) 손해배상 청구를 제외하고 AI 시스템으로 인해 발생하는 위험과 관련된 효과적인 구제 조치

> (ii) 이러한 위험을 예방하거나 크게 최소화하기 위한 효과적인 조치
>
> 3. 위원회는 다음 두 가지 조건이 모두 충족되는 경우 고위험 AI 시스템을 제거하여 부속서 III의 목록을 수정하기 위해 제97조에 따라 위임 행위를 채택할 권한이 있다.
>   (a) 제2항에 열거된 기준을 고려할 때, 해당 고위험 AI 시스템은 더 이상 기본적 권리, 건강 또는 안전에 중대한 위험을 초래하지 않는다.
>   (b) AI 시스템 제거로 인해 EU법에 따라 건강, 안전 및 기본권의 전반적인 보호 수준이 저하되지는 않는다.

(2) EU 집행위원회의 후속 조치

① 가이드라인의 제정: 2026년 2월 2일까지 포괄적인 실제 사례 목록을 조사하여 제6조 실제 이행 관련 가이드라인을 제공하기로 하였다.
② 예외 요건을 추가로 연구하고 수정하기로 함: 간주되는 규정의 예외 조건이 새롭게 추가되거나 수정되면 제97조에 따른 위임법을 채택할 수 있다. 구체적이고 신뢰할 증거가 있는 경우 규정 조건을 삭제할 의무가 있다.
③ 부속서 III 개정하고자 함: 유형을 추가하거나 수정 또는 삭제하여 제97조에 따른 위임법을 채택하고 이 경우에 위험성을 평가하거나 고려할 필요가 있다.

## 제2절 고위험 AI 시스템에 대한 요구 사항

> **제8조 고위험 AI 시스템에 대한 요구 사항 준수**
>
> 1. 고위험 AI 시스템은 의도된 목적과 AI 및 AI 관련 기술에 대한 일반적으로 인정된 최신 기술을 고려하여 이 절에 명시된 요구 사항을 준수해야 한다. 제9조에 언급된 위험 관리 시스템은 이러한 요구 사항의 준수를 보장할 때 고려되어야 한다.
>
> 2. 제품에 이 규정의 요건과 부속서 I의 A절에 나열된 연합 통합 법률의 요건이 적용되는 AI 시스템이 포함된 경우, 제공자는 해당 제품이 해당 연합 통합 법률에 따른 모든 해당 요건을 완전히 준수하도록 보장할 책임이 있다. 단락 1에 언급된 고위험 AI 시스템이 이 절에 명시된 요건을 준수하도록 보장하고 일관성을 보장하고 중복을 피하며 추가 부담을 최소화하기 위해 제공자는 적절한 경우 제품과 관련하여 제공하는 필요한 테스트 및 보고 프로세스, 정보 및 문서를 부속서 I의 A절에 나열된 연합 통합 법률에 따라 이미 존재하고 요구되는 문서 및 절차에 통합할 수 있는 선택권이 있다.

고위험 AI 시스템은 ① 위험 관리 체계 ② 데이터 및 데이터 거버넌스 ③ 기술 문서 ④ 기록 보관 ⑤ 배포자에 대한 투명성 및 정보 제공 ⑥ 인간의 관리·감독 ⑦ 정확성, 견고성, 사이버 보안과 같은 것이 필요하다. 본 법에서 달리 정하지 않은 이상 본 법을 준수하였다고 하여 다른 EU법이나 EU회원국법에 따른 합법적인 시스템이라고 간주하지는 않는다. 부속서 I A절에 열거된 특정 제품의 안전 구성 요소이거나 위 제품 그 자체인 AI 시스템의 공급자는 위 요건을 준수할 책임이 있다. 그런데 B절의 특정 제품은 위 요건을 준수할 의무가 있는지 별도로 규정하지 않아 의문의 여지가 있다.

---

**제9조(위험 관리 시스템)**

1. 고위험 AI 시스템과 관련하여 위험 관리 시스템을 구축, 구현, 문서화하고 유지해야 한다.

2. 위험 관리 시스템은 고위험 AI 시스템의 전체 수명 주기에 걸쳐 계획되고 실행되는 지속적인 반복적 프로세스로 이해되어야 하며, 정기적인 체계적 검토 및 업데이트가 필요하다. 이 경우 다음 단계로 구성되어야 한다.

(a) 고위험 AI 시스템을 의도된 목적에 맞게 사용할 경우, 고위험 AI 시스템이 건강, 안전 또는 기본권에 초래할 수 있는 알려진 위험과 합리적으로 예측 가능한 위험을 식별하고 분석한다.

(b) 고위험 AI 시스템을 의도된 목적에 맞게, 합리적으로 예측 가능한 오용 조건하에 사용할 경우 발생할 수 있는 위험에 대한 추정 및 평가한다.

(c) 제72조에 언급된 시판 후 모니터링 시스템에서 수집된 데이터 분석을 기반으로 발생할 수 있는 기타 위험에 대해 평가한다.

(d) 제(a)호에 따라 확인된 위험을 다루기 위한 적절하고 표적화된 위험 관리 조치를 채택한다.

3. 본 조항에 언급된 위험은 고위험 AI 시스템의 개발 또는 설계 또는 적절한 기술 정보의 제공을 통해 합리적으로 완화 또는 제거될 수 있는 위험에만 해당된다.

4. 제2항 제(d)호에 언급된 위험 관리 조치는 이 절에 명시된 요건을 결합적으로 적용함으로써 발생하는 효과와 가능한 상호작용을 적절히 고려하여, 해당 요건을 충족하기 위한 조치를 이행하는 데 있어 적절한 균형을 달성하는 동시에 위험을 보다 효과적으로 최소화하기 위한 것이다.

5. 제2항 제(d)호에 언급된 위험 관리 조치는 각 위험과 관련된 해당 잔여 위험과 고위험 AI 시스템의 전체 잔여 위험이 허용 가능한 것으로 판단되는 수준이어야 한다.
가장 적절한 위험 관리 대책을 식별하려면 다음 사항을 보장해야 한다.
 (a) 제2항에 따라 식별되고 평가된 위험을 기술적으로 가능한 한 고위험 AI 시스템의 적절한 설계 및 개발을 통해 제거 또는 감소시킨다.
 (b) 필요한 경우, 제거할 수 없는 위험을 해결하기 위한 적절한 완화 및 통제 조치를 시행한다.
 (c) 제13조에 따라 필요한 정보 제공 및 필요한 경우 배치자에 대한 교육을 제공한다. 고위험 AI 시스템 사용과 관련된 위험을 제거하거나 줄이기 위해 배포자가 기대하는 기술적 지식, 경험,

교육, 훈련, 시스템이 사용되도록 의도된 가정적 맥락 등을 적절히 고려해야 한다.

6. 고위험 AI 시스템은 가장 적절하고 표적화된 위험 관리 조치를 식별하기 위해 테스트되어야 한다. 테스트는 고위험 AI 시스템이 의도한 목적에 따라 일관되게 수행되고 이 절에 명시된 요구 사항을 준수하는지 확인해야 한다.

7. 테스트 절차에는 제60조에 따라 실제 조건에서의 테스트가 포함될 수 있다.

8. 고위험 AI 시스템의 테스트는 개발 프로세스 전반에 걸쳐 적절한 경우 언제든지 수행해야 하며, 어떠한 경우에도 출시되거나 서비스에 들어가기 전에 수행해야 한다. 테스트는 고위험 AI 시스템의 의도된 목적에 적합한 사전에 정의된 메트릭과 확률적 임곗값에 대해 수행해야 한다.

9. 제1항부터 제7항까지에 규정된 위험 관리 시스템을 구현할 때, 제공자는 고위험 AI 시스템이 의도된 목적을 고려할 때 18세 미만의 사람과 적절한 경우 다른 취약 계층에 부정적인 영향을 미칠 가능성이 있는지 여부를 고려해야 한다.

> 10. 기타 관련 유럽연합법 조항에 따른 내부 위험 관리 프로세스에 관한 요구 사항이 적용되는 고위험 AI 시스템 제공자의 경우, 제1항부터 제9항까지에 규정된 측면은 해당 법률에 따라 수립된 위험 관리 절차의 일부이거나 이와 결합될 수 있다.

여기서 위험이란 고위험 AI 시스템의 개발이나 설계 또는 적절한 기술 정보 제공을 통해 합리적으로 완화되거나 제거될 수 있는 위험만을 의미한다. 위험 관리 조치는 잔여 위험이 수용 가능한 것으로 평가되도록 해야 하며 적절한 설계 및 개발을 통해 기술적으로 가능한 범위 내에서 식별 및 분석 단계에서 식별되고 평가된 위험을 제거하거나 감소시킬 수 있어야 하고 경우에 따라서는 제거할 수 없는 위험을 적절히 감소시키거나 통제하는 조치를 실시할 수 있어야 하며 제13조에서 요구하는 정보를 제공하고, 필요한 경우에는 배포자에 대한 훈련이 이루어질 수 있는 조치여야 한다. 해당 고위험 AI 시스템 공급자에게 적용되는 다른 EU법에서 위험 관리 절차를 정하고 있는 경우에 본 위험 관리 체계는 위 법에 따라 수립된 위험 관리 절차의 일부로 보거나 이와 결합될 수 있을 것이다.

### 제10조(데이터 및 데이터 거버넌스)

1. 데이터를 사용하여 AI 모델을 훈련하는 기술을 활용하는 고위험 AI 시스템은 이러한 데이터세트가 사용될 때마다 제2항 내지 제5항에 언급된 품질 기준을 충족하는 훈련, 검증 및 테스트 데이터세트를 기반으로 개발되어야 한다.

2. 교육, 검증 및 테스트 데이터세트는 고위험 AI 시스템의 의도된 목적에 적합한 데이터 거버넌스 및 관리 관행의 적용을 받아야 한다. 이러한 관행은 특히 다음과 관련이 있다.
　(a) 관련된 디자인 선택
　(b) 데이터 수집 프로세스 및 데이터 출처, 개인 데이터의 경우 데이터 수집의 원래 목적
　(c) 주석, 라벨링, 정리, 업데이트, 보강 및 집계와 같은 관련 데이터 준비 처리 작업
　(d) 특히 데이터가 측정하고 표현해야 할 정보와 관련하여 가정을 수립하는 것
　(e) 필요한 데이터세트의 가용성, 양 및 적합성에 대한 평가
　(f) 사람들의 건강과 안전에 영향을 미칠 가능성이 있는 편견, 기본권에 부정적인 영향을 미칠 가능성이 있는 편견, 특히 데이터 출력이 향후 운영을 위한 입력에 영향을 미칠 수 있는 EU법에 따라 금지된 차별로 이어질 수 있는 편견 가능성을 고려하여 조사한다.

(g) 제(f)호에 따라 식별된 잠재적 편견을 탐지, 예방 및 완화하기 위한 적절한 조치

(h) 이 규정을 준수하는 것을 방해하는 관련 데이터 격차 또는 단점을 파악하고, 이러한 격차와 단점을 해결하는 방법을 설명한다.

3. 훈련, 검증 및 테스트 데이터세트는 관련성이 있고 충분히 대표적이며 가능한 한 오류가 없고 의도된 목적을 고려하여 완전해야 한다. 해당 데이터세트는 적절한 통계적 속성을 가져야 하며, 해당되는 경우 고위험 AI 시스템이 사용되도록 의도된 개인 또는 개인 그룹에 관한 것도 포함된다. 데이터세트의 이러한 특성은 개별 데이터세트 수준 또는 그 조합 수준에서 충족될 수 있다.

4. 데이터세트는 의도된 목적에 필요한 범위 내에서 고위험 AI 시스템이 사용되도록 의도된 특정 지리적, 맥락적, 행동적 또는 기능적 설정에 고유한 특성이나 요소를 고려해야 한다.

5. 본 조 제2항 제(f)호 및 제(g)호에 따라 고위험 AI 시스템과 관련하여 편향 탐지 및 수정을 보장하는 목적에 엄격히 필요한 범위 내에서, 이러한 시스템 제공자는 자연인의 기본적 권리와 자유에 대한 적절한 보호 조치에 따라 특별한 범주의 개인 데이터를 예외적으로 처리할 수 있다. 규정 (EU) 2016/679 및 (EU) 2018/1725와

지침 (EU) 2016/680[11])에 명시된 조항 외에도 이러한 처리가 발생하려면 다음 모든 조건이 충족되어야 한다.

(a) 편향 탐지 및 수정은 합성 또는 익명화된 데이터를 포함한 다른 데이터를 처리하여 효과적으로 수행할 수 없다.

(b) 특수 범주의 개인 데이터는 개인 데이터 재사용에 대한 기술적 제한과 가명 처리를 포함한 최첨단 보안 및 개인_정보 보호 조치의 적용을 받는다.

(c) 특수 범주의 개인 데이터는 처리되는 개인 데이터가 안전하게 보호되고, 엄격한 통제 및 접근에 대한 문서화를 포함한 적절한 안전 조치에 따라 관리되며, 오용을 방지하고 적절한 기밀 유지 의무를 지닌 승인된 사람만이 해당 개인 데이터에 접근할 수 있도록 보장하기 위한 조치가 적용된다.

---

11) Regulation (EU) 2016/679: General Data Protection Regulation (GDPR) 일반 데이터 보호 규정은 이 규정은 유럽연합(EU) 내에서 개인 데이터의 보호를 강화하고 통합된 규칙을 제공하는 법이다.
Regulation (EU) 2018/1725: Regulation on the Protection of Natural Persons with regard to the Processing of Personal Data by the Union Institutions, Bodies, Offices, and Agencies and on the Free Movement of Such Data EU 기관, 기구, 사무소 및 기관에 의한 개인정보 처리 및 자유로운 데이터 이동에 관한 규정, 이 규정은 유럽연합 기관 및 기구가 처리하는 개인정보에 대한 보호 규칙을 다룬다.
Directive (EU) 2016/680: Directive on the Protection of Natural Persons with regard to the Processing of Personal Data by Competent Authorities for the Purposes of the Prevention, Investigation, Detection, or Prosecution of Criminal Offenses or the Execution of Criminal Penalties 형사 범죄의 예방, 수사, 탐지 또는 기소 및 형 집행을 목적으로 하는 당국에 의한 개인정보 처리에 관한 지침은 범죄 예방과 수사 등을 위해 당국이 개인정보를 처리할 때 적용되는 규칙을 규정한다.

(d) 특수 범주의 개인 데이터는 타인에게 전송, 이전 또는 기타 방법으로 접근되어서는 안 된다.

(e) 특정 범주의 개인 데이터는 편견이 교정되거나 개인 데이터의 보관 기간이 끝나면 삭제된다. 어느 쪽이 먼저 도달하든 상관없다.

(f) 규정 (EU) 2016/679 및 (EU) 2018/1725와 지침 (EU) 2016/680에 따른 처리 활동 기록에는 편견을 탐지하고 시정하기 위해 특수 범주의 개인 데이터를 처리하는 것이 꼭 필요한 이유와 다른 데이터를 처리해서는 그 목적을 달성할 수 없는 이유가 포함된다.

6. AI 모델 훈련을 포함하지 않는 기술을 사용하지 않는 고위험 AI 시스템 개발의 경우, 제2항부터 제5항은 테스트 데이터세트에만 적용된다.

고위험 AI 시스템이 데이터 학습을 통하는 경우, 고품질의 데이터 접근, 확보는 중요하다. 이를 위해 데이터 거버넌스 및 관리 업무가 구현되어야 한다. 결과물이 다시 AI 시스템의 데이터로서 활용되거나 해당 AI 시스템의 조정에 사용되는 등 영향을 미치는 경우(피드백 루프), 데이터세트의 편향성 등은 더욱 심화될 수 있고, 이는 기존의 차별의 지속, 확대를 강화할 수 있다. 특히 인종이나 민족 그룹을 포함한 특정 취약 그룹에 속한 사람들에 대한 위험성이 더욱 높다. 따라서 편향성을 완화하는 것은 매우 중요한데 개인정보의 최소화 및 개인정보보호의 원칙상 개인정보가 데이터세트의 일부인 경우에는 데이터세트의 완전성과 무결성의 추구를 이유로 개인정보 보호 기술의 이용에 부정적 영향을 줄 수는 없다.

학습, 검증, 테스트에 사용되는 데이터와 관련된 데이터 거버넌스 및 관리 업무는 ① 관련 설계의 선택 ② 데이터 수집 절차 및 데이터 출처, 그리고 개인정보의 경우 수집의 본래 목적 ③ 주석, 라벨링, 정리, 업데이트, 강화와 집계 등과 같은 관련 데이터 준비 처리 작업 ④ 특히 데이터가 측정하고 나타내야 하는 정보와 관련한 가정의 공식화 ⑤ 필요한 데이터세트의 유효성, 수량 및 적합성에 대한 평가 ⑥ 특히 데이터 결과물이 향후 작업을 위한 입력에 영향을 미치는 경우, 사람의 건강과 안전에 영향을 미치거나 기본권에 부정적인 영향을 미치거나 EU법에 따라 금지된 차별을 초래할 수 있는 가능한 편향을 고려한 조사 ⑦ 위 조사에 따라 식별된 가능한 편향을 탐지하고 예방하고 완화하기 위한 적절한 조치 ⑧ 본 법의 준수를 방해하는 관련 데이터 간극 또는 결함의 식별과 그러한 간극과 결함의 해결 방법 규명이다. 데이터세트는 관련성, 대표성, 최대한의 무오류성, 의도된 목적의 적합성이 있어야 한다. 이용자와 관련한 적절한 통계적 특성이 반영되어야 하고, 특정 지리적, 맥락적, 행동적, 기능적 환경에 특화된 특성이나 요소가 고려되어야 한다. 위험 편향 탐지 및 보정을 위해 ① 합성 데이터, 익명 데이터 등의 데이터를 처리함으로써 편향 탐지 및 보정을 효과적으로 수행할 수 없고 ② 특별범주 개인정보를 재이용할 때, 기술적 제한, 가명 처리를 포함한 최첨단 보안 및 사생활 보호조치를 적용하고 ③ 오용 방지, 승인자만 비밀유지의무하에 해당 개인정보에 접근하는 것을 보장하기 위하여, 접근을 엄격히 통제 및 문서화를 포함한 처리된 개인정보가 안전하고 보호되는 것을 담보하는 조치와 적절한 보호처리를 적용하고 ④ 특별범주 개인정보[12]가 다른 당사자에게 전송, 이전되거나 달리 접근될 수 없어야 하며 ⑤ 특별범주 개인정보가 편향 보정 시점 또는 보존기간 종료 시점 중 먼저 도래하는 시점에 즉시 삭제되어야 하며 ⑥ Regulation (EU) 2016/679 및 Regulatjon (EU) 2018/1725, Directive (EU) 2016/680에 따른 처리절차 기록이 특별한 범주의 개인정보 처리가 편향을 탐지하고 보정하기 위해 엄격하게 필요했고 다른 데이터의 처리로 이러한 목표를 달성할 수 없었던 이유를 포함하는 것을 충족 시 예외적으로 특별한 범주의 개인정보 처리가 가능하다. AI 모델의 학습을 수반하는 기술을 이용하지 않는 고위험 AI 시스템을 개발하는 경우 앞서 살펴본 요건들은 테스트 데이터세트에만 적용된다.

---

[12] 특별한 범주의 개인정보란 일반개인정보보호법(GDPR) Regulatjon EU 2016/ 679 제9조 제1항, 공공 기관 개인정보보호법(Regulation EU 2018/1725) 제10조 제1항, 형사상 개인정보보호지침 (Directive EU 2016/880) 제10조에 언급된 개인정보를 의미하고, 구체적으로는 인종 또는 민족, 정치적 견해, 종교 또는 철학적 신념 또는 노동조합 가입 여부를 드러내는 개인정보, 유전자 정보, 생체 인식 정보, 건강 관련 정보 또는 성생활 또는 성적 취향에 관한 정보를 의미한다. 예를 들어 위 GDPR에서는 '상당한 공익상의 이유로 처리가 필요하고, 목적에 비례하며, 데이터 보호권의 본질을 존중하고, 정보주체의 기본권과 이익을 보호하기 위한 적절하고 구체적인 조치를 제공하는 경우'에만 특별한 범주의 개인정보처리를 허용하고 있다.(제9조 제2항(g))

**제11조(기술 문서)**

1. 고위험 AI 시스템의 기술 문서는 해당 시스템이 시장에 출시되거나 가동되기 전에 작성되어야 하며 최신 상태로 유지되어야 한다. 기술 문서는 고위험 AI 시스템이 이 절에 명시된 요구 사항을 준수한다는 것을 입증하고, AI 시스템이 해당 요구 사항을 준수하는지 평가하는 데 필요한 정보를 명확하고 포괄적인 형태로 국가 유관 당국 및 통보 기관에 제공하는 방식으로 작성되어야 한다. 최소한 부속서 IV에 명시된 요소를 포함해야 한다. 신생기업을 포함한 중소기업은 부속서 IV에 명시된 기술 문서의 요소를 단순화된 방식으로 제공할 수 있다. 이를 위해 위원회는 소규모 및 최소 규모 기업의 요구 사항을 겨냥한 단순화된 기술 문서 양식을 제정해야 한다. 신생기업을 포함한 중소기업이 부속서 IV에 명시된 정보를 단순화된 방식으로 제공하기로 선택하는 경우, 이 단락에 언급된 양식을 사용해야 한다. 통보 기관은 적합성 평가 목적으로 해당 양식을 수락해야 한다.

2. 부속서 I의 A절에 나열된 연합 통합 법률의 적용을 받는 제품과 관련된 고위험 AI 시스템이 시장에 출시되거나 가동되는 경우, 제1항에 명시된 모든 정보와 해당 법률 행위에 따라 요구되는 정보를 포함하는 단일 기술 문서 세트를 작성해야 한다.

3. 위원회는 필요한 경우 부속서 IV를 개정하기 위해 제97조에 따라 위임된 행위를 채택할 권한이 있으며, 이는 기술적 진보에 따라 기술 문서가 이 절에 명시된 요구 사항에 대한 시스템의 준수 여부를 평가하는 데 필요한 모든 정보를 제공하도록 보장하기 위함이다.

기술 문서의 요건은 시장 출시나 서비스 공급 전 작성되어야 하고 최신 상태가 유지되어야 하며 국가 관할 당국 및 피통보 기관에 제공하는 방식으로 작성되어야 한다. 최소한 부속서 Ⅳ에 규정된 내용을 담고 있어야 한다.[13] 스타트업을 포함한 중소기업, 기술 문서의 요소를 간소화된 방식으로 제공 가능하며 고위험 AI 시스템이 부속서 Ⅰ A절에 열거된 EU법이 적용되는 제품과 관련된 것이라면 해당 EU법에서 요구하는 정보와 본 법에서 명시하고 있는 모든 정보를 포함하는 단일한 기술 문서 세트를 작성해야 한다. 집행위원회는 중소기업을 위한 간소화된 양식을 마련하고, 기술 문서의 내용에 관한 부속서 Ⅳ의 개정을 위해 제97조에 따른 위임법 채택도 가능하다.

---

13) 기술 문서에 포함되어야 하는 부속서 Ⅳ 내용 ① 일반적 기술 ② AI 시스템 요소, 개발 절차에 관한 상세 내용 ③ AI 시스템의 모니터링, 기능 및 통제에 관한 상세 내용 ④ 성능지표의 적절성에 관한 설명 ⑤ 위험 관리 체계에 관한 상세 내용 ⑥ 공급자가 해당 시스템에 적용한 관련 변경에 관한 설명 ⑦ EU 관보에 게재된 참조의 일부 또는 전부에 적용된 통합표준 목록, 만일 통합표준 목록에 없는 경우, 적용된 기타 표준 또는 기술기준 목록 등 제3장 제2절(고위험 AI 시스템의 요건)에 따른 요건 준수를 위해 적용된 솔루션에 관한 상세 설명 ⑧ EU 적합성 선언의 사본 ⑨ 시장 출시 후 모니터링 계획(제72조 제3항) 포함, 시장 출시 단계에서 시스템 성능 평가를 위해 마련된 체계에 관한 상세 내용

### 제12조(기록 보관)

1. 고위험 AI 시스템은 시스템 수명 동안 이벤트(로그)를 자동으로 기록할 수 있는 기술을 갖춰야 한다.

2. 시스템의 의도된 목적에 적합한 고위험 AI 시스템의 작동에 대한 추적성 수준을 보장하기 위해 로깅 기능은 다음과 관련된 이벤트를 기록할 수 있어야 한다.

　(a) 제79조 제(1)항의 의미 내에서 위험을 나타내거나 실질적인 수정을 초래할 수 있는 고위험 AI 시스템을 식별한다.
　(b) 제72조에 언급된 시판 후 모니터링을 용이하게 한다.
　(c) 제26조 제(6)항에 언급된 고위험 AI 시스템의 운영을 모니터링한다.

3. 부속서 III의 제(1)항(a)에 언급된 고위험 AI 시스템의 경우 로깅 기능은 최소한 다음을 제공해야 한다.

　(a) 시스템을 사용한 기간(사용 시작일 및 시간, 사용 종료일 및 시간)을 기록한다.
　(b) 시스템이 입력 데이터를 검사한 참조 데이터베이스
　(c) 검색 결과 일치 항목이 나온 입력 데이터
　(d) 제14조 제(5)항에 언급된 바와 같이 결과 검증에 참여하는 자연인의 식별

AI 시스템의 모든 로그에 대한 정보를 확보하는 것은 시스템의 추적, 본 법의 준수, 작동 모니터링 및 시장 출시 후 모니터링을 가능하게 하는 데 필수적이다. 그래서 ① 위험 발생, 본질적 변경 초래와 관련된 로그 ② 시장 출시 후 모니터링 촉진과 관련된 로그 ③ 운영에 대한 모니터링과 관련된 로그를 자동적으로 기록하고 보관하여야 하며 원격 생체 인식 식별 시스템에 있어서도 ① 이용별 시작, 종료의 날짜와 시각 ② 입력 데이터 기준의 참조 데이터베이스 ③ 검색 결과와 일치한 입력 데이터 등을 기록·보관하여야 한다.

> **제13조(배포자에게 투명성과 정보 제공)**
> 1. 고위험 AI 시스템은 배포자가 시스템 출력을 해석하고 적절하게 사용할 수 있을 만큼 운영이 충분히 투명하도록 설계 및 개발되어야 한다. 제3절에 명시된 제공자와 배포자의 관련 의무를 준수하기 위해 적절한 유형과 수준의 투명성을 보장해야 한다.
>
> 2. 고위험 AI 시스템에는 배포자에게 관련성 있고 접근 가능하며 이해 가능한 간결하고 완전하며 정확하고 명확한 정보를 포함하는 적절한 디지털 형식 또는 기타 형식으로 사용 설명서가 함께 제공되어야 한다.
>
> 3. 사용 설명서에는 최소한 다음 정보가 포함되어야 한다.
>    (a) 공급자의 신원 및 연락처 정보, 그리고 해당되는 경우 공급자의 공인 대리인의 신원 및 연락처 정보

(b) 고위험 AI 시스템의 성능 특성, 역량 및 한계는 다음과 같다.
 (i) 의도된 목적
 (ii) 제15조에 언급된 정확도 수준(측정 기준, 견고성 및 사이버 보안 포함)과 고위험 AI 시스템이 테스트 및 검증되었으며 예상할 수 있는 정확도, 견고성 및 사이버 보안 수준에 영향을 미칠 수 있는 알려지고 예측 가능한 상황
 (iii) 고위험 AI 시스템을 의도된 목적에 따라 사용하거나 합리적으로 예측 가능한 오용 조건하에 사용하는 것과 관련된 알려지거나 예측 가능한 상황으로, 제9조(2)항에 언급된 건강과 안전 또는 기본권에 위험을 초래할 수 있는 상황
 (iv) 해당되는 경우, 고위험 AI 시스템의 출력을 설명하는 데 관련성 있는 정보를 제공하기 위한 해당 시스템의 기술적 역량 및 특성
 (v) 적절한 경우, 해당 시스템이 사용될 특정인 또는 개인 그룹에 대한 성과
 (vi) 적절한 경우, 고위험 AI 시스템의 의도된 목적을 고려하여 훈련, 검증 및 테스트에 사용되는 데이터세트와 관련된 입력 데이터에 대한 사양 또는 기타 관련 정보
 (vii) 해당되는 경우, 배포자가 고위험 AI 시스템의 출력을 해석하고 적절하게 사용할 수 있도록 하는 정보
(c) 공급업체가 초기 적합성 평가 시점에 미리 결정한 고위험 AI 시스템 및 성능에 대한 변경 사항(있는 경우)
(d) 배포자가 고위험 AI 시스템의 출력을 해석하는 것을 용이하게

하기 위해 마련된 기술적 조치를 포함하여 제14조에 언급된 인적 감독 조치

(e) 해당 AI 시스템의 적절한 기능을 보장하기 위해 필요한 계산 및 하드웨어 리소스, 고위험 AI 시스템의 예상 수명, 빈도를 포함한 필요한 유지관리 및 관리 조치(소프트웨어 업데이트 포함)

(f) 해당되는 경우, 배포자가 제12조에 따라 로그를 적절히 수집, 저장 및 해석할 수 있도록 하는 고위험 AI 시스템에 포함된 메커니즘에 대한 설명

고위험 AI 시스템의 불투명성, 복잡성과 관련된 우려를 해소하고 배포자가 본 법에 따른 의무를 이행하기 위해서 배포자와 관련하여 접근 가능하고 이해 가능한 간결, 완전, 정확, 명확한 정보가 포함된 디지털 형식 혹은 기타 형식의 이용 지침이 함께 제공되어야 한다. 그래서 이용 지침에는 ① 공급자(국내 대리인 포함) 신원, 연락처 ② 고위험 AI 시스템의 특징, 역량 및 성능의 한계 ③ 변경의 경우 성능에 대한 변경 사항 ④ 결과물 해석을 위한 기술적 조치, 인적 관리와 감독 조치 ⑤ 필요한 컴퓨팅과 하드웨어 리소스 등의 내용이 포함되어야 한다.

제14조(인간의 감독)

1. 고위험 AI 시스템은 적절한 인간-기계 인터페이스 도구를 포함하여 사용 기간 동안 자연인이 효과적으로 감독할 수 있는 방식으로 설계 및 개발되어야 한다.

2. 인간의 감독은 고위험 AI 시스템이 의도된 목적에 따라 사용되거나 합리적으로 예측 가능한 오용 조건하에 사용될 때 발생할 수 있는 건강, 안전 또는 기본권에 대한 위험을 방지하거나 최소화하는 것을 목표로 해야 한다. 특히, 이 절에 명시된 다른 요구 사항을 적용했음에도 불구하고 그러한 위험이 지속되는 경우에 그렇다.

3. 감독 조치는 고위험 AI 시스템의 위험, 자율성 수준 및 사용 맥락에 상응해야 하며 다음 유형의 조치 중 하나 또는 둘 다를 통해 보장되어야 한다.
  (a) 기술적으로 실행 가능한 경우, 공급업체가 고위험 AI 시스템을 시장에 출시하거나 서비스를 시작하기 전에 해당 시스템에 식별하여 구축하는 조치
  (b) 위험도가 높은 AI 시스템을 시장에 출시하거나 서비스에 도입하기 전에 공급업체가 식별한 조치로, 배포자가 구현하기에 적합한 조치

4. 제1항, 제2항 및 제3항을 이행하기 위해 고위험 AI 시스템은 인적 감독이 할당된 자연인이 적절하고 비례적으로 다음을 수행할 수 있도록 배포자에게 제공되어야 한다.
  (a) 고위험 AI 시스템의 관련 용량과 한계를 적절히 이해하고, 이상, 기능 장애 및 예상치 못한 성능을 감지하고 해결하는 것을 포함하여 해당 시스템의 운영을 적절히 모니터링할 수 있어야 한다.

(b) 특히 자연인이 내리는 결정에 대한 정보나 권장 사항을 제공하는 데 사용되는 고위험 AI 시스템의 경우, 고위험 AI 시스템이 생성하는 출력에 자동으로 의존하거나 과도하게 의존할 가능성(자동화 편향)을 인식해야 한다.

(c) 예를 들어, 사용 가능한 해석 도구 및 방법을 고려하여 고위험 AI 시스템의 출력을 올바르게 해석한다.

(d) 특정 상황에서 고위험 AI 시스템을 사용하지 않기로 결정하거나, 고위험 AI 시스템의 출력을 무시하거나, 무효화하거나, 반전시킬 수 있는 권한

(e) 위험성이 높은 AI 시스템의 작동에 개입하거나 '중지' 버튼이나 이와 유사한 절차를 통해 시스템을 안전한 상태로 중단시키는 것을 말한다.

5. 부속서 III의 제1항(a)에 언급된 고위험 AI 시스템의 경우, 본 조의 제3항에 언급된 조치는 배포자가 시스템에서 나온 식별 정보를 근거로 해당 식별 정보가 필요한 역량, 훈련 및 권한을 갖춘 최소 2명의 자연인에 의해 별도로 검증 및 확인되지 않는 한 어떠한 조치나 결정도 취하지 않도록 보장하는 것이어야 한다.

최소 두 명의 자연인이 별도로 검증해야 한다는 요구 사항은 법 집행, 이주, 국경 통제 또는 망명의 목적으로 사용되는 고위험 AI 시스템에는 적용되지 않는다. 이는 EU 또는 국가법이 이 요구 사항의 적용이 불균형하다고 간주하는 경우이다.

사람이 효과적으로 AI 시스템을 관리, 감독할 수 있도록 설계, 개발되어야 한다. 사람의 관리, 감독 조치는 해당 시스템의 위험도, 자율성 수준, 이용 맥락에 비례하여야 하며 ① 제공자가 식별하여 수립한 기술적으로 가능한 조치 ② 제공자가 식별하고 배포자가 이행하기에 적합한 조치를 포함하여야 한다. 즉, 관리 감독하는 사람이 ① 시스템 운영에 대한 적절한 모니터링, 해당 시스템에 대한 의존, 의견 편향성 발생 가능성에 대한 인식 ② 시스템 결과물의 정확한 해석, 시스템 이용 중단, 무시, 무효화, 번복 결정 ③ 운영 개입, 정지 버튼 등 유사한 절차를 통한 일시 중단과 같은 수행을 할 수 있어야 한다. 원격 생체 인식 식별 시스템의 경우 강화된 관리, 감독이 필요하다. 운영자, 이용자, 해당 법인의 소속자 중에서 선정 가능한데 그중 필요한 능력, 훈련, 권한을 갖춘 2인 이상의 사람이 검증되고 확인되지 않는 한, 시스템에서 발생한 식별에 근거한 어떠한 행위나 결정을 할 수 없다. EU법 또는 EU회원국법 요구 사항의 적용이 불균형하다고 간주되는 경우 법 집행, 이민, 국적, 통제, 망명을 위해 이용되는 경우에는 적용되지 않는다.

> **제15조(정확성, 견고성 및 사이버 보안)**
>
> 1. 고위험 AI 시스템은 적절한 수준의 정확성, 견고성 및 사이버 보안을 달성하고 수명 주기 전반에 걸쳐 이러한 측면에서 일관되게 성능을 발휘하도록 설계 및 개발되어야 한다.
>
> 2. 제1항에 명시된 적절한 수준의 정확도와 견고성을 측정하는 방법의 기술적 측면과 기타 관련 성과 지표를 다루기 위해 위원회는

계량학 및 벤치마킹 기관과 같은 관련 이해관계자 및 조직과 협력하여 적절한 경우 벤치마크 및 측정 방법론의 개발을 장려해야 한다.

3. 고위험 AI 시스템의 정확도 수준 및 관련 정확도 측정 항목은 첨부된 사용 설명서에 명시되어야 한다.

4. 고위험 AI 시스템은 특히 자연인이나 다른 시스템과의 상호 작용으로 인해 시스템 또는 시스템이 작동하는 환경 내에서 발생할 수 있는 오류, 오류 또는 불일치에 대해 최대한 회복력이 있어야 한다. 이와 관련하여 기술적 및 조직적 조치를 취해야 한다.
고위험 AI 시스템의 견고성은 백업이나 장애 안전 계획을 포함한 기술적 중복 솔루션을 통해 달성될 수 있다. 시장에 출시되거나 서비스를 시작한 후에도 계속해서 학습하는 고위험 AI 시스템은 미래의 운영을 위한 입력에 영향을 미칠 수 있는 편향된 출력의 위험(피드백 루프)을 최대한 없애거나 줄일 수 있는 방식으로 개발해야 하며, 이러한 피드백 루프가 적절한 완화 조치를 통해 적절히 처리되도록 해야 한다.

5. 고위험 AI 시스템은 승인되지 않은 제3자가 시스템 취약성을 악용하여 사용, 출력 또는 성능을 변경하려는 시도에 대해 회복력이 있어야 한다.
고위험 AI 시스템의 사이버 보안을 보장하기 위한 기술적 솔루션은 관련 상황 및 위험에 적합해야 한다. AI 특정 취약성을 해결하기

> 위한 기술적 솔루션에는 적절한 경우 학습 데이터 집합을 조작하려는 공격(데이터 오염)이나 학습에 사용된 사전 학습된 구성 요소(모델 오염), AI 모델이 실수를 하도록 설계된 입력(적대적 사례 또는 모델 회피), 기밀 공격 또는 모델 결함을 예방, 탐지, 대응, 해결 및 제어하기 위한 조치가 포함되어야 한다.

적정 수준의 정확성, 견고성 및 사이버 보안을 달성하여야 하고 전 수명 주기에 걸쳐 일관성 있게 작동하도록 설계되고 개발되어야 한다. 정확성 수준 및 관련 정확도 지표는 이용 지침에 명시되어야 하며, 오류, 결함, 일관성 결여에 대한 복원력, 백업 또는 오작동 안전 설계를 포함하는 기술적 중복 조치를 통한 견고성을 갖추고 편향된 산출물의 위험(피드백 루프)을 최대한 제거하거나 감소시키고 그러한 피드백 루프가 적절한 완화 조치를 통해 적절히 해결되는 것을 보장하도록 개발되어야 한다. 데이터 오염(데이터세트 조작 공격), 모델 오염(학습에 이용되는 사전 훈련된 요소에 대한 조작 공격), 적대적 예제 또는 모델의 회피(모델의 착오를 유발하는 투입물의 주입 공격) 등을 방지, 탐지, 대응, 해결 또는 통제할 수 있도록 사이버 보안을 보장한다.

## 제3절 고위험 AI 시스템 제공자와 배포자 및 기타 당사자의 의무

**제16조(고위험 AI 시스템 제공자의 의무)**

고위험 AI 시스템 제공자는 다음을 준수해야 한다.

(a) 고위험 AI 시스템이 제2절에 명시된 요구 사항을 준수하는지 확인한다.

(b) 고위험 AI 시스템에 표시하거나, 이것이 불가능한 경우에는 해당되는 경우 포장이나 수반 문서에 해당 이름, 등록된 상호명 또는 등록 상표, 그리고 연락 가능한 주소를 표시한다.

(c) 제17조를 준수하는 품질 관리 시스템을 갖추고 있어야 한다.

(d) 제18조에 언급된 서류를 보관한다.

(e) 제19조에 언급된 바와 같이, 고위험 AI 시스템이 자동으로 생성하는 로그를 통제하에 보관한다.

(f) 고위험 AI 시스템이 시장에 출시되거나 가동되기 전에 제43조에 언급된 관련 적합성 평가 절차를 거치도록 보장한다.

(g) 제47조에 따라 EU 적합성 선언서를 작성한다.

(h) 본 규정 제48조에 따라 본 규정에 대한 적합성을 나타내기 위해 고위험 AI 시스템에 CE 마크를 부착하거나, 부착이 불가능한 경우에는 포장이나 수반 문서에 CE 마크를 부착한다.

(i) 제49조 제(1)항에 언급된 등록 의무를 준수한다.

(j) 제20조에 따라 필요한 시정 조치를 취하고 정보를 제공한다.

(k) 국가 유관기관의 합리적인 요청에 따라, 고위험 AI 시스템이 제2절에 명시된 요구 사항을 준수함을 입증한다.

(l) 고위험 AI 시스템이 지침 (EU) 2016/2102 및 (EU) 2019/882[14])에 따른 접근성 요구 사항을 준수하는지 확인한다.

**제17조(품질경영시스템)**

1. 고위험 AI 시스템 제공자는 이 규정을 준수하는 것을 보장하는 품질 관리 시스템을 구축해야 한다. 해당 시스템은 서면 정책, 절차 및 지침의 형태로 체계적이고 질서 정연하게 문서화되어야 하며, 최소한 다음 측면을 포함해야 한다.

(a) 적합성 평가 절차 및 고위험 AI 시스템 수정 관리 절차 준수를 포함한 규정 준수를 위한 전략

(b) 고위험 AI 시스템의 설계, 설계 관리 및 설계 검증에 사용되는 기술, 절차 및 체계적 조치

(c) 고위험 AI 시스템의 개발, 품질 관리 및 품질 보증에 사용되는 기술, 절차 및 체계적 조치

(d) 고위험 AI 시스템을 개발하기 전, 개발 중, 개발 후에 수행해야 할 검사, 테스트 및 검증 절차와 이를 수행해야 하는 빈도

---

14) Directive (EU) 2016/2102: Directive on the accessibility of the websites and mobile applications of public sector bodies 공공 부문 기관의 웹사이트 및 모바일 애플리케이션 접근성에 관한 지침은 공공 부문 기관의 웹사이트 및 모바일 애플리케이션이 장애인 등 모든 사용자에게 접근 가능하도록 보장하기 위한 규칙을 설정한 법이다. Directive (EU) 2019/882: European Accessibility Act(유럽 접근성 법) 이 지침은 상품과 서비스가 장애인을 포함한 모든 사용자에게 접근 가능하도록 보장하기 위한 규칙을 제정한 법이다. 주로 디지털 장비, 컴퓨터, 전자상거래 등 다양한 분야에서 접근성을 강화하는 목적을 가지고 있다. 이 법들은 모두 접근성에 중점을 두고, 유럽연합(EU) 내에서 누구나 공공 서비스 및 상품에 쉽게 접근할 수 있도록 보장하는 법적 틀을 제공한다.

(e) 표준을 포함한 기술 사양은 적용되어야 하며, 관련된 통합된 표준이 전면적으로 적용되지 않거나 제2절에 명시된 모든 관련 요건을 충족하지 못하는 경우 고위험 AI 시스템이 해당 요건을 준수하도록 보장하기 위해 사용할 수단이다.

(f) 데이터 관리를 위한 시스템 및 절차. 여기에는 데이터 수집, 데이터 분석, 데이터 라벨링, 데이터 저장, 데이터 필터링, 데이터 마이닝, 데이터 집계, 데이터 보존 및 고위험 AI 시스템을 시장에 출시하거나 서비스에 도입하기 전에 수행되는 데이터와 관련된 모든 기타 작업이 포함된다.

(g) 제9조에 언급된 위험 관리 시스템

(h) 제72조에 따라 시판 후 모니터링 시스템을 설정, 구현 및 유지한다.

(i) 제73조에 따른 중대한 사고의 보고와 관련된 절차

(j) 국가 유관 기관, 기타 관련 기관(데이터 접근을 제공하거나 지원하는 기관 포함), 통보된 기관, 다른 운영자, 고객 또는 기타 이해 당사자와의 의사소통 처리

(k) 모든 관련 문서 및 정보를 기록 보관하기 위한 시스템 및 절차

(l) 공급 보안 관련 조치를 포함한 자원 관리

(m) 이 문단에 열거된 모든 측면과 관련하여 경영진 및 기타 직원의 책임을 명시한 책임 프레임워크

2. 제1항에 언급된 측면의 구현은 제공자 조직의 규모에 비례해야

한다. 제공자는 어떠한 경우에도 고위험 AI 시스템이 이 규정을 준수하도록 하는 데 필요한 엄격성 정도와 보호 수준을 존중해야 한다.

3. 관련 부문별 연합법에 따라 품질 관리 시스템 또는 이와 동등한 기능에 대한 의무가 있는 고위험 AI 시스템 제공자는 해당 법률에 따라 제1항에 나열된 측면을 품질 관리 시스템의 일부로 포함할 수 있다.

4. 연합 금융 서비스법에 따라 내부 거버넌스, 약정 또는 프로세스에 대한 요건을 충족해야 하는 금융 기관인 제공자의 경우, 이 조항의 제1항 (g), (h) 및 (i) 항목을 제외하고 품질 관리 시스템을 구축해야 하는 의무는 관련 연합 금융 서비스법에 따라 내부 거버넌스 약정 또는 프로세스에 대한 규칙을 준수함으로써 이행된 것으로 간주된다. 이를 위해 제40조에 언급된 통합된 표준을 고려해야 한다.

### 제18조(문서 보관)

1. 공급자는 고위험 AI 시스템이 시장에 출시되거나 가동된 후 10년이 경과한 기간 동안 다음을 국가 유관 당국에 보관해야 한다.
  (a) 제11조에 언급된 기술 문서
  (b) 제17조에 언급된 품질경영시스템에 관한 문서
  (c) 해당되는 경우, 통보된 기관에서 승인한 변경 사항에 대한 문서
  (d) 해당되는 경우, 통보된 기관이 발행한 결정 및 기타 문서
  (e) 제47조에 언급된 EU 적합성 선언서

2. 각 회원국은 공급자 또는 그 영토에 설립된 공인 대리인이 파산하거나 해당 기간이 끝나기 전에 활동을 중단한 경우, 제1항에 언급된 문서가 해당 항에 명시된 기간 동안 국가 유관 기관의 처분에 남아 있도록 하는 조건을 결정해야 한다.

3. 연합 금융 서비스법에 따라 내부 거버넌스, 약정 또는 프로세스에 대한 요구 사항이 적용되는 금융 기관인 공급자는 관련 연합 금융 서비스법에 따라 보관하는 문서의 일부로서 기술 문서를 유지 관리해야 한다.

### 제19조(자동 생성된 로그)

1. 고위험 AI 시스템 제공자는 고위험 AI 시스템에서 자동으로 생성된 제12조(1)에 언급된 로그를 해당 로그가 자신의 통제하에 있는 범위 내에서 보관해야 한다. 해당 EU법 또는 국가 법률을 침해하지 않고, 해당 연합 또는 국가 법률, 특히 개인 데이터 보호에 관한 연합 법률에서 달리 규정하지 않는 한, 로그는 고위험 AI 시스템의 의도된 목적에 적합한 기간인 최소 6개월 동안 보관해야 한다.

2. 유럽연합 금융 서비스법에 따라 내부 거버넌스, 약정 또는 프로세스에 대한 요구 사항이 적용되는 금융 기관인 제공자는 관련 금융 서비스법에 따라 보관하는 문서의 일부로 고위험 AI 시스템에서 자동으로 생성된 로그를 유지 관리해야 한다.

### 제20조(시정 조치 및 정보 제공 의무)

1. 고위험 AI 시스템 제공자는 자신이 시장에 출시하거나 서비스를 시작한 고위험 AI 시스템이 이 규정을 준수하지 않는다고 생각하거나 그렇게 생각할 이유가 있는 경우 해당 시스템을 적합하게 만들기 위해 필요한 시정 조치를 즉시 취해야 하며, 적절한 경우 해당 시스템을 철회하거나 비활성화하거나 회수해야 한다. 해당 고위험 AI 시스템의 유통업체와 해당되는 경우 배포자, 공인 대리인 및 수입업체에 알려야 한다.

2. 고위험 AI 시스템이 제79조(1)의 의미에서 위험을 나타내고 제공자가 해당 위험을 알게 된 경우, 해당되는 경우 보고 배포자와 협력하여 즉시 원인을 조사하고, 해당 고위험 AI 시스템을 담당하는 시장 감시 기관과 해당되는 경우 제44조에 따라 해당 고위험 AI 시스템에 대한 인증서를 발급한 통보 기관에 위반 사항의 성격과 취해진 관련 시정 조치에 대해 알려야 한다.

### 제21조(유관 당국과의 협력)

1. 고위험 AI 시스템 제공자는 유능 기관의 합리적인 요청에 따라 해당 기관에 고위험 AI 시스템이 제2절에 명시된 요구 사항을 준수함을 입증하는 데 필요한 모든 정보와 문서를 제공해야 하며, 해당 기관이 해당 회원국이 지정한 연합 기관의 공식 언어 중 하나로 기관이 쉽게 이해할 수 있는 언어로 제공해야 한다.

2. 유능 당국의 합리적인 요청에 따라 제공자는 해당 로그가 그들의 통제하에 있는 범위 내에서 제12조(1)에 언급된 고위험 AI 시스템의 자동 생성된 로그에 대한 접근 권한도 요청하는 유능 당국에 부여해야 한다.

3. 본 조항에 따라 유능 당국이 얻은 모든 정보는 제78조에 명시된 비밀 유지 의무에 따라 처리되어야 한다.

### 제22조(고위험 AI 시스템 제공업체의 공인 대표)

1. 제3국에 설립된 공급업체는 고위험 AI 시스템을 유럽연합 시장에 출시하기 전에 서면 위임을 통해 유럽연합에 설립된 공인 대리인을 임명해야 한다.

2. 공급자는 공급자로부터 받은 위임장에 명시된 업무를 그 권한 있는 대리인이 수행할 수 있도록 해야 한다.

3. 공인 대리인은 공급자로부터 받은 위임장에 명시된 업무를 수행해야 한다. 위임장은 요청 시 시장 감시 기관에 위임장 사본을 제공해야 하며, 해당 기관이 지정한 연합 기관의 공식 언어 중 하나로 제공해야 한다. 이 규정의 목적을 위해 위임장은 공인 대리인에게 다음 업무를 수행할 권한을 부여해야 한다.

(a) 제47조에 언급된 EU 적합성 선언과 제11조에 언급된 기술 문서가 작성되었는지, 그리고 공급자가 적절한 적합성 평가 절차를 수행했는지 확인한다.

(b) 제74조(10)에 언급된 유능 당국 및 국가 당국 또는 기관의 처분에 따라 고위험 AI 시스템이 시장에 출시되거나 가동된 후 10년 동안, 공인 대리인을 임명한 공급자의 연락처 정보, 제47조에 언급된 EU 적합성 선언 사본, 기술 문서 및 해당되는 경우 통보 기관이 발급한 인증서를 보관한다.

(c) 합리적인 요청에 따라 이 하위 단락 (b)에 언급된 것을 포함하여, 고위험 AI 시스템이 제2절에 명시된 요구 사항을 준수함을 입증하는 데 필요한 모든 정보 및 문서를 유능한 당국에 제공한다. 여기에는 제12조(1)에 언급된 대로 고위험 AI 시스템에서 자동 생성된 로그에 대한 접근이 포함되며, 해당 로그가 제공자의 제어를 받고 있는 범위 내에서 제공된다.

(d) 합리적인 요청에 따라, 고위험 AI 시스템과 관련하여 해당 당국이 취하는 모든 조치에 대해 유능 당국과 협조하며, 특히 고위험 AI 시스템으로 인해 발생하는 위험을 줄이고 완화하기 위해 협조한다.

(e) 해당되는 경우, 제49조(1)에 언급된 등록 의무를 준수하거나, 공급자가 직접 등록을 수행하는 경우 부속서 VIII A절 제3항에 언급된 정보가 정확한지 확인하여야 한다. 위임장은 공급자와 함께 또는 공급자를 대신하여 권한 있는 대리인이 이 규정의 준수를 보장하는 것과 관련된 모든 문제에 관해 유능한 당국으로부터 언급받을 수 있는 권한을 부여한다.

4. 공인 대리인은 공급자가 이 규정에 따른 의무에 반하는 행동을 한다고 생각하거나 생각할 만한 이유가 있는 경우 위임을 종료해야 한다. 그러한 경우 해당 시장 감시 기관과 해당되는 경우 해당 통지 기관에 위임 종료와 그 이유를 즉시 알려야 한다.

**제23조(수입자의 의무)**

1. 고위험 AI 시스템을 시장에 출시하기 전에 수입업체는 다음 사항을 확인하여 시스템이 이 규정을 준수하는지 확인해야 한다.
   (a) 제43조에 언급된 관련 적합성 평가 절차가 고위험 AI 시스템 제공자에 의해 수행되었다.
   (b) 제공자는 제11조 및 부속서 IV에 따라 기술 문서를 작성했다.
   (c) 해당 시스템은 필수 CE 마크를 보유하고 있으며, 제47조에 명시된 EU 적합성 선언 및 사용 설명서가 함께 제공된다.
   (d) 제공자는 제22조(1)항에 따라 공인 대리인을 임명했다.

2. 수입자가 고위험 AI 시스템이 이 규정을 준수하지 않거나 위조되었거나 위조된 문서가 수반되었다고 생각할 만한 충분한 이유가 있는 경우, 해당 시스템이 적합하게 될 때까지 해당 시스템을 시장에 출시해서는 안 된다. 고위험 AI 시스템이 제79조(1)의 의미에서 위험을 나타내는 경우, 수입자는 해당 시스템 제공자, 공인 대리인 및 시장 감시 기관에 그 사실을 알려야 한다.

3. 수입자는 해당되는 경우 고위험 AI 시스템과 포장 또는 수반 문서에 자사 이름, 등록된 상호 또는 등록 상표, 그리고 연락 가능한 주소를 표시해야 한다.

4. 수입자는 고위험 AI 시스템이 자사의 책임하에 있는 동안 해당되는 경우 보관 또는 운송 조건이 제2절에 명시된 요구 사항을 준수하는 데 방해가 되지 않도록 보장해야 한다.

5. 수입자는 고위험 AI 시스템이 시장에 출시되거나 가동된 후 10년 동안 해당되는 경우 통보 기관에서 발급한 인증서 사본, 사용 설명서 사본 및 제47조에 언급된 EU 적합성 선언 사본을 보관해야 한다.

6. 수입자는 합리적인 요청에 따라 관련 유관 당국에 제5항에 언급된 것을 포함하여 고위험 AI 시스템이 제2절에 명시된 요구 사항을 준수함을 입증하는 데 필요한 모든 정보와 문서를 제공해야 하며, 해당 당국이 쉽게 이해할 수 있는 언어로 제공해야 한다. 이를 위해 해당 당국은 또한 기술 문서를 해당 당국에 제공할 수 있도록 해야 한다.

7. 수입자는 수입자가 시장에 출시한 고위험 AI 시스템과 관련하여 해당 당국이 취하는 모든 조치에 대해 관련 유관 당국과 협력해야 하며, 특히 해당 시스템으로 인해 발생하는 위험을 줄이고 완화하기 위해 협력해야 한다.

### 제24조(유통업체의 의무)

1. 고위험 AI 시스템을 시장에 출시하기 전에 유통업체는 해당 시스템에 필요한 CE 마크가 있는지, 제47조에 언급된 EU 적합성 선언 사본과 사용 설명서가 함께 제공되는지, 해당 시스템의 제공자와 수입자(해당되는 경우)가 제16조(b) 및 (c)항과 제23조(3)항에 규정된 각자의 의무를 준수했는지 확인해야 한다.

2. 유통업체가 보유한 정보를 근거로 고위험 AI 시스템이 제2절에 명시된 요건을 준수하지 않는다고 판단하거나 판단할 이유가 있는 경우, 해당 시스템이 해당 요건을 준수하게 될 때까지 고위험 AI 시스템을 시장에 출시해서는 안 된다. 나아가 고위험 AI 시스템이 제79조(1)의 의미에서 위험을 나타내는 경우, 유통업체는 해당 시스템의 공급자 또는 수입자(해당되는 경우)에게 그 사실을 알려야 한다.

3. 유통업체는 고위험 AI 시스템이 자사의 책임하에 있는 동안 해당되는 경우 보관 또는 운송 조건이 제2절에 명시된 요구 사항에 대한 시스템의 준수를 저해하지 않도록 보장해야 한다.

4. 유통업체가 보유한 정보를 근거로 시장에 출시한 고위험 AI 시스템이 제2절에 명시된 요건을 충족하지 않는다고 판단하거나 판단할 이유가 있는 경우, 해당 시스템을 해당 요건에 적합하게 만들기 위해 필요한 시정 조치를 취하거나, 해당 시스템을 철회 또는

리콜하거나, 적절한 경우 공급자, 수입자 또는 관련 운영자가 해당 시정 조치를 취하도록 해야 한다. 고위험 AI 시스템이 제79조 제(1)항의 의미에서 위험을 나타내는 경우, 유통업체는 해당 시스템의 공급자 또는 수입자 및 해당 고위험 AI 시스템을 담당하는 당국에 즉시 통보해야 하며, 특히 위반 사항과 취해진 시정 조치에 대한 세부 정보를 제공해야 한다.

5. 관련 유능 기관의 합리적인 요청에 따라, 고위험 AI 시스템의 유통업체는 해당 시스템이 제2절에 명시된 요구 사항에 적합함을 입증하는 데 필요한 제1항 내지 제4항에 따른 조치에 관한 모든 정보 및 문서를 해당 기관에 제공해야 한다.

6. 유통업체는 유통업체가 시장에 출시한 고위험 AI 시스템과 관련하여 해당 기관이 취하는 모든 조치에 대해 관련 유관 당국과 협력해야 하며, 특히 해당 시스템으로 인해 발생하는 위험을 줄이거나 완화하기 위한 조치를 취해야 한다.

### 제25조(AI 가치 사슬을 따른 책임)

1. 모든 유통업체, 수입자, 배포자 또는 기타 제3자는 이 규정의 목적을 위해 고위험 AI 시스템 제공자로 간주되며, 다음의 상황에서는 제16조에 따라 제공자의 의무를 준수해야 한다.
 (a) 그들은 이미 시장에 출시되었거나 서비스에 투입된 고위험

AI 시스템에 자사 이름이나 상표를 등록하는데, 의무가 별도로 할당된다는 것을 규정한 계약상의 약정에는 영향을 미치지 않는다.
(b) 그들은 이미 시장에 출시되었거나 이미 사용 중인 고위험 AI 시스템을 실질적으로 수정하여 제6조에 따라 고위험 AI 시스템으로 유지되도록 한다.
(c) 이들은 일반 목적의 AI 시스템을 포함하여, 고위험으로 분류되지 않고 이미 시장에 출시되었거나 사용이 개시된 AI 시스템의 의도된 목적을 수정하여 해당 AI 시스템이 제6조에 따라 고위험 AI 시스템이 되도록 하는 경우를 말한다.

2. 제1항에 언급된 상황이 발생하는 경우, 최초로 AI 시스템을 시장에 출시하거나 서비스를 제공한 공급자는 더 이상 이 규정의 목적을 위해 해당 특정 AI 시스템의 공급자로 간주되지 않는다. 해당 최초 공급자는 새로운 공급자와 긴밀히 협력하고 필요한 정보를 제공하고 이 규정에 명시된 의무 이행에 필요한 합리적으로 예상되는 기술적 접근 및 기타 지원을 제공해야 한다. 특히 고위험 AI 시스템의 적합성 평가 준수와 관련하여 필요하다. 최초 공급자가 해당 AI 시스템을 고위험 AI 시스템으로 변경하지 않을 것이라고 명확히 명시하여 문서를 인계할 의무가 없는 경우에는 이 항이 적용되지 않는다.

3. 부속서 I의 A절에 나열된 연합 통합 법률의 적용을 받는 제품의 안전 구성 요소인 고위험 AI 시스템의 경우, 제품 제조업체는 고위험 AI 시스템의 제공자로 간주되며 다음 상황 중 하나에 따라

제16조에 따른 의무를 준수해야 한다.

(a) 고위험 AI 시스템은 제품 제조업체의 이름이나 상표로 제품과 함께 시장에 출시된다.

(b) 고위험 AI 시스템은 제품이 시장에 출시된 후 제품 제조업체의 이름이나 상표로 서비스에 투입된다.

4. 고위험 AI 시스템 제공자와 고위험 AI 시스템에서 사용되거나 통합되는 AI 시스템, 도구, 서비스, 구성 요소 또는 프로세스를 공급하는 제3자는 서면 계약을 통해 일반적으로 인정된 최신 기술을 기반으로 고위험 AI 시스템 제공자가 이 규정에 명시된 의무를 완전히 준수할 수 있도록 필요한 정보, 기능, 기술적 접근 및 기타 지원을 명시해야 한다. 이 단락은 일반 용도의 AI 모델이 아닌 도구, 서비스, 프로세스 또는 구성 요소를 무료 오픈 소스 라이선스에 따라 대중에게 접근 가능하게 하는 제3자에게는 적용되지 않는다.

AI 사무소는 고위험 AI 시스템 제공자와 고위험 AI 시스템에 사용되거나 통합되는 도구, 서비스, 구성 요소 또는 프로세스를 공급하는 제3자 간의 계약에 대한 자발적 모델 조건을 개발하고 권장할 수 있다. 이러한 자발적 모델 조건을 개발할 때 AI 사무소는 특정 부문 또는 비즈니스 사례에 적용되는 가능한 계약 요건을 고려해야 한다. 자발적 모델 조건은 쉽게 사용할 수 있는 전자 형식으로 공개되고 무료로 제공되어야 한다.

5. 제2항 및 제3항은 유럽연합 및 국가법에 따라 지식재산권, 기밀 영업 정보 및 영업 비밀을 준수하고 보호해야 할 필요성을 침해하지 않는다.

**제26조(고위험 AI 시스템 배포자의 의무)**

1. 고위험 AI 시스템의 배포자는 제3항 및 제6항에 따라 시스템에 수반되는 사용 설명서에 따라 해당 시스템을 사용할 수 있도록 적절한 기술적 및 조직적 조치를 취해야 한다.

2. 배포자는 필요한 역량, 훈련 및 권한과 필요한 지원을 갖춘 자연인에게 인적 감독을 할당해야 한다.

3. 제1항 및 제2항에 명시된 의무는 연합 또는 국가법에 따른 다른 배치자 의무와 제공자가 명시한 인적 감독 조치를 이행하는 목적으로 배치자가 자체 리소스와 활동을 조직할 수 있는 자유를 침해하지 않는다.

4. 제1항 및 제2항의 편견 없이 배포자가 입력 데이터에 대한 통제를 행사하는 범위 내에서 해당 배포자는 입력 데이터가 고위험 AI 시스템의 의도된 목적을 고려하여 관련성이 있고 충분히 대표성이 있는지 확인해야 한다.

5. 배포자는 사용 설명서에 따라 고위험 AI 시스템의 작동을 모니터링하고, 관련된 경우 제72조에 따라 제공자에게 알려야 한다. 배포자가 설명서에 따라 고위험 AI 시스템을 사용하면 해당 AI 시스템이 제79조 제(1)항의 의미에서 위험을 초래할 수 있다고 생각할 만한 이유가 있는 경우, 지체 없이 제공자 또는 유통업체와 관련 시장

감시 기관에 알리고 해당 시스템의 사용을 중단해야 한다. 배포자가 심각한 사고를 발견한 경우, 배포자는 먼저 제공자에게, 그다음 수입자 또는 유통업체와 관련 시장 감시 기관에 해당 사고를 즉시 알려야 한다. 배포자가 제공자에게 연락할 수 없는 경우, 제73조가 준용된다. 이 의무는 법 집행 기관인 AI 시스템 배포자의 민감한 운영 데이터에는 적용되지 않는다. EU 금융 서비스법에 따라 내부 거버넌스, 약정 또는 프로세스에 대한 요구 사항이 적용되는 금융 기관인 배포자의 경우, 첫 번째 하위 단락에 명시된 모니터링 의무는 관련 금융 서비스법에 따라 내부 거버넌스 약정, 프로세스 및 메커니즘에 대한 규칙을 준수함으로써 이행된 것으로 간주된다.

6. 고위험 AI 시스템의 배포자는 해당 로그가 배포자의 통제하에 있는 한, 고위험 AI 시스템에서 자동으로 생성된 로그를 고위험 AI 시스템의 의도된 목적에 적합한 기간인 최소 6개월 동안 보관해야 한다. 단, 적용 가능한 연합 또는 국가법, 특히 개인 데이터 보호에 관한 연합법에서 달리 규정한 경우는 예외이다. EU 금융 서비스법에 따라 내부 거버넌스, 약성 또는 프로세스에 대한 요구 사항을 준수해야 하는 금융 기관인 배포자는 관련 유럽연합 금융 서비스법에 따라 보관하는 문서의 일부로서 로그를 유지 관리해야 한다.

7. 직장에서 고위험 AI 시스템을 가동하거나 사용하기 전에, 고용주인 배치자는 근로자 대표와 영향을 받는 근로자에게 고위험 AI 시스템을 사용하게 될 것임을 알려야 한다. 이 정보는 해당되는 경우

근로자 및 그 대표의 정보에 대한 연합 및 국가 법률과 관행에 명시된 규칙과 절차에 따라 제공되어야 한다.

8. 공공 기관 또는 연합 기관, 단체, 사무실 또는 기관인 고위험 AI 시스템 배포자는 제49조에 언급된 등록 의무를 준수해야 한다. 해당 배포자가 사용하려고 하는 고위험 AI 시스템이 제71조에 언급된 EU 데이터베이스에 등록되지 않았다는 것을 발견하면 해당 시스템을 사용해서는 안 되며 공급자 또는 배포자에게 알려야 한다.

9. 해당되는 경우, 고위험 AI 시스템의 배포자는 본 규정의 제13조에 따라 제공된 정보를 사용하여 규정(EU) 2016/679의 제35조[15] 또는 지침(EU) 2016/680의 제27조[16]에 따라 데이터 보호 영향 평가를 수행해야 하는 의무를 준수해야 한다.

---

15) Regulation (EU) 2016/679 (GDPR) 제35조 데이터 보호 영향 평가(Data Protection Impact Assessment, DPIA) 제35조는 데이터 보호 영향 평가(DPIA)에 대한 규정을 다룬다. DPIA는 개인정보 처리 활동이 높은 위험을 초래할 가능성이 있을 경우, 사전에 해당 위험을 평가하고 관리하기 위한 절차이다. 개인정보 처리로 인해 높은 위험이 발생할 수 있는 경우, 특히 새로운 기술을 사용할 때, 데이터 보호 책임자는 DPIA를 수행해야 한다. DPIA는 개인정보 처리의 성격, 범위, 맥락 및 목적을 고려하여 개인정보 주체의 권리와 자유에 미치는 영향을 평가하는 과정이다. 위험이 발견되면 이를 줄이기 위한 대책을 마련해야 하며, 만약 위험이 완화되지 않는다면 감독 당국과 협의해야 한다.

16) Directive (EU) 2016/680 제27조: 데이터 보호 영향 평가 제27조는 형사 범죄 예방, 수사, 탐지 또는 기소 목적을 위한 개인정보 처리와 관련된 데이터 보호 영향 평가에 대해 다룬다. 새로운 기술을 사용하는 등 특정한 상황에서 개인정보 처리 활동이 높은 위험을 초래할 수 있는 경우, 책임 기관은 DPIA를 수행해야 한다. 평가 내용에는 개인정보 주체의 권리와 자유에 미치는 위험이 포함되며, 이를 줄이기 위한 보호 조치와 절차가 마련되어야 하며 필요시 감독 당국과 협의하여 위험을 관리해야 한다.

10. 지침(EU) 2016/680의 편견 없이, 범죄를 저지른 혐의가 있거나 유죄 판결을 받은 사람에 대한 표적 수색을 위한 조사의 틀에서, 원격 생체 인식 이후 식별을 위한 고위험 AI 시스템의 배포자는 사법 당국 또는 그 결정이 구속력이 있고 사법적 검토의 대상이 되는 행정 당국에 해당 시스템의 사용을 위한 사전 또는 지체 없이, 늦어도 48시간 이내에 승인을 요청해야 한다. 단, 범죄와 직접 관련된 객관적이고 검증 가능한 사실에 근거하여 잠재적 용의자를 처음 식별하는 데 사용되는 경우는 예외이다. 각 사용은 특정 범죄의 수사에 엄격히 필요한 범위로 제한되어야 한다. 제1항의 규정에 따라 요청된 허가가 거부될 경우, 해당 허가 요청과 연계된 원격 생체 인식 식별 시스템의 사용은 즉각 중단되어야 하며, 허가를 요청한 고위험 AI 시스템의 사용과 연계된 개인 데이터는 삭제되어야 한다. 어떠한 경우에도 원격 생체 인식 식별을 위한 이러한 고위험 AI 시스템은 범죄, 형사소송, 예측 가능한 범죄 위협, 또는 특정 실종자 수색과 관련 없이 비대상적인 방식으로 법 집행 목적으로 사용되어서는 안 된다. 법 집행 기관이 원격 생체 인식 식별 시스템의 출력에만 근거하여 사람에게 불리한 법적 효과를 초래하는 결정을 내릴 수 없도록 보장해야 한다. 본 문단은 생체 인식 데이터 처리에 관한 규정 (EU) 2016/679의 제9조 및 지침 (EU) 2016/680의 제10조[17]를 침해하지 않는다. 목적이나 배포자에 관계없이 이러한

---

17) Regulation (EU) 2016/679 (GDPR) 제9조 특수 범주의 개인정보 처리 규정으로 민감한 데이터를 보호하기 위한 목적으로 마련되었다. 제9조(1)항은 일반적으로, 특수 범주의 개인정보의 처리는 금지된다. 여기서 특수 범주의 개인정보는 다음을 포함한다. 인종 또는 민족적 출신, 정치적 견해, 종교적 또는 철학적 신념, 노동조합 가입 여부, 유전 정보, 생체 인식 데이터(개인의 고유한 식별을 목적으로 사용되는 경

고위험 AI 시스템의 각 사용은 관련 경찰 파일에 기록되어야 하며, 법 집행과 관련된 민감한 운영 데이터의 공개를 제외하고 요청 시 관련 시장 감시 기관 및 국가 데이터 보호 기관에서 사용할 수 있어야 한다. 이 하위 단락은 지침(EU) 2016/680이 감독 기관에 부여한 권한에 영향을 미치지 않는다. 배치자는 법 집행과 관련된 민감한 운영 데이터의 공개를 제외하고 원격 생체 인식 식별 시스템 사용에 대한 연례 보고서를 관련 시장 감시 및 국가 데이터 보호 기관에 제출해야 한다. 보고서는 두 개 이상의 배치를 포함하도록 집계될 수 있다. 회원국은 유럽연합법에 따라 원격 생체 인식 식별 시스템 사용에 대한 보다 제한적인 법률을 도입할 수 있다.

11. 이 규정의 제50조를 침해하지 않고, 부속서 III에 언급된 고위험 AI 시스템의 배포자는 자연인과 관련된 결정을 내리거나 결정을 내리는 데 도움을 주는 경우 자연인에게 고위험 AI 시스템의 사용 대상이 된다는 사실을 알려야 한다. 법 집행 목적으로 사용되는

---

우), 건강 정보, 성생활 또는 성적 지향에 관한 정보, 제9조(2)항: 다만, 특정 상황에서는 예외적으로 이러한 데이터의 처리가 허용된다. 예외 사항은 다음과 같다. 명시적 동의가 있는 경우, 고용법, 사회 보장법 등의 법적 의무를 이행하기 위해 필요한 경우, 중대한 공익을 위해 필요한 경우, 법적 청구를 위해 필요한 경우, 의료적 진단 또는 치료 목적을 위해 필요한 경우 등이다.

Directive (EU) 2016/680 제10조 특수 범주의 개인정보 처리는 형사 범죄의 예방, 수사, 탐지 또는 기소와 관련된 특수 범주의 개인정보 처리에 대해 규정하고 있다. 이 조항은 GDPR과 유사하게 민감한 정보를 보호하는 데 중점을 두고 있다. 특수 범주의 개인정보(예: 인종, 정치적 견해, 종교, 건강, 성생활 관련 정보)의 처리는 원칙적으로 금지된다. 다만, 다음과 같은 경우에는 예외적으로 처리가 허용된다. 명시적 동의가 있을 때, 중요한 공공 이익이 있을 때, 법적 청구 또는 방어를 위해 필요할 때, 중요한 공익을 위한 목적이 법적으로 정당화된 경우, 이 두 조항 모두 민감한 개인정보의 처리에 대한 엄격한 조건을 규정하고 있으며, 데이터 주체의 권리 보호를 강화하기 위해 다양한 예외 사항을 제시하고 있다.

고위험 AI 시스템의 경우 지침(EU) 2016/680 제13조가 적용된다.

12. 배포자는 이 규정을 시행하기 위해 고위험 AI 시스템과 관련하여 해당 당국이 취하는 모든 조치에 대해 관련 유관 당국과 협조해야 한다.

### 제27조(고위험 AI 시스템에 대한 기본권 영향 평가)

1. 부속서 IIIv의 제2호에 나열된 지역에서 사용되도록 의도된 고위험 AI 시스템을 제외하고 제6조 제(2)항에 언급된 고위험 AI 시스템을 배치하기 전에 공법에 의해 관리되는 기관이거나 공공 서비스를 제공하는 민간 기업인 배치자와 부속서 III의 제5조 제(b)항 및 제(c)항에 언급된 고위험 AI 시스템의 배치자는 해당 시스템의 사용으로 인해 발생할 수 있는 기본권에 대한 영향을 평가해야 한다. 이를 위해 배치자는 다음으로 구성된 평가를 수행해야 한다.

 (a) 고위험 AI 시스템이 의도된 목적에 맞게 사용되는 배포자 프로세스에 대한 설명
 (b) 각 고위험 AI 시스템을 사용할 기간 및 빈도에 대한 설명
 (c) 특정 맥락에서 사용함으로써 영향을 받을 가능성이 있는 자연인 및 집단의 범주
 (d) 이 항 제(c)호에 따라 식별된 자연인 또는 개인 집단의 범주에 영향을 미칠 가능성이 있는 구체적인 피해 위험. 이는 제13조에 따라 제공자가 제공한 정보를 고려한 것이다.
 (e) 사용 설명서에 따른 인간 감독 조치 구현에 대한 설명

(f) 위험이 실현된 경우 취해야 할 조치, 여기에는 내부 거버넌스 및 불만 처리 메커니즘에 대한 조치가 포함된다.

2. 제1항에 규정된 의무는 고위험 AI 시스템의 첫 번째 사용에 적용된다. 배포자는 유사한 경우 이전에 수행된 기본권 영향 평가 또는 제공자가 수행한 기존 영향 평가에 의존할 수 있다. 배포자가 고위험 AI 시스템을 사용하는 동안 제1항에 나열된 요소 중 하나가 변경되었거나 더 이상 최신이 아니라고 생각하는 경우 배포자는 정보를 업데이트하기 위해 필요한 조치를 취해야 한다.

3. 본 조 제1항에 언급된 평가가 수행되면 배포자는 시장 감시 기관에 결과를 통보하고 본 조 제5항에 언급된 작성된 템플릿을 통보의 일부로 제출해야 한다. 제46조 제(1)항에 언급된 경우 배포자는 통보 의무에서 면제될 수 있다.

4. 본 조항에 규정된 의무 중 하나가 규정(EU) 2016/679 제35조 또는 지침(EU) 2016/680 제27조[18]에 따라 수행된 데이터 보호 영향 평가를 통해 이미 충족된 경우, 본 조항 제1항에 언급된 기본권 영향 평가는 해당 데이터 보호 영향 평가를 보완해야 한다.

5. AI 사무국은 배포자가 이 조항에 따른 의무를 단순화된 방식으로 준수할 수 있도록 자동화 도구를 포함한 설문지 템플릿을 개발해야 한다.

---

18) 각주 15, 16 참조

(1) 고위험 AI 시스템의 제공자, 배포자와 기타 당사자의 의무

① 제공자의 의무19)

고위험 AI 시스템 요건 준수 보장 및 입증, 시스템, 포장, 문서에 이름과 연락처 등 기재, 국내 대리인 선임(서면 위임장), 적합성 평가, 선언서 작성 및 CE 표시, 품질 관리체계 수립, 시스템에의 접근성 요건 준수 보장(공공 웹사이트, 애플리케이션), EU 데이터베이스에의 등록, 기술 문서, 품질 관리 체계관리 문서, 적합성 평가 관련 문서 보관, 로그 보관(최소 6개월), 시정 조치 및 피통보 기관에 관련 정보 제공, 요청 시 문서 제공, 로그 접근 제공 등 관할 당국에 협력할 의무가 있다. 이를 단계별로 보면 1단계 고위험 AI 시스템 개발, 2단계 적합성 평가 수행 및 고위험 AI 시스템 요건 충족 여부 확인, 3단계 EU 데이터베이스에 AI 시스템 등록, 4단계 적합성 선언에 서명 및 CE 표시 부착, 5단계 시스템 시장 출시, 6단계 AI 시스템의 생애 주기 동안 상당한 변화가 존재하는 경우 다시 2단계로 가서 다시 순환할 의무를 진다.

② 수입자의 의무

시장 출시 전에는 이름 연락처 등 기재 확인 의무, 시장 출시 후에는 적합성 평가 인증서 및 선언 사본 보관(10년), 고위험 AI 시스템 요건(제3

---

19) 공급자로 간주되는 경우: 유통자, 수입자, 배포자 또는 기타 제3자가 a. 이미 시장에 출시, 서비스 개시된 고위험 AI 시스템에 자신의 이름 또는 상표를 부착할 것 b. 이미 시장에 출시, 서비스가 공급된 고위험 AI 시스템을 제6조에 따른 고위험 AI 시스템을 유지한 채 본질적으로 변경 c. 이미 시장에 출시되거나 서비스가 개시된 고위험이 아닌 AI 시스템(범용 AI 시스템 포함)을 제6조에 따른 고위험 AI 시스템으로 만들기 위해 AI 시스템의 의도된 목적으로 변경한 경우 공급자로 간주한다. 최초 공급자는 AI의 목적 상 더 이상 특정 AI 시스템의 공급자로 간주되지 않으며 다만 새로운 공급자와 긴밀히 협력, 기술적 접근 및 기타 지원 등 제공 의무를 부담한다.

장 제2절) 부합 증명 위해 문서 및 관련 정보 관할 당국에 제공, 위험경감과 완화 조치 등 관련 관할 당국에 협력할 의무가 있다.

③ 유통자의 의무

시장 출시 전에는 제79조 제1항 위험을 나타내는 경우 공급자 또는 수입자에게 알릴 의무, 시장 출시 후에는 고위험 AI 시스템 요건(제3장 제2절) 미충족 시 철수, 리콜하거나 수입자 또는 관련 운영자가 그러한 조치를 취하게 할 것, 요건 부합 증명 위해 문서 및 관련 정보 관할 당국에 제공, 제79조 제1항 위험을 나타내는 경우 공급자, 수입자, 관할 당국에 알릴 것, 위험 경감과 완화 조치 등 관련 관할 당국에 협력할 의무가 있다.

④ 배포자의 의무

이용 지침에 따른 이용 보장 위한 기술적, 조직적 조치, 자연인에게 인간 관리, 감독을 할당할 의무, 입력 데이터의 목적 관련성 및 대표성을 보장할 의무, 고위험 AI 시스템 모니터링(중대한 사고 인지 시 공급자, 수입자, 유통자, 시장 감시 당국에 통지 필수), 최소 6개월 이상 로그 기록 보관, 고용인인 배포자는 고위험 AI 시스템 이용 전 고지, (공공 기관의 경우) EU 데이터베이스에의 등록되지 않은 고위험 AI 시스템 사용 금지 및 공급자, 유통자에 통지, 원격 생체 인식 시스템 이용하여 범죄자 수색 시 사전, 사후 승인(사후 48시간 이내), 자연인 관련 의사결정(보조 포함)하는 고위험 AI 시스템(부속서 III) 이용시 해당 자연인에게 이용 사실의 고지, 관할 당국에 협조 요청 의무가 있다.

인공지능기본법은 제34조에서 고영향 인공지능과 관련한 사업자의 책무로 고영향 인공지능 또는 이를 이용한 제품 및 서비스를 제공하는 경우 고영향 인공지능의 안전성과 신뢰성을 확보하기 위하여 위험 관리 방안의 수립과 운영, 기술적으로 가능한 범위 내에서의 인공지능이 도출한 최종 결과, 인공지능의 최종 결과 도출에 활용된 주요 기준, 인공지능의 개발 및 활용에 사용되는 학습용 데이터의 개요 등에 대한 설명 방안의 수립 및 시행, 이용자 보호 방안의 수립 및 운영, 고영향 인공지능에 대한 사람의 관리 및 감독, 안전성 및 신뢰성 확보를 위한 조치의 내용을 확인할 수 있는 문서의 작성과 보관, 그 밖에 고영향 인공지능의 안전성과 신뢰성 확보를 위해 위원회에서 심의 및 의결된 사항 등을 이행하도록 규정하고 있다.

(2) 기본권 영향 평가

① 목적: 위험 및 필요한 조치를 식별하는 것
② 이행 시기: 배포하기 전 최초 이용 시
③ 이행 주체
1) 공법의 적용 대상 기관, 공공서비스 제공하는 민간 배포자 2) 신용도 평가 또는 신용점수를 정하기 위한 의도를 가진 AI 시스템(부속서 III 제5항 제b호)의 배포자
3) 생명 및 건강보험과 관련, 자연인에 대한 위험 평가 및 보험 가격 책정하기 위한 의도를 가진 AI 시스템(부속서 III 제5항 제c호)의 배포자
④ 이행 대상: 부속서 III에 열거된 AI 시스템
⑤ 결과 통지: 시장 감시 당국에 결과 통지

⑥ 다른 영향 평가와의 관계: 기본권 영향평가 관련 의무가 개인정보 보호 영향평가로 충족된 경우 본 기본권 영향평가는 개인정보 보호 영향평가를 보완

⑦ 기본권 영향평가 항목

해당 고위험 AI 시스템이 그 의도된 목적에 부합되게 이용되도록 하는 배포자의 절차에 대한 설명, 각각의 고위험 AI 시스템의 이용이 의도된 기간 및 빈도에 대한 설명, 특정 맥락에서 해당 고위험 AI 시스템의 이용에 의하여 영향을 받을 가능성이 있는 자연인 및 집단의 범주, 제13조에 따라 공급자가 제공하는 정보를 고려하여 식별된 자연인 또는 사람 집단의 범주에 영향을 미칠 가능성이 있는 특정 피해 위험, 이용 지침에 따른 인간 관리, 감독 조치의 이행에 관한 설명, 내부 거버넌스 및 고충 처리 체계를 위한 준비를 포함하여 상기 위험이 현실화되는 경우 취해야 할 조치

## 제4절 인증 관리 기관과 인증 기관

**제28조(기관에 통보하기)**
1. 각 회원국은 적합성 평가 기관의 평가, 지정 및 통지와 모니터링을 위한 필요한 절차를 수립하고 수행하는 책임이 있는 적어도 하나의 통지 기관을 지정하거나 설립해야 한다. 이러한 절차는 모든 회원국의 통지 기관 간의 협력을 통해 개발되어야 한다.

2. 회원국은 제1항에 언급된 평가 및 모니터링이 규정 (EC) 765/2008[20]의 의미 내에서, 그리고 이에 따라 국가 인증 기관에 의해 수행되도록 결정할 수 있다.

3. 통보 기관은 적합성 평가 기관과 이해 상충이 발생하지 않고 활동의 객관성과 공정성이 보호되도록 설립, 조직 및 운영되어야 한다.

4. 통보 기관은 적합성 평가 기관의 통보와 관련된 결정이 해당 기관의 평가를 수행한 사람과 다른 유능한 사람에 의해 내려지도록 조직되어야 한다.

---

20) Regulation (EC) No 765/2008는 EU 제품 규제의 시장 감시 및 적합성 평가 요구 사항을 제정하는 규정으로, 제품이 유럽연합(EU) 내에서 안전하고 규정에 적합하게 유통될 수 있도록 보장하는 법적 틀을 제공한다. 이 규정은 제품의 시장 감시, 적합성 평가, 그리고 CE 마킹에 관한 내용을 다루며, 유럽 경제 지역에서의 공정한 경쟁과 소비자 보호를 보장하는 것을 목적으로 한다. 적합성 평가 절차를 통해 EU 규정을 준수하는지 확인하기 위한 절차를 규정하고 있다. 적합성 평가를 받은 제품은 CE 마킹을 통해 표시된다. CE 마킹은 해당 제품이 모든 유럽의 법적 요구 사항을 준수하며 유럽 내에서 자유롭게 유통될 수 있음을 의미한다. 회원국들은 자국 내에서 유통되는 제품이 관련 규정을 준수하는지 감시할 책임이 있다. 제품이 규정을 준수하지 않거나 위험하다고 판단될 경우, 시장 감시 당국은 해당 제품의 판매를 금지하거나 제한할 수 있다. 이와 같이 시장 감시를 통해 불법적인 제품이 시장에 진입하지 못하게 하며, 소비자 보호를 강화한다. 국경 간 협력은 회원국 간의 시장 감시 활동에서 협력을 촉진하여, 제품의 유통 및 안전성을 더 효과적으로 관리할 수 있도록 한다. 이를 통해 유럽 전역에서 일관된 시장 감시가 이루어질 수 있게 한다. 규정을 위반한 경우 적절한 제재를 가하며, 이는 각 회원국이 정한 절차에 따라 이루어진다. 이는 규정 준수를 보장하고, 규제를 위반하는 행위를 방지하기 위한 중요한 장치이다. Regulation (EC) No 765/2008는 EU 제품 시장에서 제품 안전성, 규정 준수, 그리고 시장 감시를 강화하는 법적 기틀을 제공하여, EU 내 제품의 안전성과 품질을 보장하는 데 중점을 두고 있다.

5. 통보 기관은 적합성 평가 기관이 수행하는 어떠한 활동도 제안하거나 제공하지 않으며, 상업적 또는 경쟁적 기준으로 컨설팅 서비스를 제공하지 않는다.

6. 통보 기관은 제78조에 따라 수집한 정보의 비밀을 보호해야 한다.

7. 통보 기관은 업무를 적절히 수행하기 위해 적절한 수의 유능한 인력을 보유해야 한다. 유능한 인력은 해당되는 경우 정보 기술, AI 및 법률과 같은 분야에서 기본권 감독을 포함하여 기능에 필요한 전문 지식을 보유해야 한다.

통보 기관이란 적합성 평가기관을 평가, 지정, 통보, 관리, 감독 하기 위해 필요한 절차를 수립하고 이를 이행하는 국가 당국을 의미한다. 회원국이 통보 당국을 지정하거나 설립할 수 있고 제품 마케팅과 관련된 인증 요건에 관한 규정(Regulation(EC) 765/2008)에 따라 설치된 국가 인증 기관으로 하여금 통보 당국 역할을 수행하도록 할 수 있다. 통보 신청이 있는 경우 역량 등 평가 후 피통보 기관 승인 및 통보를 하고 이후 피통보 기관 관리 절차 수립 및 집행 역할을 수행한다. 통보 당국의 경우 적합성 평가기관에 대한 평가 실시자와 통보결정자가 다르도록 조직 구성을 해야 하고 적합성 평가기관이 수행하는 활동에 상업적, 경쟁 기반의 컨설팅 서비스 제안이나 제공을 할 수 없으며, 위 평가기관의 정보에 대한 비밀유지의무가 있다.

### 제29조(적합성 평가기관의 통보 신청)

1. 적합성 평가 기관은 설립된 회원국의 통보 기관에 통보 신청서를 제출해야 한다.

2. 통지 신청에는 적합성 평가 활동, 적합성 평가 모듈 또는 모듈들, 적합성 평가 기관이 유능하다고 주장하는 AI 시스템 유형에 대한 설명과, 해당 적합성 평가 기관이 제31조에 규정된 요건을 충족한다는 것을 증명하는 국가 인증 기관이 발급한 인증 증명서(존재하는 경우)가 첨부되어야 한다. 다른 연합 통합 법규에 따라 신청자가 통보한 기관의 기존 지정과 관련된 유효한 문서가 추가되어야 한다.

3. 관련 적합성 평가 기관이 인증 증명서를 제공할 수 없는 경우, 해당 기관은 제31조에 규정된 요건의 준수 여부를 검증, 인정하고 정기적으로 모니터링하는 데 필요한 모든 서류 증거를 통보 기관에 제공해야 한다.

4. 기타 EU 관련 법률에 따라 지정된 통지 기관의 경우, 해당 지정과 관련된 모든 문서 및 인증서는 이 규정에 따른 지정 절차를 지원하는 데 사용할 수 있다. 통지 기관은 관련 변경 사항이 발생할 때마다 이 조항의 제2항 및 제3항에 언급된 문서를 업데이트하여 통지 기관을 담당하는 당국이 제31조에 명시된 모든 요구 사항을 지속적으로 준수하는지 모니터링하고 확인할 수 있도록 해야 한다.

**제30조(통보 절차)**

1. 통보 기관은 제31조에 규정된 요건을 충족한 적합성 평가 기관에만 통보할 수 있다.

2. 통보 기관은 위원회가 개발 및 관리하는 전자 통보 도구를 사용하여 제1항에 언급된 각 적합성 평가 기관을 위원회 및 기타 회원국에 통보해야 한다.

3. 본 조 제2항에 언급된 통지에는 적합성 평가 활동, 적합성 평가 모듈 또는 모듈, 관련 AI 시스템 유형 및 관련 역량 증명에 대한 전체 세부 정보가 포함되어야 한다. 통보가 제29조(2)에 언급된 인증 증명서에 근거하지 않는 경우, 통지 기관은 적합성 평가 기관의 역량과 해당 기관이 정기적으로 모니터링되고 제31조에 명시된 요구사항을 계속 충족할 수 있도록 하는 조치를 증명하는 서류 증거를 위원회 및 다른 회원국에 제공해야 한다.

4. 관련 적합성 평가 기관은 통지 기관이 제29조(2)에 언급된 인증 증명서를 포함하는 경우 통지 후 2주 이내에, 통지 기관이 제29조(3)에 언급된 서류 증거를 포함하는 경우 통지 후 2개월 이내에 위원회 또는 다른 회원국에서 이의를 제기하지 않는 경우에만 통지 기관의 활동을 수행할 수 있다.

5. 이의가 제기되는 경우, 위원회는 지체 없이 관련 회원국 및 적합성 평가 기관과 협의를 시작해야 한다. 이를 고려하여 위원회는 허가가 정당한지 여부를 결정해야 한다. 위원회는 해당 회원국 및 관련 적합성 평가 기관에 결정을 전달해야 한다.

### 제31조(통보된 기관과 관련된 요구 사항)

1. 통보 기관은 회원국의 국내법에 따라 설립되며 법인격을 가져야 한다.

2. 지정된 기관은 업무를 이행하는 데 필요한 조직, 품질 관리, 자원 및 프로세스 요구 사항과 적절한 사이버 보안 요구 사항을 충족해야 한다.

3. 공지된 기관의 조직 구조, 책임 할당, 보고 라인 및 운영은 공지된 기관의 성과와 공지된 기관이 수행하는 적합성 평가 활동의 결과에 대한 신뢰를 보장해야 한다.

4. 통보된 기관은 적합성 평가 활동을 수행하는 고위험 AI 시스템 제공자와 독립적이어야 한다. 통보된 기관은 또한 평가된 고위험 AI 시스템에 경제적 이해관계가 있는 다른 운영자와 제공자의 경쟁자와도 독립적이어야 한다. 이는 적합성 평가 기관의 운영에 필요한 평가된 고위험 AI 시스템을 사용하거나 개인적인 목적으로

그러한 고위험 AI 시스템을 사용하는 것을 방해하지 않는다.

5. 적합성 평가 기관, 최고 경영진 또는 적합성 평가 업무를 수행하는 담당자는 고위험 AI 시스템의 설계, 개발, 마케팅 또는 사용에 직접 관여해서는 안 되며, 해당 활동에 참여하는 당사자를 대표해서도 안 된다. 통지받은 적합성 평가 활동과 관련하여 판단의 독립성 또는 성실성과 충돌할 수 있는 활동에는 관여해서는 안 된다. 이는 특히 컨설팅 서비스에 적용된다.

6. 통보된 기관은 활동의 독립성, 객관성 및 공정성을 보호하도록 조직되고 운영되어야 한다. 통보된 기관은 공정성을 보호하고 조직, 인사 및 평가 활동 전반에 걸쳐 공정성의 원칙을 촉진하고 적용하기 위한 구조와 절차를 문서화하고 구현해야 한다.

7. 통보된 기관은 직원, 위원회, 자회사, 하청업체 및 외부 기관의 관련 기관 또는 직원이 제78조에 따라 적합성 평가 활동 수행 중에 소유하게 된 정보의 기밀을 유지하도록 하는 문서화된 절차를 갖추어야 한다. 단, 법률에 의해 공개가 요구되는 경우는 예외이다. 통보된 기관의 직원은 이 규정에 따라 업무를 수행하는 동안 얻은 모든 정보에 대해 직업상 비밀을 지켜야 한다. 단, 활동이 수행되는 회원국의 통보 기관과 관련된 경우는 예외이다.

8. 지정 기관은 공급자의 규모, 운영 분야, 구조 및 관련 AI 시스템의

복잡성 정도를 적절히 고려하여 활동을 수행하기 위한 절차를 갖춰야 한다.

9. 지정 기관은 지정 기관이 설립된 회원국이 국가법에 따라 책임을 지는 경우나 지정 기관이 적합성 평가에 대해 직접 책임이 있는 경우를 제외하고는 적합성 평가 활동에 대한 적절한 책임 보험에 가입해야 한다.

10. 지정된 기관은 이 규정에 따른 모든 업무를 특정 분야에서 최고 수준의 전문적 성실성과 필요한 역량을 갖추고 수행할 수 있어야 하며, 이러한 업무가 지정된 기관 자체에 의해 수행되거나 지정된 기관을 대신하여 지정된 기관의 책임하에 수행되는지 여부는 중요하지 않다.

11. 통보된 기관은 외부 당사자가 대신 수행하는 업무를 효과적으로 평가할 수 있는 충분한 내부 역량을 보유해야 한다. 통보된 기관은 관련 유형의 AI 시스템, 데이터 및 데이터 컴퓨팅과 관련된 경험과 지식을 보유하고 제2절에 명시된 요구 사항과 관련된 충분한 행정, 기술, 법률 및 과학 인력을 상시 보유해야 한다.

12. 지정 기관은 제38조에 언급된 조정 활동에 참여해야 한다. 또한 지정 기관은 유럽 표준화 기구에 직접 참여하거나 대표되어야 하며, 관련 표준에 대해 인지하고 최신 정보를 유지해야 한다.

**제32조(통보된 기관과 관련된 요구 사항에 대한 적합성 추정)**

적합성 평가 기관이 관련 통합표준 또는 그 일부에 규정된 기준을 준수함을 입증하고, 해당 통합표준이 유럽연합 관보 에 게재된 경우, 해당 통합표준이 해당 요건을 포괄하는 한, 제31조에 명시된 요건을 준수하는 것으로 추정된다.


**제33조(지정 기관의 자회사 및 하청업체)**

1. 지정 기관이 적합성 평가와 관련된 특정 업무를 하청하거나 자회사에 의존하는 경우, 지정 기관은 하청업체 또는 자회사가 제31조에 규정된 요건을 충족하는지 확인해야 하며, 지정 기관에 그에 따른 정보를 제공해야 한다.

2. 지정 기관은 하청업체 또는 자회사가 수행하는 업무에 대해 전적인 책임을 져야 한다.

3. 활동은 공급업체의 동의가 있어야만 자회사가 하청하거나 수행할 수 있다. 통보된 기관은 자회사 목록을 공개적으로 제공해야 한다.

4. 하청업체 또는 자회사의 자격 평가와 이 규정에 따라 수행한 작업에 관한 관련 문서는 하청 계약 종료일로부터 5년 동안 통보 기관에서 보관해야 한다.

> **제34조(통보 기관의 운영상 의무)**
>
> 1. 지정 기관은 제43조에 명시된 적합성 평가 절차에 따라 고위험 AI 시스템의 적합성을 검증해야 한다.
>
> 2. 통보 기관은 활동을 수행할 때 공급자에게 불필요한 부담을 주지 않도록 해야 하며, 공급자의 규모, 운영하는 부문, 구조 및 관련 고위험 AI 시스템의 복잡성 정도를 적절히 고려해야 하며, 특히 권고 2003/361/EC[21]의 의미 내에서 중소기업의 행정적 부담과 준수 비용을 최소화하는 것을 고려해야 한다. 그럼에도 불구하고 통보 기관은 고위험 AI 시스템이 이 규정의 요구 사항을 준수하는 데 필요한 엄격성 정도와 보호 수준을 존중해야 한다.
>
> 3. 통보 기관은 공급자 문서를 포함한 모든 관련 문서를 제28조에 언급된 통보 기관에 제공하고 요청 시 제출하여 해당 기관이 평가, 지정, 통보 및 모니터링 활동을 수행하고 이 절에 명시된 평가를 용이하게 할 수 있도록 해야 한다.

---

21) Recommendation 2003/361/EC는 중소기업(SMEs)의 정의를 제공하는 유럽연합(EU) 권고이다. 이 권고는 중소기업(SME)의 범주를 명확하게 규정하고, 이 정의를 기준으로 다양한 지원 및 혜택을 제공하는 데 사용된다. Recommendation 2003/361/EC에 따라 중소기업(SME)은 기업 규모와 경제 활동을 기준으로 세 가지 카테고리로 구분된다. 중기업(Medium-sized enterprises)은 직원 수가 250명 이하이고 연간 매출이 5천만 유로 이하 또는 총자산이 4천3백만 유로 이하인 경우이다. 소기업(Small enterprises)은 직원 수가 50명 이하이고 연간 매출이 1천만 유로 이하 또는 총자산 1천만 유로 이하인 경우이다. 소규모 기업(Micro-enterprises)은 직원 수가 10명 이하이고 연간 매출이 200만 유로 이하 또는 총자산 200만 유로 이하이다. 이 권고는 EU 내에서 중소기업을 정의하는 데 중요한 기준으로 작용하며, 이러한 기준에 맞는 기업들은 EU의 다양한 지원 프로그램과 재정적 혜택을 받을 수 있다. 이 권고의 정의는 EU 회원국뿐만 아니라 다양한 금융기관 및 정부 기관에서도 적용된다. 권고 2003/361/EC는 중소기업의 성장과 경쟁력을 높이고, 그들이 유럽 경제에서 중요한 역할을 할 수 있도록 돕기 위한 기틀을 제공한다.

### 제35조(식별 번호 및 통보 기관 목록)

1. 위원회는 하나의 기관이 두 개 이상의 연합법에 따라 통보된 경우에도 각 통보 기관에 단일 식별 번호를 할당해야 한다.

2. 위원회는 이 규정에 따라 통보된 기관의 목록, 식별 번호 및 통보된 활동을 포함하여 공개적으로 제공해야 한다. 위원회는 목록이 최신 상태로 유지되도록 보장해야 한다.


### 제36조(알림 변경 사항)

1. 통보 기관은 제30조(2)항에 언급된 전자 통보 도구를 통해 통보된 기관의 통보에 대한 관련 변경 사항을 위원회 및 기타 회원국에 통보해야 한다.

2. 통지 범위의 확장에는 제29조 및 제30조에 규정된 절차를 적용한다. 범위 확장 이외의 통지 변경 사항에 대해서는 (3)항부터 (9)항에 규정된 절차가 적용된다.

3. 통지 기관이 적합성 평가 활동을 중단하기로 결정한 경우, 통지 기관과 관련 제공자에게 가능한 한 빨리, 계획된 중단의 경우 활동을 중단하기 최소 1년 전에 통지해야 한다. 통지 기관의 인증서는 다른 통지 기관이 해당 인증서에 포함된 고위험 AI 시스템에 대한 책임을 맡을 것이라고 서면으로 확인한 경우 통지 기관 활동 중단 후

9개월 동안 유효할 수 있다. 후자의 통지 기관은 해당 시스템에 대한 새로운 인증서를 발급하기 전에 해당 9개월 기간이 끝날 때까지 영향을 받는 고위험 AI 시스템에 대한 전체 평가를 완료해야 한다. 통지 기관이 활동을 중단한 경우, 통지 기관은 지정을 철회해야 한다.

4. 통보 기관이 통보된 기관이 더 이상 제31조에 규정된 요건을 충족하지 않거나 의무를 이행하지 못하고 있다고 판단할 충분한 이유가 있는 경우, 통보 기관은 지체 없이 최대한의 주의를 기울여 문제를 조사해야 한다. 그러한 맥락에서 통보 기관은 해당 통보 기관에 제기된 반대 사항을 알리고, 통보 기관이 의견을 밝힐 수 있는 기회를 제공해야 한다. 통보 기관이 통보된 기관이 더 이상 제31조에 규정된 요건을 충족하지 못하거나 의무를 이행하지 못하고 있다고 결론 내리는 경우, 해당 요건을 충족하지 못하거나 의무를 이행하지 못하는 심각성에 따라 적절하게 지정을 제한, 정지 또는 철회해야 한다. 통보 기관은 즉시 위원회와 다른 회원국에 그에 따라 알려야 한다.

5. 지정이 정시, 제한되거나 전부 또는 일부 철회된 경우, 통보 기관은 해당 제공자에게 10일 이내에 통보해야 한다.

6. 지정의 제한, 정지 또는 철회가 발생하는 경우, 통보 기관은 해당 통보 기관의 파일을 보관하고 다른 회원국의 통보 기관 및 시장 감시 기관의 요청에 따라 해당 파일을 이용할 수 있도록 적절한 조치를 취해야 한다.

7. 지정의 제한, 정지 또는 철회가 발생하는 경우 통보 기관은 다음을 수행해야 한다.

(a) 지정 기관이 발급한 인증서에 미치는 영향을 평가한다.

(b) 지정 변경 사항을 통보한 후 3개월 이내에 위원회와 다른 회원국에 조사 결과 보고서를 제출한다.

(c) 시장에 출시된 고위험 AI 시스템의 지속적인 적합성을 보장하기 위해, 당국이 정한 합리적인 기간 내에 부당하게 발급된 모든 인증서를 정지하거나 철회할 것을 통보 기관에 요구한다.

(d) 위원회와 회원국에 정지 또는 철회를 요구한 인증서에 대해 통보한다.

(e) 공급자가 등록된 사업장을 두고 있는 회원국의 국가 유관 기관에 정지 또는 철회를 요구한 인증서에 대한 모든 관련 정보를 제공한다. 해당 기관은 필요한 경우 건강, 안전 또는 기본권에 대한 잠재적 위험을 피하기 위해 적절한 조치를 취해야 한다.

8. 부당하게 발급된 인증서와 지정이 정지 또는 제한된 경우를 제외하고, 인증서는 다음 상황 중 하나에서는 유효하다.

(a) 통보 기관이 정지 또는 제한의 영향을 받는 인증서와 관련하여 건강, 안전 또는 기본권에 대한 위험이 없음을 정지 또는 제한의 한 달 이내에 확인했으며 통보 기관이 정지 또는 제한을 시정하기 위한 조치에 대한 일정을 설명한 경우

(b) 통보 기관은 정지 또는 제한 기간 동안 정지와 관련된 인증서가 발급, 수정 또는 재발급되지 않을 것임을 확인했으며,

통보 기관이 정지 또는 제한 기간 동안 발급된 기존 인증서를 계속 모니터링하고 책임을 질 수 있는 역량이 있는지 여부를 명시해야 한다. 즉, 통보 기관이 발급된 기존 인증서를 지원할 역량이 없다고 판단하는 경우, 인증서가 적용되는 시스템 제공자는 정지 또는 제한 후 3개월 이내에 등록된 사업장이 있는 회원국의 국가 유관 기관에 다른 자격을 갖춘 통보 기관이 정지 또는 제한 기간 동안 인증서를 모니터링하고 책임을 지는 통보 기관의 기능을 일시적으로 대신하고 있음을 서면으로 확인해야 한다.

9. 부당하게 발급된 인증서와 지정이 철회된 경우를 제외하고, 다음의 상황에서 인증서는 9개월 동안 유효하다.

(a) 인증서가 적용되는 고위험 AI 시스템 제공자의 등록된 사업장이 있는 회원국의 국가 유관 기관이 해당 고위험 AI 시스템과 관련된 건강, 안전 또는 기본권에 대한 위험이 없음을 확인한 경우

(b) 또 다른 지정 기관은 해당 AI 시스템에 대한 즉각적인 책임을 맡을 것이며 지정 철회 후 12개월 이내에 평가를 완료한다는 내용을 서면으로 확인한 경우. 첫 번째 하위 단락에 언급된 상황에서, 인증서가 적용되는 시스템 제공자의 사업장이 있는 회원국의 국가 유관 기관은 인증서의 임시 유효 기간을 3개월씩 연장할 수 있으며, 이는 총 12개월을 초과할 수 없다. 지정 변경으로 영향을 받는 지정 기관의 기능을 대신하는 국가 유관 기관 또는 지정 기관은 위원회, 다른 회원국 및 다른 지정 기관에 즉시 이를 통보해야 한다.

**제37조(통보된 기관의 역량에 대한 도전)**

1. 위원회는 필요한 경우, 통보 기관의 역량이나 통보 기관이 제31조에 규정된 요건과 해당 책임을 계속 이행하고 있는지에 대해 의심할 만한 이유가 있는 모든 사례를 조사한다.

2. 통보 기관은 요청 시 해당 통보 또는 통보 대상 기관의 권한 유지와 관련된 모든 관련 정보를 위원회에 제공해야 한다.

3. 위원회는 이 조항에 따라 조사 과정에서 얻은 모든 민감한 정보가 제78조에 따라 비밀로 처리되도록 보장해야 한다.

4. 위원회가 통지된 기관이 통지 요건을 충족하지 않거나 더 이상 충족하지 않는다고 확인하는 경우, 통지하는 회원국에 그에 따라 통지하고 필요한 경우 통지의 정지 또는 철회를 포함하여 필요한 시정 조치를 취하도록 요청해야 한다. 회원국이 필요한 시정 조치를 취하지 못하는 경우, 위원회는 이행 조치를 통해 지정을 정지, 제한 또는 철회할 수 있다. 해당 이행 조치는 제98조(2)에 언급된 심사 절차에 따라 채택되어야 한다.

### 제38조(통보된 기관의 조정)

1. 위원회는 고위험 AI 시스템과 관련하여 이 규정에 따른 적합성 평가 절차에서 활동하는 통보 기관 간의 적절한 조정 및 협력이 마련되고 통보 기관의 부문 그룹 형태로 적절하게 운영되도록 보장해야 한다.

2. 각 통보 기관은 통보받은 기관이 제1항에 언급된 그룹의 작업에 직접 또는 지정된 대표를 통해 참여하도록 보장해야 한다.

3. 위원회는 통보 기관 간의 지식 및 모범 사례 교환을 제공해야 한다.

### 제39조(제3국의 적합성 평가 기관)

연합이 협정을 체결한 제3국의 법률에 따라 설립된 적합성 평가 기관은 제31조에 명시된 요건을 충족하거나 동등한 수준의 준수를 보장하는 경우 이 규정에 따라 통보된 기관의 활동을 수행하도록 허가될 수 있다.

(1) 피통보 기관의 의미 및 절차
　통보 당국에 의해 승인된 적합성 평가기관

① 적합성 평가기관의 통보 신청
　적합성 평가활동, 적합성 평가 모듈, 판단 관할 AI 시스템 유형에 대한 설명, 요건(제31조)를 충족하였음을 증명하는 서류(국가 인증 기관 인증서 또는 이를 증명할 관련 모든 서류)를 포함하여 통보 신청서 제출

② 통보 당국에 의한 통보
　- 요건(제29조 제1항)을 충족한 경우 해당 적합성 평가기관에 대한 통보(지정)
　- 이 경우 EU 집행위원회 개발, 관리하는 전자적 통보 방식으로 관련 정보를 위 집행위원회와 회원국에 알림(위 신청서와 같은 정보 포함), 국가 인증 기관 인증서 미제출 적합성 평가기관에 대한 통보의 경우 이를 증명할 모든 증거문서 제공
　- 통보한 날로부터 2주 이내(위 인증서 포함의 경우) 또는 2개월 이내 위 집행위원회와 다른 회원국의 이의가 없는 경우 활동 가능, 이의 제기의 경우 협의 착수 후 집행위원회의 정당 여부 결정 및 통보

(2) 피통보 기관의 요건

① 회원국의 국내법에 의해 설립된 법인
② 역량을 보유하여야 함(사이버 보안 업무수행 조직, 품질 관리 자원 및 프로세스 요건 충족, 활동 수행 절차 보유)

해당 AI 시스템, 데이터, 데이터 컴퓨팅과 고위험 AI 시스템 요건에 관한 충분한 경험과 지식을 보유한 행정적, 기술적, 법적, 과학적 전문가를 보유하거나 보유한 수급인을 통해 평가 수행, 피통보 기관이나 해당 회원국이 평가 관련 책임을 부담하지 않는 경우, 평가 활동에 대한 책임보험 가입

③ 비밀유지의무를 준수(적합성 평가 과정 중 취득정보의 비밀성 보장을 위한 문서화된 절차 마련, 관련자 비밀유지의무)

④ 독립성, 객관성, 공정성 의무를 준수

공급자, 경제적 이해관계가 있는 다른 운영자, 공급자의 경쟁자로부터 독립, 피통보 기관 운영이나 개인적 목적을 위해 이용되는 경우에도 마찬가지이다. 소속 인력 등 관련자는 평가대상 AI 시스템의 설계, 개발, 마케팅, 이용 등에 직접 관여할 수 없고, 위 활동 관여자 대변 불가

공정성 준수 및 원칙 촉진, 적용을 위한 구조와 절차의 무선화

※ 피통보 기관이 요건 및 의무사항을 위반하는 경우 최대 1,500만 유로 또는 전 세계 연간 총매출액의 최대 3% 내 과징금을 부과한다.

※ 적합성 추정: 적합성 평가기관이 위 요건을 포함한 통합된 표준(Regulation (EU) 1025/2012 제2조 제1항 제c호에서 정의하고 있는 유럽연합을 위한 통합된 규정의 집행을 위해 집행위원회의 요청에 근거하여 채택된 유럽의 표준을 의미함), 그 일부, 참조 기준에 대한 적합성을 인정한 경우, 위 요건을 준수한 것으로 추정한다.

(3) 피통보 기관의 운영 및 관리 절차

① 피통보 기관의 운영
 1) 제43조에 따른 적합성 평가 절차에 따라 고위험 AI 시스템의 적합성을 검증한다.
 2) 공급자(중소기업 등 포함)의 부담을 최소화하되, 본 법의 고위험 AI 시스템 요건의 엄격성과 보호의 수준을 감안하여 여러 사정을 고려하여 검증한다.
 3) 통보 당국의 요청에 따른 업무 수행, 통보 당국의 평가 촉진을 위해 공급자 문서 포함 모든 문서를 통보 당국에 제공 또는 제출한다.
 4) 공급자 동의가 있고, 평가의 특정 업무 하도급 또는 자회사(목록 공개) 위탁 가능(이 경우 통보 당국에 고지), 피통보 기관이 전적으로 관련 책임을 부담한다.
 5) 하수급인, 자회사의 자격 평가, 수행작업 관련 문서는 계약 종료 후 5년간 보관한다.

② 피통보 기관의 관리
 1) 피통보 기관의 식별 번호 및 목록화: 피통보 기관에 대한 단일한 고유 식별 번호 부여 및 관리(EU 집행위원회), 식별 번호, 통보받은 활동을 포함하여 통보받은 기관들의 목록 공개 및 최신성 유지
 2) 피통보 기관에 대한 통보 변경 등: 통보 당국은 통보 관련 사항 변경 시 EU 집행위원회와 다른 회원국에 통보함
 3) 피통보 기관의 평가 활동 중단 시 통보 당국, 공급자에게 (계획에 따른 경우 최소 1년 전에) 알림: 지정 취소

4) 다른 피통보 기관이 중단 피통보 기관이 발급한 인증서 관련 책임 부담을 서면 확인해 준 경우, 9개월 동안 위 인증서 유효(위 기간 내 다른 피통보 기관은 평가를 완료해야 함)

5) 피통보 기관에 대한 지정 제한, 정지, 취소 등(@ a~f 여백 조정)

a. 피통보 기관의 요건(제31조) 미충족 또는 관련 의무 불이행시 통보 당국의 조사 실시(조사 실시 이유 등 통지 및 의견 청취 기회 부여)

b. 위반 여부에 따라 지정 제한, 정지, 취소, 이 경우 EU 집행위원회와 다른 회원국들에 통보, 해당 통보 기관은 취소 등의 날로부터 10일 이내에 관련 공급자에 통보함

c. 지정 제한, 정지, 취소의 경우 발급 인증서에 미치는 영향 평가, 위 통보 후 3개월 내 집행위원회 등에게 조사 결과 보고서 제출

d. (부당발급이 아닌 경우) 제한, 정지되면 통보 당국이 인증서의 정지나 제한 이후 1개월 내 건강, 안전, 기본권에 대한 위험이 없음을 확인 및 위 정지나 제한을 해결하기 위한 조치 일정을 설명하거나, 정지 또는 제한 과정 동안 발급, 수정, 재발급되지 않을 것을 확인 및 피통보 기관의 인증서에 대한 계속 모니터링 및 책임 유지 역량이 있다고 명시하였다면 해당 인증서는 그 효력이 유지돼, 역량 없다고 결정한 경우 공급자는 정지 등 후 3개월 이내, 등록사업장이 있는 회원국의 국가 관할 당국에 해당 인증서의 피통보 기관의 기능을 일시적으로 인수하겠다는 다른 피통보 기관의 서면 확인이 필요

e. (부당발급의 경우 제외) 취소의 경우, 공급자의 사업장이 등록된 회원국의 국가 관할 당국이 해당 인증서의 고위험 AI 시스템으로 인한 건강, 안전, 기본권에 대한 위험이 없음을 확인하고, 다른 피통보 기관이 해당 시스템에 대한 책임 부담 및 취소 후 12개월 내 평가 완료를 서면 확

인한 경우(이 경우 인수 피통보 기관은 집행위원회, 회원국, 다른 피통보 기관에 통보), 해당 인증서는 9개월간 효력이 유지됨. 위 국가 관할 당국은 합산 12개월을 초과하지 않는 범위 내에서 위 유효 기간 연장 가능

 f. (부당발급의 경우) 해당 인증서의 정지 및 철회 요구를 피통보 기관 및 집행위원회 등에게 통보, 위 인증서 관련 공급자가 등록한 사업장이 있는 회원국의 국가 관할 당국에게 위 인증서의 모든 정보를 제공

 6) 피통보 기관 간, 통보 당국 간, 조정과 협력, 관련 지식, 모범 사례 교환 등 지향

 7) 피통보 기관에 대한 이의 제기: EU 집행위는 지속적으로 피통보 기관의 요건 충족 등 사례 조사, 미충족 등의 경우 해당 통보 당국에 통지, 통보의 철회 등 요청, 시정 조치 미실시의 경우 이행법을 통한 정지 등 직접 조치

## 제5절 표준, 적합성 평가, 인증, 등록

> **제40조(통합된 표준 및 표준화 성과물)**
> 1. 유럽연합 관보에 (EU) 1025/2012[22] 규정에 따라 공표된 통합된 표준 또는 그 일부에 부합하는 고위험 AI 시스템 또는 범용 AI 모델은 본 장의 제2절에 명시된 요구 사항 또는 해당되는 경우 본 규정의 제5장 제2절 및 제3절에 명시된 의무를 준수하는 것으로 추정된다. 이는 해당 표준이 해당 요구 사항 또는 의무를 포괄하는 범위에 한한다.

---

22) Regulation (EU) No 1025/2012는 유럽 표준화에 관한 규정으로, 유럽 내 표준화 절차를 개선하고 통합시키기 위한 법적 프레임워크를 제공한다. 이 규정은 유럽의 제품, 서비스, 그리고 기술 표준화 작업을 통해 내부 시장의 기능을 강화하고, 혁신 및 경쟁력을 촉진하는 것을 목표로 한다. 먼저 유럽 표준화 기구(European Standardisation Organisations, ESOs)인 CEN(유럽표준위원회), CENELEC(유럽전기기술표준화위원회), ETSI(유럽통신표준협회)의 역할을 규정하고 있다. 이들 기구는 제품과 서비스의 유럽 표준(EN)을 개발하고 유지하며, 이러한 표준은 EU 전체에서 통일된 품질 기준을 설정하는 데 중요한 역할을 한다. 표준화 요청에 있어 유럽 집행위원회는 특정 부문에서 표준화를 필요로 할 때, 유럽 표준화 기구에 표준을 개발하거나 수정할 것을 요청할 수 있다. 이를 통해 특정 산업에서 공통적인 기술 규격이 마련될 수 있다. 이 규정은 표준화 과정에서 중소기업, 소비자 단체, 환경 단체, 사회적 이익을 대표하는 단체 등 이해관계자들이 참여할 수 있는 절차를 보장한다. 이를 통해 표준화가 공정하고 투명하게 이루어지도록 한다. 유럽 표준의 채택 및 사용, 회원국들은 유럽 표준을 국내 법규에 통합하고, 이를 통해 상품과 서비스의 자유로운 이동을 촉진해야 한다. 또한 표준이 자발적이라는 원칙을 유지하면서도, 안전 및 환경 보호와 같은 공공의 이익을 보장하는 수단으로 사용될 수 있다. 이 규정은 국제 표준과의 통합을 촉진하여, 유럽 제품이 국제 시장에서도 경쟁력을 가질 수 있도록 한다. 이를 통해 유럽의 표준이 글로벌 표준화 체계와 일관성을 유지할 수 있도록 노력한다. Regulation (EU) No 1025/2012는 유럽의 표준화 절차를 효율적이고 투명하게 관리하여, 유럽 내에서 제품과 서비스의 품질을 개선하고 내부 시장의 통합을 촉진하는 데 기여한다. 이 규정은 유럽 내 경제 활동의 경쟁력과 혁신을 증진하는 중요한 도구이다.

2. 규정(EU) 1025/2012 제10조[23)]에 따라 위원회는 지체 없이 이 장의 제2절에 명시된 모든 요건을 포함하는 표준화 요청과 해당되는 경우 이 규정의 제5장 제2절 및 제3절에 명시된 의무를 포함하는 표준화 요청을 발행해야 한다. 표준화 요청은 또한 고위험 AI 시스템의 수명 주기 동안 에너지 및 기타 리소스 소비를 줄이는 것과 같은 AI 시스템의 리소스 성능을 개선하기 위한 보고 및 문서화 프로세스와 범용 AI 모델의 에너지 효율적인 개발에 대한 성과물을 요청해야 한다. 표준화 요청을 준비할 때 위원회는 자문 포럼을 포함하여 이사회 및 관련 이해관계자와 협의해야 한다.

---

23) Regulation (EU) No 1025/2012의 제10조는 이해관계자의 참여에 대한 내용을 다루고 있다. 이 조항은 유럽 표준화 과정에 중소기업, 소비자 단체, 환경 단체, 사회적 이익을 대표하는 단체 등 다양한 이해관계자가 참여할 수 있도록 보장하는 규정이다.
제10조 이해관계자의 참여 1. 이해관계자의 참여 촉진은 유럽연합(EU)은 표준화 과정에서 다양한 이해관계자들이 효과적으로 참여할 수 있도록 보장해야 한다. 여기에는 중소기업(SMEs), 소비자 단체, 환경 보호 단체, 사회적 이익을 대표하는 단체들이 포함된다. 특히, 중소기업(SMEs)이 표준화 과정에 참여할 수 있도록 행정적 장벽을 최소화하고, 그들이 표준화 활동에 적극적으로 참여할 수 있도록 지원해야 한다. 2. 자금 지원 및 기술적 지원이다. 유럽 표준화 기구(CEN, CENELEC, ETSI)는 다양한 이해관계자들이 표준화 과정에 참여할 수 있도록 재정적 지원 및 기술적 지원을 제공해야 한다. 이를 통해 표준화 과정이 투명하고 개방적이며, 모든 관련 이해관계자가 의견을 반영할 수 있도록 보장한다. 3. 투명성과 공정성이 확보되어야 한다. 유럽 표준화 기구는 표준화 절차가 투명하게 진행되며, 모든 이해관계자에게 공정한 참여 기회를 제공해야 한다. 이를 통해 표준화 과정에서 특정 이익 집단의 영향력을 최소화하고, 다양한 의견이 반영될 수 있도록 보장한다. 이 조항의 목적은 표준화 과정이 포용적이고 투명하게 이루어지도록 하여, 유럽 내 모든 이해관계자의 이익이 공정하게 반영되도록 보장하는 것이다. 특히, 중소기업과 소비자 단체와 같은 소규모 조직들이 표준화에 참여할 수 있는 기회를 제공함으로써, 표준화의 공정성을 유지하고 경제 및 사회적 이익을 보호하려는 의도가 있다.

3. 위원회는 유럽 표준화 기구에 표준화 요청을 발행할 때 표준이 명확하고 일관성이 있어야 하며, 부속서 I에 나열된 기존 연합통합 법률이 다루는 제품에 대해 다양한 부문에서 개발된 표준과도 일관성이 있어야 함을 명시해야 하며, 연합에서 시장에 출시되거나 사용되는 고위험 AI 시스템 또는 범용 AI 모델이 이 규정에 명시된 관련 요구 사항 또는 의무를 충족하도록 해야 한다. 위원회는 유럽 표준화 기구에 본 항의 첫 번째 및 두 번째 하위 문단에 언급된 목적을 달성하기 위한 최선의 노력에 대한 증거를 제공하도록 요청해야 한다. 이는 규정 (EU) 제1025/2012 제24조[24])에 따라야 한다.

---

[24]) 제24조는 최종 조항(Final Provisions)으로서 규정의 시행일 및 적용일과 같은 행정적 사항이 포함된다. 일반적으로 이러한 조항은 규정의 시행 절차와 관련된 내용을 다루며, Regulation (EU) No 1025/2012는 2013년 1월 1일부로 적용되었다고 명시되어 있다. 이 조항은 기존 표준화 관련 법령을 대체하고, 규정이 발효되는 시점부터 EU 회원국에서 적용된다.

4. 표준화 프로세스 참여자는 법적 확실성을 높이는 것을 포함하여 AI에 대한 투자와 혁신을 촉진하고, 연합 시장의 경쟁력과 성장을 촉진하고, 표준화에 대한 글로벌 협력을 강화하고 연합의 가치, 기본적 권리 및 이익과 일치하는 AI 분야의 기존 국제 표준을 고려하고, 다양한 이해관계자 거버넌스를 강화하여 이해관계자의 균형 잡힌 대표성과 규정(EU) 1025/2012의 제5조, 제6조 및 제7조[25]에 따라 모든 관련 이해관계자의 효과적인 참여를 보장해야 한다.

---

[25] 제5조 유럽 표준화에 대한 자금 지원(Financing of European Standardisation)은 유럽 표준화 활동에 대한 재정적 지원에 관한 내용을 다룬다. EU 집행위원회는 유럽 표준화 기구들이 수행하는 표준화 활동에 필요한 재정을 지원할 수 있다. 이 재정 지원은 특히 공공 정책 목표에 부합하는 표준화를 촉진하고, 이를 통해 회원국 간의 통합을 강화하기 위한 목적으로 제공된다. 이 자금 지원은 유럽 표준화 기구(CEN, CENELEC, ETSI)와 관련된 연구, 교육, 기술 개발 등 여러 표준화 관련 활동에 사용될 수 있다. 제6조 연례 작업 계획 (Annual Union Work Programme) 규정에서 집행위원회는 매년 연합의 표준화 작업 계획을 수립하며, 이는 EU의 정책 우선순위와 일치해야 한다. 연례 작업 계획에는 특정 기술 분야나 산업에서 필요한 표준화 작업이 포함되며, 이를 통해 유럽의 경쟁력을 높이고, 내부 시장의 통합을 촉진하려는 목표를 가지고 있다. 이 작업 계획은 표준화 기구들과의 협의를 거쳐 마련되며, 회원국 및 다양한 이해관계자들의 의견이 반영된다.
제7조 표준화 요청(Requests to European Standardisation Organisations)은 유럽 표준화 기구(CEN, CENELEC, ETSI)에 대한 표준화 요청 절차를 규정한다. 유럽 집행위원회는 필요할 때 특정 표준을 개발하거나 수정하기 위해 표준화 기구에 공식 요청을 할 수 있다. 표준화 요청은 유럽연합(EU)의 공공 정책 목표를 달성하기 위한 일환으로, 이를 통해 안전성, 보건, 환경 보호, 소비자 보호 등의 분야에서 통합된 표준을 마련하는 데 중점을 둔다. 표준화 요청은 투명하고 개방적인 절차에 따라 이루어져야 하며, 모든 이해관계자들의 의견을 수렴하여 공정하게 처리된다.

**제41조(공통 사양)**

1. 위원회는 다음 조건이 충족된 경우 이 장 제2절에 명시된 요건에 대한 공통 사양을 수립하는 시행령을 채택하거나, 해당되는 경우 제5장 제2절 및 제3절에 명시된 의무에 대한 공통 사양을 수립하는 시행령을 채택할 수 있다.

  (a) 위원회는 규정(EU) 제1025/2012 제10조(1)항[26]에 따라 하나 이상의 유럽 표준화 기구에 본 장의 제2절에 명시된 요구 사항 또는 해당되는 경우 제5장의 제2절 및 제3절에 명시된 의무에 대한 통합된 표준을 초안하도록 요청했으며,

    (i) 해당 요청이 어느 유럽 표준화 기구에서도 수락되지 않은 경우

    (ii) 해당 요청을 처리하는 통합된 표준이 규정(EU) 제1025/2012 제10조(1)항에 따라 설정된 기한 내에 전달되지 않는 경우, 또는

    (iii) 관련 통합된 표준이 기본권 문제를 충분히 해결하지 못하는 경우, 또는

---

26) Regulation (EU) No 1025/2012의 제10조(1)항은 이해관계자의 참여에 대한 규정을 다루고 있다. 이 조항은 표준화 과정에서 중소기업(SME), 소비자 단체, 환경 단체, 사회적 이익을 대표하는 단체 등이 효과적으로 참여할 수 있는 기회를 제공하는 것을 목표로 하고 있다. 제10조(1)항은 이해관계자의 참여 규정으로 유럽연합은 표준화 과정에서 이해관계자의 참여를 촉진해야 한다. 여기에는 특히 중소기업(SMEs), 소비자 단체, 환경 보호 단체, 그리고 사회적 이익을 대표하는 단체가 포함된다. 유럽 표준화 기구(CEN, CENELEC, ETSI)는 이러한 이해관계자들이 표준화 과정에서 의견을 제시하고 참여할 수 있도록 적절한 절차와 기회를 마련해야 한다. 이 과정에서 중소기업이 표준화 작업에 보다 쉽게 접근할 수 있도록 행정적 장벽을 줄이고, 참여를 독려하는 것이 중요하다. 이 조항은 표준화 과정이 포용적이고 투명하게 이루어지도록 보장하기 위한 규정으로, 모든 관련 이해관계자들의 의견을 반영하여 공정한 표준화 절차가 이루어지도록 한다.

(iv) 통합된 표준이 요청을 준수하지 않는 경우

　　(b) 이 장의 제2절에 언급된 요건을 포함하는 통합된 표준이나, 해당되는 경우 제5장의 제2절 및 제3절에 언급된 의무에 대한 언급은 유럽연합 규정(EU) 1025/2012에 따라 유럽연합 관보에 공표되지 않았으며, 합리적인 기간 내에 그러한 언급이 공표될 것으로 예상되지 않는다. 위원회는 공통 사양을 초안할 때, 제67조에 언급된 자문 포럼과 협의해야 한다. 이 항의 첫 번째 하위 단락에 언급된 시행 조치는 제98조(2)에 언급된 심사 절차에 따라 채택되어야 한다.

2. 위원회는 시행령 초안을 준비하기 전에 규정(EU) 1025/2012 제22조[27]에 언급된 위원회에 본 조 제1항에 규정된 조건이 충족되었다고 생각한다는 사실을 통보해야 한다.

3. 제1항에 언급된 공통 사양 또는 해당 사양의 일부를 준수하는 고위험 AI 시스템 또는 범용 AI 모델은 이 장의 제2절에 명시된 요구사항을 준수하는 것으로 추정되거나, 해당되는 경우 제5장의 제2절 및 제3절에 언급된 의무를 준수하는 것으로 추정되며, 이는 해당

---

27) Regulation (EU) No 1025/2012의 제22조는 기존 법률의 폐지에 대한 내용을 다루고 있다. 제22조 기존 법률의 폐지에 따르면 규정(EU) No 1025/2012가 발효됨에 따라 이전에 유럽 표준화와 관련된 특정 법률이 폐지된다. 구체적으로, 이 규정은 표준화와 관련된 기존 법적 틀을 대체하며, 새로운 표준화 절차와 규칙이 적용되게 된다. 즉, 제22조는 Regulation (EU) No 1025/2012가 발효되면서 유럽 표준화와 관련된 이전의 법률들이 더 이상 유효하지 않음을 명시하고 있으며, 유럽연합(EU) 내 표준화 작업에 관한 새로운 규칙이 적용된다는 내용을 포함하고 있다. 이 조항은 유럽의 표준화 작업을 단일한 법적 틀로 통합함으로써, 통합된 표준화 절차를 촉진하는 역할을 한다.

공통 사양이 해당 요구 사항 또는 의무를 포괄하는 범위에 해당한다.

4. 통합된 표준이 유럽 표준화 기구에 의해 채택되어 유럽연합 관보에 참고 문헌을 게재하기 위해 위원회에 제안된 경우, 위원회는 규정(EU) 1025/2012에 따라 통합된 표준을 평가해야 한다. 통합된 표준에 대한 참고 문헌이 유럽연합 관보에 게재된 경우, 위원회는 이 장의 제2절에 명시된 동일한 요건을 포함하는 제1항에 언급된 이행 조치 또는 해당되는 경우 제5장의 제2절 및 제3절에 명시된 동일한 의무를 폐지해야 한다.

5. 고위험 AI 시스템 또는 일반 용도 AI 모델 제공자가 제1항에 언급된 공통 사양을 준수하지 않는 경우, 해당 제공자는 본 장 제2절에 언급된 요구 사항을 충족하는 기술 솔루션을 채택했거나, 해당되는 경우 제5장 제2절 및 제3절에 명시된 의무를 최소한 이와 동등한 수준으로 준수한다는 사실을 적절히 입증해야 한다.

6. 회원국이 공통 사양이 제2절에 명시된 요건을 완전히 충족하지 못하거나, 해당되는 경우 제5장 제2절 및 제3절에 명시된 의무를 준수하지 못한다고 생각하는 경우, 해당 회원국은 위원회에 자세한 설명과 함께 이를 통보해야 한다. 위원회는 해당 정보를 평가하고, 필요한 경우 해당 공통 사양을 수립하는 이행 조치를 수정해야 한다.

## (1) 표준화를 위한 노력

통합된 표준, Regultion (EU) 1025/2012[28]에 따라 EU 공보에 게재된 참조에 부합하는 고위험 AI 시스템 또는 범용 AI 모델은 본 법의 관련 요건(제3장 제2절, 제5장 제2~3절)을 충족하는 것으로 추정된다. EU 집행위원회는 유럽 AI 위원회 및 자문 포럼 등의 관련 이해관계자와 협의를 거쳐, Regulation (EU) 1025/2012 제10조(유럽표준화기구에 대한 유럽표준 요청 및 위 기구의 결과(통합된 표준)도출, 집행위원회의 결과의 관보 게재)에 따라 유럽표준화기구에게 고위험 AI 시스템 요건에 관한 표준화 요청할 수 있다. 피통보 기관은 유럽표준화기구에 참여, 관련 표준의 인지 및 최신 상태를 유지하여야 한다.

인공지능기본법 제14조는 정부로 하여금 인공지능기술, 학습용 데이터, 인공지능의 안전성 및 신뢰성 등과 관련된 표준화를 위해 인공지능기술 관련 표준의 제정, 개정 및 폐지와 그 보급, 인공지능기술 관련 국내외 표준의 조사 및 연구개발 등의 사업을 추진할 수 있도록 규정하고 있다.

---

[28] 규정 (EU) No 1025/2012는 EU 표준화 지침으로서 유럽 표준의 개발, 채택, 적용 방법을 정의한다. 규정은 세 개의 유럽 표준화 기구(ESOs)를 인정한다. CEN(유럽 표준화 위원회), CENELEC(유럽 전기기술 표준화 위원회), ETSI(유럽 전기통신 표준화 기관). 세 기구이다. 통합된 표준은 EU 전역에서 상호운용성 및 안전성을 보장하는 공통 기술 기준을 제공하는데 이것이 채택된 후, 통합된 표준은 제품 안전, 환경 보호와 같은 EU 지침 및 규정을 준수하는 데 사용될 수 있다. 이 규정은 중소기업(SMEs), 소비자, 환경 및 사회적 이해 단체 등 다양한 이해관계자들이 표준화 과정에 참여하도록 의무화하여 더 포괄적이고 투명한 의사결정이 이루어지도록 한다. 표준은 혁신, 기술 개발 및 경쟁력 있는 성장을 촉진해야 한다는 점을 강조한다. 유럽 위원회는 건강, 안전, 환경과 같은 공공 정책에 기여하는 표준 개발을 요청할 수 있고 유럽 위원회는 표준화 우선순위를 정하는 연간 작업 프로그램을 발표한다. 유럽 표준의 사용은 자발적이며, 통합된 표준을 준수하면 EU 법률에 대한 준수 추정이 가능해진다. 이 규정은 유럽 전역에서 일관된 표준을 보장하여 경제 성장, 시장 접근, 소비자 안전을 촉진하는 중요한 역할을 한다.

(2) 공통기준의 마련 및 이행법

유럽표준화기구가 앞선 표준화 요청을 수락하지 않거나 해당 결과물이 기한 내 제공되지 않거나 결과물이 충분하지 않거나 요청에 부합하지 않는 경우 및 본 법의 관련 요건에 관한 통합된 표준의 어떠한 참조도 Regulation(EU) 1025/2012에 따른 관보 게재되지 않고 합리적 기간 내 게재될 것으로 기대되지 않는 경우 EU 집행위원회는 본 법의 관련 요건에 관한 공통기준(Regulatjon (EU) 1025/2012 제2조 제4호에 따른 기술적 사양)을 확립하는 이행법을 채택, 시행할 수 있다. 공통기준 채택의 효과를 살펴보면 공통기준의 일부, 전부에 부합하는 경우 본 법의 해당 요건에 부합하는 것으로 추정한다. 이에 부합하지 않는 경우 제3장 제2절 고위험 AI 시스템 요건을 충족하는 기술적 솔루션 채택 또는 제5장 제3~4절 범용 AI 모델 요건과 동등한 수준의 의무를 준수하였음을 정당성 증명해야 한다.

(3) EU 이행 관련 법의 개정과 폐지

회원국이 공통기준이 본 법 관련 요건에 미부합의 상세 설명을 제공한 경우, 집행위원회는 평가, 이행법을 개정할 수 있다. 유럽표준화기구가 통합된 표준을 채택하고 그 참조를 관보 게재를 위해 EU 집행위원회에 제안한 경우, 집행위원회는 Regulatjon(EU) 1025/2012에 따라 평가해야 한다. 관보에 게재된 경우 위 이행법은 폐지한다.

> **제42조(특정 요구 사항의 적합성 추정)**
>
> 1. 특정 지리적, 행동적, 맥락적 또는 기능적 설정을 반영하는 데이터에 대해 훈련 및 테스트를 거친 고위험 AI 시스템은 제10조(4)에 규정된 관련 요구 사항을 준수하는 것으로 추정된다.
>
> 2. 규정 (EU) 2019/881[29]에 따라 사이버 보안 계획에 따라 인증을 받거나 적합성 성명서를 발급받고 유럽연합 관보에 그 참고 문헌이 게재된 고위험 AI 시스템은 사이버 보안 인증서 또는 적합성 성명서 또는 그 일부가 해당 요구 사항을 포함하는 한 본 규정 제15조에 명시된 사이버 보안 요구 사항을 준수하는 것으로 추정된다.

---

29) European Union Agency for Cybersecurity (ENISA)는 EU의 사이버 보안 전문 기관으로서 역할이 강화되었다. ENISA는 EU 전체에서 사이버 위협에 대한 대응을 조정하고 지원하는 역할을 하며, 사이버 보안 관련 기술적 지원을 제공하는 데 중점을 둔다. ENISA는 사이버 보안 역량을 강화하고, 회원국과 협력하여 사이버 공격에 대한 대비 및 대응을 조정하는 역할을 맡는다. EU-wide Cybersecurity Certification Framework는 EU 차원의 사이버 보안 인증 프레임워크를 설정하여, 제품, 서비스, 및 프로세스가 일정한 사이버 보안 기준을 충족하는지에 대한 인증 체계를 제공한다. 이 프레임워크는 자발적 인증이 원칙이지만, 특정 제품군이나 서비스에 따라 필수 인증이 요구될 수 있다. 이를 통해 디지털 제품과 서비스의 보안성을 보장하고, 시장에서 통일된 사이버 보안 표준을 도입할 수 있다. 사이버 보안 인증 체계는 세 가지 보안 수준으로 구분된다. 기본(Basic), 상당(Substantial), 고도(High). 이 세 가지 수준은 제품 또는 서비스가 보유한 사이버 보안 보호 수준을 정의한다. 이를 통해 기업은 자신들의 제품과 서비스가 EU의 보안 기준을 충족하는지에 대한 인증을 받을 수 있으며, 소비자는 해당 제품이 충분한 보안을 제공하는지 확인할 수 있다. 국가와의 협력을 이끄는 ENISA는 각 회원국의 사이버 보안 기관들과 협력하여 EU 차원의 일관된 사이버 보안 정책을 수립하고 실행하는 데 중요한 역할을 한다. 사이버 보안 인증 체계는 모든 회원국에서 동일하게 적용되며, 인증받은 제품은 EU 전역에서 자유롭게 유통될 수 있다. Regulation (EU) 2019/881의 목적은 사이버 보안 표준화를 통해 유럽의 디지털 제품과 서비스의 보안성을 강화하고, 사이버 위협에 대한 대응 능력을 향상시키는 것이다. 또한, EU 전역에서 통일된 사이버 보안 기준을 수립하여, 소비자와 기업 모두가 신뢰할 수 있는 안전한 디지털 환경을 조성하는 데 중점을 두고 있다. 이 규정은 2019년 6월 27일부터 발효되었으며, 유럽연합 내 사이버 보안 환경을 체계적으로 개선하였다.

이용될 것을 의도한 구체적인 지리적, 행동적, 맥락적 또는 기능적 환경을 반영하는 데이터에 기반하여 학습되고 테스트된 고위험 AI 시스템의 경우, 제10조 제4항에 따른 데이터세트의 요건을 충족(의도된 목적에 따른 특정 지리적, 맥락적, 행동적 또는 기능적 환경에 특화된 특성이나 요소를 고려)한 것으로 추정한다. 적합성 설명이 Regulation (EU) 2019/881에 따른 사이버 보안 체계하에서 발행되고 관련 참조가 관보에 게재된 고위험 AI 시스템은 제15조에 따른 사이버 보안 요건을 충족하는 것으로 추정(적합성 설명의 일부 또는 전부가 이러한 요건에 해당하는 경우에 한한다.

> **제43조(적합성 평가)**
> 1. 부속서 III의 제1항에 나열된 고위험 AI 시스템의 경우, 제공자가 제2절에 명시된 요구 사항을 고위험 AI 시스템이 준수함을 입증할 때 제40조에 언급된 통합된 표준 또는 해당되는 경우 제41조에 언급된 공통 사양을 적용한 경우, 제공자는 다음을 기반으로 다음 적합성 평가 절차 중 하나를 선택해야 한다.
> (a) 부속서 VI에 언급된 내부 통제 또는
> (b) 부속서 VII에 언급된 지정 기관의 참여를 통한 품질 관리 시스템의 평가 및 기술 문서의 평가
> 제2절에 명시된 요구 사항을 고위험 AI 시스템이 준수함을 입증하기 위해 제공자는 다음의 경우 부속서 VII에 명시된 적합성 평가 절차를 따라야 한다.
> (a) 제40조에 언급된 통합된 표준은 존재하지 않으며, 제41조에 언급된 공통 사양은 사용할 수 없다.

(b) 제공자는 통합된 표준을 적용하지 않았거나, 통합된 표준의 일부만 적용했다.

(c) (a) 항목에 언급된 공통 사양이 존재하지만 공급자가 이를 적용하지 않았다.

(d) (a) 항목에 언급된 통합된 표준 중 하나 이상이 제한과 함께 공개되었으며, 제한된 표준 부분에만 해당된다. 부속서 VII에 언급된 적합성 평가 절차의 목적을 위해 제공자는 통보된 기관 중 하나를 선택할 수 있다. 그러나 고위험 AI 시스템이 법 집행, 이민 또는 망명 당국이나 연합 기관, 기관, 사무소 또는 기관에서 서비스를 제공하도록 의도된 경우, 해당되는 경우 제74조(8) 또는 (9)에 언급된 시장 감시 기관이 통보된 기관으로서 활동해야 한다.

2. 부속서 III의 제2항부터 제8항까지에 언급된 고위험 AI 시스템의 경우, 제공자는 부속서 VI에 언급된 내부 통제에 기초한 적합성 평가 절차를 따라야 하며, 해당 절차에는 통보된 기관의 참여가 규정되어 있지 않다.

3. 부속서 I의 A절에 나열된 연합 통합 법률의 적용을 받는 고위험 AI 시스템의 경우, 제공자는 해당 법률 행위에 따라 요구되는 관련 적합성 평가 절차를 따라야 한다. 이 장의 제2절에 명시된 요건은 해당 고위험 AI 시스템에 적용되며 해당 평가의 일부가 되어야 합니다. 부속서 VII의 4.3., 4.4., 4.5. 및 4.6.의 다섯 번째 문단도 적용된다.

평가 목적을 위해 해당 법률에 따라 통보받은 통보 기관은 고위험 AI 시스템이 제2절에 명시된 요구 사항을 준수하는지 통제할 자격이 있다. 다만, 해당 통보 기관이 제31조(4), (5), (10) 및 (11)에 명시된 요구 사항을 준수하는지 여부가 해당 법률에 따른 통보 절차의 맥락에서 평가되어야 한다.

부속서 I의 A절에 열거된 법률 행위에 따라 제품 제조업체가 제3자 적합성 평가를 거부할 수 있는 경우, 해당 제조업체가 모든 관련 요건을 포함하는 모든 통합된 표준을 적용한 경우, 해당 제조업체는 이 장의 제2절에 명시된 모든 요건을 포함하는 통합된 표준 또는 해당되는 경우 제41조에 언급된 공통 사양을 적용한 경우에만 그 옵션을 사용할 수 있다.

4. 이미 적합성 평가 절차를 거친 고위험 AI 시스템은 실질적인 수정이 있는 경우, 수정된 시스템이 추가로 배포되거나 현재 배포자가 계속 사용하는지 여부에 관계없이 새로운 적합성 평가 절차를 거쳐야 한다. 시장에 출시되거나 서비스를 시작한 후에도 학습을 계속하는 고위험 AI 시스템의 경우, 초기 적합성 평가 시점에 공급자가 사전에 결정한 고위험 AI 시스템과 그 성능에 대한 변경 사항으로 부속서 IV의 2(f) 항목에 언급된 기술 문서에 포함된 정보의 일부는 실질적인 수정으로 간주되지 않는다.

5. 위원회는 기술적 진보에 따라 부속서 VI 및 VII을 업데이트하여 개정하기 위해 제97조에 따라 위임된 행위를 채택할 권한이 있다.

6. 위원회는 부속서 III의 제2항부터 제8항까지에 언급된 고위험 AI 시스템을 부속서 VII 또는 그 일부에 언급된 적합성 평가 절차에 따르도록 하기 위해 이 조항의 제1항 및 제2항을 개정하기 위해 제97조에 따라 위임 행위를 채택할 권한이 있다. 위원회는 부속서 VI에 언급된 내부 통제에 기반한 적합성 평가 절차의 효과성을 고려하여 이러한 위임 행위를 채택해야 하며, 이러한 시스템이 초래하는 건강과 안전 및 기본권 보호에 대한 위험을 방지하거나 최소화하고, 통보된 기관 간에 적절한 역량과 자원이 있는지 확인해야 한다.

### 제44조(인증서)

1. 부속서 VII에 따라 통보된 기관이 발행한 인증서는 통보된 기관이 설립된 회원국의 관련 당국이 쉽게 이해할 수 있는 언어로 작성되어야 한다.

2. 인증서는 표시된 기간 동안 유효하며, 부속서 I에 포함된 AI 시스템의 경우 5년, 부속서 III에 포함된 AI 시스템의 경우 4년을 초과하지 않는다. 제공자의 요청에 따라 인증서의 유효 기간은 부속서 I에 포함된 AI 시스템의 경우 5년, 부속서 III에 포함된 AI 시스템의 경우 4년을 초과하지 않는 추가 기간 동안 연장될 수 있으며, 이는 해당 적합성 평가 절차에 따라 재평가를 기반으로 한다. 인증서에 대한 모든 보충은 보충하는 인증서가 유효한 경우 유효하다.

3. 통보 기관이 AI 시스템이 더 이상 제2절에 명시된 요건을 충족하지 않는다고 판단하는 경우, 비례성 원칙을 고려하여 발급된 인증서를 정지 또는 철회하거나 제한을 부과해야 한다. 다만, 통보 기관이 정한 적절한 기한 내에 시스템 제공자가 적절한 시정 조치를 취함으로써 해당 요건을 준수하는 것이 보장되는 경우는 예외입니다. 통보 기관은 결정 이유를 제시해야 한다. 적합성 인증서 발급을 포함하여, 통보된 기관의 결정에 대한 항소 절차를 이용할 수 있다.

**제45조(통보 기관의 정보 의무)**

1. 통보 기관은 통보 기관에 다음 사항을 통보하여야 한다.

 (a) 부속서 VII의 요구 사항에 따라 발급된 모든 연합 기술 문서 평가 인증서, 해당 인증서의 모든 보충 인증서 및 모든 품질 관리 시스템 승인

 (b) 부속서 VII의 요구 사항에 따라 발급된 연합 기술 문서 평가 인증서 또는 품질 관리 시스템 승인의 거부, 제한, 정지 또는 철회

 (c) 통지의 범위 또는 조건에 영향을 미치는 모든 상황

 (d) 시장 감시 기관으로부터 적합성 평가 활동과 관련하여 받은 정보 요청

 (e) 요청에 따라, 통지 범위 내에서 수행된 적합성 평가 활동과 국경 간 활동 및 하청을 포함한 기타 수행된 모든 활동

2. 각 통보 기관은 다른 통보 기관에 다음 사항을 알려야 한다.

 (a) 거부, 정지 또는 철회한 품질 관리 시스템 승인과 요청에 따라 발급한 품질 시스템 승인

 (b) 거부, 철회, 정지 또는 그 밖의 방법으로 제한된 연합 기술 문서 평가 인증서 또는 이에 대한 보충 문서, 그리고 요청이 있을 경우, 연합이 발급한 인증서 및/또는 이에 대한 보충 문서

3. 각 지정 기관은 동일한 유형의 AI 시스템을 포괄하는 유사한 적합성 평가 활동을 수행하는 다른 지정 기관에 부정적 적합성 평가

결과 및 요청 시 긍정적 적합성 평가 결과와 관련된 문제에 대한 관련 정보를 제공해야 한다.

4. 통보 기관은 제78조에 따라 얻은 정보의 기밀성을 보호해야 한다.

### 제46조(적합성 평가 절차의 면제)

1. 제43조의 예외로, 정당화된 요청이 있는 경우, 모든 시장 감시 기관은 공공 안보 또는 사람의 생명과 건강 보호, 환경 보호 또는 주요 산업 및 인프라 자산 보호의 예외적인 이유로 관련 회원국의 영토 내에서 특정 고위험 AI 시스템을 시장에 출시하거나 서비스를 시작하도록 허가할 수 있다. 이 허가는 예외적인 이유를 고려하여 필요한 적합성 평가 절차가 수행되는 동안 제한된 기간 동안만 유효하다. 이러한 절차의 완료는 부당한 지연 없이 이루어져야 한다.

2. 공공 안보의 예외적인 이유로 긴급한 상황이 정당하게 정당화되거나 자연인의 생명이나 신체적 안전에 대한 구체적이고 실질적이며 임박한 위협이 있는 경우 법 집행 기관 또는 시민 보호 기관은 제1항에 언급된 승인 없이 특정 고위험 AI 시스템을 가동할 수 있다. 단, 사용 중 또는 사용 후에 지체 없이 승인을 요청해야 한다. 제1항에 언급된 승인을 거부하는 경우 고위험 AI 시스템의 사용은 즉시 중단되고 해당 사용의 모든 결과와 산출물은 즉시 폐기된다.

3. 제1항에 언급된 허가는 시장 감시 기관이 고위험 AI 시스템이 제2절의 요구 사항을 준수한다고 결론 내리는 경우에만 발급된다. 시장 감시 기관은 제1항 및 제2항에 따라 발급된 모든 허가에 대해 위원회 및 다른 회원국에 알려야 한다. 이 의무는 법 집행 기관의 활동과 관련된 민감한 운영 데이터를 포함하지 않는다.

4. 제3항에 언급된 정보를 수령한 날로부터 15일 이내에 회원국이나 위원회가 제1항에 따라 회원국의 시장 감시 기관이 발급한 허가에 대해 이의를 제기하지 않는 경우, 해당 허가는 정당한 것으로 간주된다.

5. 제3항에 언급된 통지를 수령한 날로부터 15일 이내에 회원국이 다른 회원국의 시장 감시 기관이 발급한 허가에 대해 이의를 제기하거나, 위원회가 허가가 연합법에 위배되거나, 제3항에 언급된 시스템의 준수에 대한 회원국의 결론이 근거가 없다고 판단하는 경우, 위원회는 지체 없이 관련 회원국과 협의를 시작해야 한다. 관련 사업자와 협의하고 의견을 제시할 수 있는 기회를 제공해야 한다. 위원회는 이를 고려하여 허가가 정당한지 여부를 결정해야 한다. 위원회는 해당 회원국과 관련 사업자에게 결정을 전달해야 한다.

6. 위원회가 허가가 정당하지 않다고 판단하는 경우, 해당 회원국의 시장 감시 기관은 허가를 철회해야 한다.

> 7. 부속서 I의 A절에 나열된 연합 통합 법률의 적용을 받는 제품과 관련된 고위험 AI 시스템의 경우, 해당 연합 통합 법률에 명시된 적합성 평가의 예외 조항만 적용된다.

(1) 적합성 평가 실시 대상 및 방법

① 제1유형의 고위험 AI 시스템 (중 부속서 I A절 유형만)

해당 EU법상 적합성 평가의 수행하고 고위험 AI 시스템 요건(제3장 제2정), 피통보 기관의 데이터세트에 대한 접근 조치(부속서 VII 제4.3항), 공급자에 대한 증거제시 및 추가 테스트 요청 조치(부속서 VII 제4.4항), 학습 모델에 대한 접근 조치(부속서 VII 제4.5항) 및 데이터 관련 요구 사항 미충족 시 적합성 평가 신청 전 AI 시스템의 재학습(부속서 VII 제4.6항 제5단락) 반영하며 해당 제품에 적용되는 EU법이 통합된 표준을 준수하여 제3자 적합성 평가를 하지 않아도 되는 경우, 해당 통합된 표준 또는 공통기준을 적용한 경우에 한하여 제3자 적합성 평가를 면제받을 수 있다.

② 제2유형의 고위험 AI 시스템 중 생체 인식 관련

통합된 표준 또는 공통기준을 적용한 공급자는 (i) 부속서 IV에 따른 내부 통제에 근거한 적합성 평가, 또는 (ii) 부속서 VII에 따른 피통보 기관이 수행하는 품질관리체계 및 기술 문서 평가 방식의 적합성 평가를 실시해야 한다. 또한 부속서 IV에 따른 내부 통제에 근거한 적합성 평가에 있어서 품질 관리 체계가 제17조 요건 부합함의 확인, 고위험 AI 시스템 요건(제3장 제2절) 충족 평가를 위해 기술 문서에 포함된 정보 검토, 시스템의 설계, 개발, 사후 시장 모니터링(제72조)이 기술 문서에 합치함을 확인한다. 피통보 기관이 수행하는 품질관리체계 및 기술 문서 평가 방식의 적합성을 평가한다.

1) 품질관리체계
적합성 평가 신청서 제출 → 피통보 기관의 평가 및 승인 여부 통보(평가 결과, 평가 결정 내용 포함) → 공급자의 승인된 품질관리체계의 효율적, 지속적 구현과 유지 → 품질관리체계 등의 의도적 변경 시 피통보 기관에 통지 및 피통보 기관의 요건 충족 또는 재평가 결정 → 피통보 기관의 승인된 품질 관리 체계의 모니터링(피통보 기관의 현장 접근 허용, 모든 정보 공유, 정기적 감사 수행, 감사보고서의 공급자에 제공)

2) 기술 문서
적합성 평가 신청서 제출 → 피통보 기관의 평가(업무수행에 필요한 경우 API 등을 통한 원격 접속, 데이터세트에 대한 접근 권한 등 부여, 테스트 수행 요구, 부적절 수행 시 직접 수행, 필요한 경우 파라미터 포함 학습, 모델에 대한 적응 및 EU 기술 문서 평가 인증서 발급(거부 시 거부 사유 명시 통보) → 요건 준수 또는 의도된 목적에 영향을 주는 시스템의 변경 의사 또는 변경 인지 시 해당 피통보 기관에 통보 및 피통보 기관의 평가, 재평가 또는 보완 결정, 변경 사항 승인 시 인증서에 대한 보충서 발급

③ 제2유형의 고위험 AI 시스템 중 생체 인식 관련을 제외한

나머지 유형

- 부속서 IV에 따른 내부 통제에 근거한 적합성 평가

1) 품질관리체계가 제17조 요건 부합함의 확인

2) 고위험 AI 시스템 요건(제3장 제2절) 충족 평가를 위해 기술 문서에 포함된 정보 검토

3) 시스템의 설계, 개발, 사후 시장 모니터링(제72조)이 기술 문서에 합치함을 확인

다만 EU 집행위원회는 위 유형의 고위험 AI 시스템이 부속서 VII 전보 또는 일부의 적합성 평가 대상이 되도록 본 조를 개정할 수 있음

(2) 해당 시스템의 본질적 변경 시, 재평가

공급자가 기술 문서에 기재한 예정된 해당 시스템 및 그 성능의 변경을 제외한, 본질적 변경의 경우 적합성 평가 재실시 다시 위 순서를 순환한다.

※ 본질적 변경: 시장 출시나 서비스 공급 이후, 공급자가 적합성 평가에서 예측 또는 계획하지 않았던 AI 시스템의 변경으로서 해낭 AI 시스템의 고위험 AI 시스템 요건(제3장 제2절) 준수가 영향받거나 AI 시스템을 평가한 의도된 목적의 변경을 초래하는 시스템의 변경하는 경우를 의미한다.

(3) 추후 적합성 평가 방식의 개정

EU 집행위원회는 내부 통제에 의한 적합성 평가에 관한 부속서 VI와

품질관리체계 및 기술 문서 평가 방식의 적합성 평가에 관한 부속서 VII를 제97조에 따라 개정 가능하다.

(4) 인증서의 발급 및 정보 제공

① 인증서의 발급
부속서 VII에 따른 인증서는 회원국 내 소관 당국이 쉽게 이해할 수 있는 언어로 작성한다. 제1유형 시스템의 경우 최대 5년(재평가 후 최대 5년 연장 가능), 제2유형 시스템의 경우 최대 4년(재평가 후 최대 4년 연장 가능)이며, 요건 미충족 시, 피통보 기관은 인증서의 효력 정지, 취소, 제한 등 가능, 이 경우 이유 기재한다. 기한 내 시정 조치한 경우 제한 부과하지 않을 수 있고, 이의 제기 등을 할 수 있는 불복절차의 마련이 필요하다.

② 피통보 기관의 정보 제공
피통보 기관은 통보 당국에 EU 기술 문서 평가 인증서 (및 그 첨부 자료), 품질 관리체계 승인 내역, 해당 거부, 제한, 보류, 취소 내역, 통보의 범위 및 조건에 영향을 미친 정황 등 정보를 제공해야 한다. 피통보 기관은 다른 피통보 기관에, 다른 피통보 기관이 거부, 정지, 취소하였던 품질관리체계에 대하여 한 승인 내역이나 EU 기술 문서 평가 인증서(다른 피통보 기관의 요청이 있는 경우, 자신이 발급한 위 승인 내역이나 인증서) 등의 정보를 제공해야 한다. 자신이 수행한 AI 시스템과 동일한 유형의 AI 시스템에 대해 유사한 적합성 평가를 수행하고 있는 다른 피통보 기관에 그 부정적 사항에 관한 정보(다른 피통보 기관의 요청이 있는 경우

긍정적 적합성 평가 결과)를 제공해야 한다.

(5) 적합성 평가 절차의 예외

적합성 평가 시행 전, 공공안전, 생명 및 건강 보호, 환경 보호, 주요 산업 및 인프라 자산 보호를 위해, 해당 시스템이 고위험 AI 시스템 요건(제3장 제2절)을 준수한다고 결론을 내린 경우, 시장 감시 당국은 적합성 평가 시행 기간 동안 시장 출시나 서비스 공급을 승인할 수 있다. 공공안전의 극히 예외적인 이유로 적법하게 정당화되는 긴급 상황이나 생명, 신체에 대한 구체적이고 상당하며 급박한 위협이 발생한 경우, 법 집행당국 또는 민간 보호 당국은 앞선 승인 없이 해당 고위험 AI 시스템의 시장 출시 또는 서비스 공급하도록 할 수 있으며 법 집행 당국 등은 이용 기간 또는 이용 종료 후 지체 없이 시장 감시 당국에 승인을 요청해야 한다. 승인 거부의 경우, 이용의 즉시 중단, 관련 결과물, 산출물의 즉시 폐기를 진행한다. 시장 감시 당국은 위 승인에 대해 EU 집행위원회와 다른 회원국에 통보해야 하는데 민감한 데이터(범죄의 예방, 탐지, 조사 또는 기소 활동과 관련된 데이터로서 공개되는 경우 형사절차의 완전성을 위태롭게 할 수 있는 데이터)의 경우 제외한다. 통보의 경우 회원국은 15일 이내에 이의 제기 가능, 이의 제기가 없는 경우 정당한 승인으로 간주한다. 해당 승인이 EU법에 위반되거나 승인 근거가 없다고 보이는 경우(이의 제기가 있거나 EU 집행위원회 자체 판단), 지체 없이 관련 회원국과 협의 착수, 운영자 의견 제시 가능, 위법 판단 시 승인 철회할 수 있다.

### 제47조(EU 적합성 선언)

1. 공급자는 각 고위험 AI 시스템에 대해 서면 기계 판독 가능한, 물리적 또는 전자적으로 서명된 EU 적합성 선언을 작성하고, 고위험 AI 시스템이 시장에 출시되거나 가동된 후 10년 동안 국가 유관 당국에 보관해야 한다. EU 적합성 선언은 작성된 고위험 AI 시스템을 식별해야 한다. EU 적합성 선언 사본은 요청 시 관련 국가 유관 당국에 제출해야 한다.

2. EU 적합성 선언은 해당 고위험 AI 시스템이 제2절에 명시된 요건을 충족함을 명시해야 한다. EU 적합성 선언은 부속서 V에 명시된 정보를 포함해야 하며, 고위험 AI 시스템이 시장에 출시되거나 제공되는 회원국의 국가적 유관 당국이 쉽게 이해할 수 있는 언어로 번역되어야 한다.

3. 고위험 AI 시스템이 EU 적합성 선언도 요구하는 다른 연합 통합 법률의 적용을 받는 경우, 고위험 AI 시스템에 적용되는 모든 연합 법률에 대해 단일 EU 적합성 선언이 작성되어야 한다. 선언에는 선언과 관련된 연합 통합 법률을 식별하는 데 필요한 모든 정보가 포함되어야 한다.

4. EU 적합성 선언을 작성함으로써 공급자는 제2절에 명시된 요구사항을 준수할 책임을 져야 한다. 공급자는 적절한 경우 EU 적합성 선언을 최신 상태로 유지해야 한다.

> 5. 위원회는 부속서 V를 개정하기 위해 제97조에 따라 위임된 행위를 채택할 권한이 있으며, 해당 부속서에 명시된 EU 적합성 선언의 내용을 업데이트하고 기술 진보에 따라 필요하게 된 요소를 도입할 수 있다.

해당 시스템이 부속서 V에 명시된 정보를 포함하여 고위험 AI 시스템 요건을 충족한다는 것을 명시한 EU 적합성 선언을 기계 판독이 가능하고 해당 시스템이 시장 출시 또는 서비스 공급된 회원국의 국가 관할 당국이 쉽게 이해할 수 있는 언어로 작성된, 물리적 또는 전자적으로 서명된 서면을 작성해야 한다. 부속서 V에서 명시한 정보는 시스템 명칭, 유형, 식별, 추적을 가능하게 하는 모든 참조 사항, 공급자(및 국내 대리인)의 성명, 주소, 적합성 선언이 공급자에 책임하에 발급되었음의 진술, 본 법 및 관련 법에 부합함의 진술, 모든 관련 통합된 표준 또는 공통기준에 관한 참조, 선언 발급 장소, 일자, 서명자 등으로 이와 같은 선언은 시장 출시 또는 서비스 공급 후 10년 동안 보관되어야 하고, 최신 상태로 유지, 국가 관할 당국의 요청 시 이를 제출해야 한다. 다른 EU법에서 적합성 선언을 요하는 경우 이를 포함한 단일한 EU 적합성 선언이 작성되어야 한다. 적합성 선언을 한 공급자는 고위험 AI 시스템 요건(제3장 제2절) 충족에 대한 책임을 진다.

**제48조(CE 마크)**

1. CE 마크는 규정 (EC) 765/2008의 제30조에 명시된 일반 원칙을 따른다.

2. 디지털 방식으로 제공되는 고위험 AI 시스템의 경우, 해당 시스템에 액세스하는 인터페이스나 쉽게 액세스할 수 있는 기계 판독 코드 또는 기타 전자적 수단을 통해 쉽게 액세스할 수 있는 경우에만 디지털 CE 마크를 사용해야 한다.

3. CE 마크는 고위험 AI 시스템의 경우 눈에 잘 띄고, 읽을 수 있고, 지워지지 않게 부착해야 한다. 고위험 AI 시스템의 특성상 불가능하거나 보증되지 않는 경우, 적절한 경우 포장 또는 첨부 문서에 부착해야 한다.

4. 해당되는 경우, CE 마크 뒤에는 제43조에 명시된 적합성 평가 절차를 담당하는 통지 기관의 식별 번호가 따라야 한다. 통지 기관의 식별 번호는 기관 자체에서 또는 기관의 지시에 따라 공급자 또는 공급자의 공인 대리인이 부착해야 한다. 식별 번호는 고위험 AI 시스템이 CE 마크 요구 사항을 충족한다는 것을 언급하는 모든 홍보 자료에도 표시해야 한다.

5. 고위험 AI 시스템이 CE 마크 부착을 규정하는 기타 연합법의 적용을 받는 경우, CE 마크는 고위험 AI 시스템이 해당 다른 법의 요구 사항도 충족함을 나타내야 한다.

적합성 평가 실시 및 적합성 선언을 작성한 공급자는 고위험 AI 시스템 요건과 기타 EU법상 요건을 충족하고 있음을 나타내는 CE 마크를 부착할 수 있다. 제품 마케팅과 관련된 인증 요건에 관한 규정(Regulatjon EC No 765/2008) 제30조의 일반원칙(공급자 및 대리인만 부착, 부착해야 하는 제품에만 부착, 제3자가 오해할 수 있는 표시 등 부착 금지, 다른 마크가 CE마크의 가시성 등을 손상하지 않도록 부착 등)에 따라 CE 마크를 부착해야 한다. CE 마크는 눈에 잘 띄고, 읽기 쉽고, 쉽게 지워지지 않는 방식으로 부착하되, 그 부착이 어려운 경우 포장 또는 첨부 문서에 적절하게 부착해야 하는데 적합성 평가 절차를 담당하는 피통보 기관의 식별 번호가 표시된다. (통보 기관에 의하거나 위임받은 공급자(대리인)의 의무) 다른 EU법상 CE 부착 규정을 적용받는 경우, 해당 요건도 충족함을 표시해야 한다.

> **제49조(EU 데이터베이스 등록)**
>
> 1. 부속서 III에 나열된 고위험 AI 시스템(부속서 III의 제2항에 언급된 고위험 AI 시스템 제외)을 시장에 출시하거나 가동하기 전에 공급자 또는 해당되는 경우 공인 대리인은 제71조에 언급된 EU 네이터베이스에 자신과 시스템을 등록해야 한다.
>
> 2. 제공자가 제6조 제(3)호에 따라 고위험이 아니라고 결론 내린 AI 시스템을 시장에 출시하거나 서비스를 시작하기 전에 해당 제공자 또는 해당되는 경우 공인 대리인은 제71조에 언급된 EU 데이터베이스에 자신과 해당 시스템을 등록해야 한다.

3. 부속서 III에 나열된 고위험 AI 시스템(부속서 III의 제2항에 나열된 고위험 AI 시스템 제외)을 가동하거나 사용하기 전에, 공공 기관, 연합 기관, 단체, 사무소 또는 기관 또는 그들을 대신하여 행동하는 사람인 배치자는 스스로를 등록하고, 시스템을 선택하고, 제71조에 언급된 EU 데이터베이스에 사용을 등록해야 한다.

4. 부속서 III의 제1호, 제6호 및 제7호에 언급된 고위험 AI 시스템의 경우, 법 집행, 이주, 망명 및 국경 통제 관리 분야에서 본 조의 제1항, 제2항 및 제3항에 언급된 등록은 제71조에 언급된 EU 데이터베이스의 안전한 비공개 부문에 있어야 하며, 해당되는 경우 다음 정보만 포함해야 한다.
   (a) 부속서 VIII의 A절 제1호부터 제10호까지(제6호, 제8호 및 제9호는 제외)
   (b) 부속서 VIII의 B절 제1호부터 제5호, 제8호 및 제9호
   (c) 부속서 VIII의 C절 제1호부터 제3호까지
   (d) 부속서 IX의 제1호, 제2호, 제3호 및 제5호
   이 문단의 첫 번째 하위 문단에 나열된 EU 데이터베이스의 각각의 제한 부분에 접근할 수 있는 권한은 제74조(8)항에 언급된 위원회 및 국가 당국에만 있다.

5. 부속서 III의 제2항에 언급된 고위험 AI 시스템은 국가 수준에서 등록되어야 한다.

제2유형의 고위험 AI 시스템(중요 인프라 관련 제외)의 경우 EU 데이터베이스(제71조)에 공급자(또는 국내 대리인)는 시장 출시 및 서비스 공급 전에 자신의 정보와 해당 시스템을 등록, 관할 당국, 기구, 기관, 사무소, 또는 청(또는 대리하는 배포자)은 서비스 공급, 이용 전에 자신의 정보와 함께 이용 등록 할 수 있다. 공급자가 제2유형 고위험 AI 시스템이 아니라고 판단하는 경우, 공급자(또는 국내 대리인)는 해당 시스템을 위 EU 데이터베이스에 자신의 정보와 함께 해당 시스템을 등록한다. 제2유형의 고위험 AI 시스템 중 생체 인식 관련, 법의 집행 관련, 이민, 망명 및 국경 관리 관련된 시스템은 앞선 사항을 EU 데이터베이스의 비공개 부문에 등록, 이 경우 아래 사항만 등록, 이는 EU 집행위원회와 시장 감시 당국만 접근 가능하다. 공급자(다른 자가 제출한 경우, 제출자도 국내 대리인) 성명, 주소, 세부 연락처, 해당 시스템 상호명 및 식별, 추적 가능 정보, 의도된 목적 서술, 시스템 현황, 시장 출시 또는 서비스 공급된 회원국 내역(부속서 VIII C절 1~3항)과 현실 세계 조건에서의 테스트 단일 식별 번호, 위 테스트 참여 공급자, 장래 공급자, 배포자 성명, 연락처, 해당 시스템에 관한 간략한 설명, 의도된 목적, 기타 식별 정보, 위 테스트 중단 또는 종료 정보(부속서 IX 제1~3항, 제5항)가 등록의 대상이다.

제4장

# 특정 AI 시스템 제공자 및 배포자에 대한 투명성 의무

대부분의 AI 시스템이 여기에 속하며 특정 목적을 위해 AI 시스템을 개발하여 제공·배포하는 경우 투명성 의무가 매우 중요하다. 이미 2019년 캐나다 정부는 재정위원회 훈령 〈자동화된 의사결정 지침〉을 발표하여[30] 공공 기관 인공지능 요건을 법규화한 바 있는데 이에 대해 EU도 참고한 것으로 보인다. 또한 뉴질랜드 정부는 2020년 7월 〈아오테아로아 뉴질랜드 알고리즘 헌장〉을 발표하고 교육부, 아동부, 교육평가청 등 공공 기관들이 서약하도록 하였으며[31] 이는 "위험성 매트릭스"를 이해하고 의사결정이 알고리즘에 의해 어떻게 영향을 받았는지 명확하게 설명함으로써 투명성을 유지하려는 노력이라고 할 수 있다. 독일 정부 역시 2019년 10월, 데이터윤리위원회 〈알고리즘 시스템 위험도 피라미드〉를 5단계 위험도 피라미드 등 위험성에 기반한 알고리즘 시스템의 규제 모델을

---

[30] 6. 요건 자동결정 시스템 사용 프로그램을 관장하는 부처의 실장이 지명하는 사람 또는 차관보는 다음을 책임진다. 6.1 알고리즘 영향 평가 6.2 투명성 의사결정 전 공지 6.2.1 해당 의사결정이 부속서 C에 규정된 바대로 자동화된 의사결정 시스템에 의해 전체 또는 부분적으로 수행된다는 애용을 관련 웹사이트에 공지한다. 6.2.2 Canada.ca 콘텐츠 스타일 가이드에 부합하는 뚜렷하고 쉬운 용어를 이용하여 공지한다. 6.2.3. 의사결정 후 설명 부속서 C에 규정된 대로 결정이 내려진 방법과 이유에 대해 영향을 받는 개인들에게 이해 가능하게 설명한다.

[31] 우리의 약속: 우리 기관은 알고리즘을 이용해 만들어 낸 결정이 뉴질랜드 국민에게 영향을 미친다는 것을 이해한다. 우리는 우리의 알고리즘에 기반한 결정의 영향을 평가할 것을 약속한다. 더 나아가 우리는 확인된 위험성 등급에 따라 알고리즘 헌장 약속을 적용할 것을 약속한다. 알고리즘을 평이한 영어로 문서화할 것, 데이터와 처리 과정에 관한 정보를 접근 가능하게 할 것(법적인 제한이 있지 않는 이상), 데이터가 어떻게 수집되고 저장되고 보호받는지 정보를 공개할 것.

제안함으로써 EU가 이를 받아들였으며, 회원국들은 이미 개인정보와 관련하여 출처를 투명하게 밝히는 의무를 준수하고 있다.[32]

우리나라의 경우 자동화된 의사결정에 대한 이의권은 이미 도입되어 있는데 신용정보의 이용 및 보호에 관한 법률 제2조에서 "자동화 평가란 제15조제1항에 따른 신용정보회사 등의 종사자가 평가 업무에 관여하지 아니하고 컴퓨터 등 정보처리장치로만 개인신용정보 및 그 밖의 정보를 처리하여 개인인 신용정보주체를 평가하는 행위를 말한다."라고 규정하고 있고 개인정보보호법 제37조의2에서 "정보 주체는 완전히 자동화된 시스템으로 개인정보를 처리하여 이루어지는 결정이 자신의 권리 또는 의무에 중대한 영향을 미치는 경우에는 해당 개인정보처리자에 대하여 해당 결정을 거부할 수 있는 권리를 가진다."라고 규정하고 있다.[33] 특히

---

[32] EU GDPR 22조 정보 주체는 프로파일링 등, 본인에 관한 법적 효력을 초래하거나 이와 유사하게 본인에게 중대한 영향을 미치는 자동화된 처리에만 의존하는 결정의 적용을 받지 않을 권리를 가진다.

[33] 제37조의2(자동화된 결정에 대한 정보 주체의 권리 등)
① 정보 주체는 완전히 자동화된 시스템(인공지능 기술을 적용한 시스템을 포함한다)으로 개인정보를 처리하여 이루어지는 결정(「행정기본법」 제20조에 따른 행정청의 자동적 처분은 제외하며, 이하 이 조에서 "자동화된 결정"이라 한다)이 자신의 권리 또는 의무에 중대한 영향을 미치는 경우에는 해당 개인정보처리자에 대하여 해당 결정을 거부할 수 있는 권리를 가진다. 다만, 자동화된 결정이 제15조제1항제1호·제2호 및 제4호에 따라 이루어지는 경우에는 그러하지 아니하다.
② 정보 주체는 개인정보처리자가 자동화된 결정을 한 경우에는 그 결정에 대하여 설명 등을 요구할 수 있다.
③ 개인정보처리자는 제1항 또는 제2항에 따라 정보 주체가 자동화된 결정을 거부하거나 이에 대한 설명 등을 요구한 경우에는 정당한 사유가 없는 한 자동화된 결정을 적용하지 아니하거나 인적 개입에 의한 재처리·설명 등 필요한 조치를 하여야 한다.
④ 개인정보처리자는 자동화된 결정의 기준과 절차, 개인정보가 처리되는 방식 등을 정보 주체가 쉽게 확인할 수 있도록 공개하여야 한다.
⑤ 제1항부터 제4항까지에서 규정한 사항 외에 자동화된 결정의 거부·설명 등을 요구하는 절차 및 방법, 거부·설명 등의 요구에 따른 필요한 조치, 자동화된 결정의 기준·절차 및 개인정보가 처리되는 방식의 공개 등에 필요한 사항은 대통령령으로 정한다.

제37조의2 제4항에서는 개인정보처리자가 자동화된 결정을 하는 경우에는 그 기준과 절차, 개인정보가 처리되는 방식 등을 정보 주체가 쉽게 확인할 수 있도록 인터넷 홈페이지 등에 공개하도록 하여 투명성 확보와 함께 정보 주체의 권리 행사가 가능하도록 하고 있고, 표준화, 체계화된 용어, 시각화 방법 등 사용한다. 그러므로 홈페이지 등에 공개해야 하는 사항에 있어 1. 자동화된 결정이 이루어진다는 사실과 그 목적 및 대상이 되는 정보 주체의 범위 2. 자동화된 결정에 사용되는 주요 개인정보의 유형과 자동화된 결정의 관계 3. 자동화된 결정 과정에서의 고려 사항 및 주요 개인정보가 처리되는 절차 4. 자동화된 결정 과정에서 민감정보 또는 14세 미만 아동의 개인정보를 처리하는 경우 그 목적 및 처리하는 개인정보의 구체적인 항목 5. 자동화된 결정에 대하여 정보 주체가 거부, 설명 등 요구를 할 수 있다는 사실과 그 방법 및 절차를 규정하고 있다.

이러한 추세에 맞추어 EU 인공지능법상 본 장에 있어 대부분의 AI 기업에 해당하는 투명성 의무 관련 기업의 준수 사항은 자연인과 직접 상호작용하는 AI 시스템을 제공하는 자는 이용자가 AI 시스템과 교류하고 있음을 적시에 명확하게 고지하여야 하고, 딥페이크 등의 배포자는 해당 콘텐츠가 인위적으로 생성되었거나 조작되었다는 사실을 명시하여야 하며, 고위험 AI 모델에 의한 결과물과 관련, 그 모델의 구조, 학습 데이터, 결과 도출 과정에 대한 정보를 투명하게 공개해야 한다. 그러나 대규모 언어모델 등 고도화된 AI 모델의 경우 답변 도출 과정 등을 투명하게 공개하기 어려운 문제점이 있으므로 AI 최초 개발, 운영 및 결과 도출 등 모든 과정에서 엄격하고 명확하게 수립된 정책을 준수하도록 하고, AI 시스템의 결과 도출에 영향을 미치는 요인 등을 투명하게 공개, 제어할 수 있도록 하고, 이를 추적하는 시스템을 마련하도록 하며, 공급자, 배포자 의무가 구별되므로, 계약 시에도 이에 대한 권한 범위를 설정할 필요가 있어 이에 대한 노력이 요구된다.

> **제50조(특정 AI 시스템 제공자 및 배포자의 투명성 의무)**
>
> 1. 제공자는 자연인과 직접 상호 작용하도록 의도된 AI 시스템이 해당 자연인에게 AI 시스템과 상호 작용하고 있다는 사실을 알리는 방식으로 설계 및 개발되도록 해야 한다. 다만, 합리적으로 잘 알고, 관찰력이 뛰어나고, 신중한 자연인의 관점에서 상황과 사용 맥락을 고려할 때 명백할 경우는 예외이다. 이 의무는 적절한 제3자의 권리와 자유에 대한 보호 조치에 따라 형사 범죄를 탐지, 예방, 조사 또는 기소하도록 법률에 의해 허가된 AI 시스템에는 적용되지 않는다. 다만, 해당 시스템을 대중이 형사 범죄를 신고할 수 있는 경우는 예외이다.
>
> 2. 합성 오디오, 이미지, 비디오 또는 텍스트 콘텐츠를 생성하는 범용 AI 시스템을 포함한 AI 시스템 제공자는 AI 시스템의 출력이 기계가 읽을 수 있는 형식으로 표시되고 인위적으로 생성되거나 조작된 것으로 감지될 수 있도록 해야 한다. 제공자는 관련 기술 표준에 반영될 수 있는 다양한 유형의 콘텐츠의 특성과 한계, 구현 비용 및 일반적으로 인정된 최신 기술을 고려하여 기술 솔루션이 효과적이고 상호운용 가능하며 견고하고 신뢰할 수 있도록 해야 한다. 이 의무는 AI 시스템이 표준 편집을 위한 보조 기능을 수행하거나 배포자가 제공한 입력 데이터나 그 의미를 크게 변경하지 않거나 법률에 따라 범죄를 탐지, 예방, 조사 또는 기소하도록 허가된 경우에는 적용되지 않는다.

3. 감정 인식 시스템 또는 생체 분류 시스템의 배포자는 해당 시스템에 노출된 자연인에게 시스템 작동을 알려야 하며, 해당되는 경우 규정(EU) 2016/679 및 (EU) 2018/1725와 지침(EU) 2016/680[34])에 따라 개인 데이터를 처리해야 한다. 이 의무는 생체 분류 및 감정 인식에 사용되는 AI 시스템에는 적용되지 않으며, 이는 법률에 따라 범죄를 탐지, 예방 또는 조사하도록 허용되며, 제3자의 권리와 자유에 대한 적절한 보호 조치가 적용되고 유럽연합법에 따라 적용된다.

4. 딥페이크를 구성하는 이미지, 오디오 또는 비디오 콘텐츠를 생성하거나 조작하는 AI 시스템의 배포자는 해당 콘텐츠가 인위적으로 생성되거나 조작되었음을 공개해야 한다. 이 의무는 범죄 행위를 탐지, 예방, 조사 또는 기소하기 위해 법률에 의해 사용이 허가된 경우에는 적용되지 않는다. 콘텐츠가 명백히 예술적, 창의적, 풍자적, 허구적 또는 유사한 작품이나 프로그램의 일부를 형성하는 경우, 이 단락에 명시된 투명성 의무는 해당 작품의 표시 또는 감상을 방해하지 않는 적절한 방식으로 생성 또는 조작된 콘텐츠의 존재를 공개하는 것으로 제한된다. 대중에게 공익에 관한 사항을 알리는 목적으로 게시된 텍스트를 생성하거나 조작하는 AI 시스템의 배포자는 해당 텍스트가 인위적으로 생성되거나 조작되었음을 공개해야 한다. 이 의무는 범죄 행위를 탐지, 예방, 조사 또는 기소하기 위해 법률에 의해 사용이 허가된 경우 또는 AI가 생성한 콘텐츠가 인적 검토

---

34) 각주 15, 16 참조

또는 편집 제어 과정을 거쳤으며 자연인 또는 법인이 콘텐츠 게시에 대한 편집 책임을 지는 경우에는 적용되지 않는다.

5. 제1항부터 제4항까지 언급된 정보는 늦어도 첫 번째 상호작용 또는 노출 시에 해당 자연인에게 명확하고 구별 가능한 방식으로 제공되어야 한다. 정보는 해당 접근성 요구 사항을 준수해야 한다.

6. 제1항부터 제4항은 제3장에 명시된 요구 사항 및 의무에 영향을 미치지 않으며, AI 시스템 배포자에 대한 유럽연합 또는 국가법에 규정된 기타 투명성 의무를 침해하지 않는다.

7. AI 사무국은 인공적으로 생성되거나 조작된 콘텐츠의 탐지 및 라벨링과 관련된 의무의 효과적인 이행을 용이하게 하기 위해 연합 수준에서 실무 규범을 작성하도록 장려하고 촉진해야 한다. 위원회는 제56조 제(6)항에 규정된 절차에 따라 해당 실무 규범을 승인하기 위한 이행 조치를 채택할 수 있다. 규범이 적절하지 않다고 판단하는 경우 위원회는 제98조 제(2)항에 규정된 심사 절차에 따라 해당 의무의 이행을 위한 공통 규칙을 명시하는 이행 조치를 채택할 수 있다.

(1) 자연인과 직접 상호작용하는 AI 시스템의 경우

해당 자연인이 AI 시스템과 상호 작용하고 있다는 것을 알 수 있도록 해야 한다. 예외로 합리적인 개인의 관점에서 이용하는 상황과 맥락을 통해 그 사실이 명확히 드러날 경우 법률에 따라 범죄 탐지, 예방, 수사, 기소할 목적으로 허용된 AI 시스템일 경우(단, 범죄 신고용으로 대중에게 제공한 시스템에는 적용됨)가 인정된다.

(2) GPAI 시스템 + 생성형 AI 시스템 제공자의 경우

합성 음향, 이미지, 영상, 문자 콘텐츠를 생성하는 AI 시스템(범용 AI 시스템 포함) 등의 제공자는 AI 결과물이 인위적으로 생성되거나 조작된 것임을 알 수 있도록 하고, 이를 기계가 판독 가능한 형식으로 표시되도록 해야 한다. 제공자는 기술적으로 가능한 범위 내에서 다양한 유형의 콘텐츠의 특성과 한계, 구현 비용 및 최신 기술 등을 고려하여 이러한 기술 솔루션이 효과적이고 상호작용 가능하며 견고하고 신뢰할 수 있도록 보장해야 하는데 예외적으로 단순 편집하거나 데이터 및 그 의미를 실질적으로 변경하지 않는 경우 법률에 따른 범죄의 탐지, 예방, 수사를 위한 경우를 인정한다.

(3) 감정 인식 시스템, 생체 인식 분류 I 시스템 배포자의 경우

해당 시스템에 노출된 자연인에게 시스템 작동에 대해 알리고 GDPR 등 준수해야 한다. 예외적으로 범죄 탐지, 예방, 수사, 기소를 위한 경우

는 의무에서 제외된다.

(4) 생성, 조작된 이미지 또는 딥페이크 등을 생성하는 AI 시스템의 경우

해당 결과물이 인위적으로 생성 또는 조작되었음을 알 수 있도록 해야 하며(라벨링 등), 콘텐츠가 명백히 예술적, 창의적, 풍자적, 허구적 유사 저작물 또는 프로그램의 일부를 구성하는 경우 투명성 의무는 저작물의 게시 및 향유를 해치지 않는 적절한 방식으로 이행하면 된다. 공익적 사안에 대해 대중에게 알리기 위한 목적으로 텍스트를 생성하거나 조작하는 AI 시스템의 경우, 텍스트가 인위적으로 생성 또는 조작되었음을 공개해야 하고 AI 생성 콘텐츠가 사람의 검토 또는 편집 통제 과정을 거친 경우, 자연인 또는 법인이 콘텐츠에 대한 편집 책임을 지는 경우에 예외로 한다. 즉, 범죄의 탐지, 예방, 수사, 기소를 위한 경우에 예외로 한다.

(5) 투명성 관련 정보의 제공 시기 및 적용 범위

제1항 내지 제4항의 정보 제공 방법 및 시점에 있어 위 정보는 최초 상호 작용 또는 노출 시점에 이르기까지 관련된 자연인에게 명확하고 구별할 수 있도록 제공되어야 하며 제1항 내지 제4항의 적용 범위에 있어 제1항 내지 제4항은 제3장 규정된 요건 및 의무에 영향을 미치지 않고, AI 시스템 배포자가 속한 Union 또는 국내법상 투명성 의무를 침해하지 아니한다.

(6) EU 인공지능청의 의무

인위적으로 생성, 조작된 컨텐츠의 식별, 표시 의무의 효과적 이행을 위한 자율규약 제정을 장려해야 하며, 자율규약의 승인 절차, 기준 관련 하위 법규를 제정할 수 있다. 자율규약이 의무 준수에 적합하지 않다고 판단될 경우 자체적으로 하위 법규 제정할 수 있다.

(7) 본 장의 의무를 다하지 않은 경우 처벌 규정

특정 AI 시스템 및 GPAI 모델의 투명성 의무 위반 시 최대 1.5천만 유로(약 218억 원), 전년 회계연도 기준 전 세계 매출액의 최대 3% 중 더 높은 금액이 부과될 수 있으며, EU 기관, 에이전시, 기구의 경우 최대 75만 유로의 벌금을 낼 수 있다. 다만 중소기업이 위반한 경우 위 두 기준 중 더 낮은 금액 부과한다.

인공지능기본법 제31조는 인공지능사업자가 고영향 인공지능이나 생성형 인공지능을 이용한 제품 또는 서비스를 제공하려는 경우 제품 또는 서비스가 해당 인공지능에 기반하여 운영된다는 사실을 이용자에게 고지하도록 하고, 생성형 인공지능 또는 이를 이용한 제품 또는 서비스를 제공하는 경우 그 결과물이 생성형 인공지능에 의하여 생성되었다는 사실을 표시하도록 규정하고 있다.

## 제5장 범용 AI 모델

## 제1절 분류 규칙

**제51조(일반 목적 AI 모델을 일반용 AI 모델과 시스템적 위험이 있는 일반 목적 AI 모델로 분류)**

1. 일반용 AI 모델은 다음 조건 중 하나를 충족하는 경우 시스템적 위험이 있는 일반용 AI 모델로 분류된다.

　(a) 적절한 기술적 도구와 방법론(지표 및 벤치마크 포함)을 기반으로 평가된 높은 영향력 있는 역량을 갖추고 있다.

　(b) 위원회의 직권 결정이나 과학 패널의 자격 경보에 따른 결정에 따라, 부속서 XIII에 명시된 기준을 고려하여 (a) 항목에 명시된 역량 또는 이와 동등한 영향력을 갖고 있는 경우

2. 일반 용도 AI 모델은 부동 소수점 연산으로 측정된 훈련에 사용된 누적 계산량이 1,025보다 큰 경우 제1항(a)에 따라 높은 영향 역량을 갖춘 것으로 추정된다.

3. 위원회는 이 조의 제1항 및 제2항에 열거된 임곗값을 수정하고, 필요한 경우 알고리즘 개선이나 하드웨어 효율성 증가와 같은 진화하는

기술 개발에 비추어 벤치마크 및 지표를 보완하기 위해 제97조에 따라 위임 행위를 채택하여 이러한 임곗값이 최신 상태를 반영하도록 해야 한다.

### 제52조(분류 절차)

1. 일반 목적 AI 모델이 제51조(1)항(a)에 언급된 조건을 충족하는 경우, 관련 제공자는 지체 없이, 어떠한 경우에도 해당 요구 사항이 충족되거나 충족될 것이라는 사실이 알려진 후 2주 이내에 위원회에 통지해야 한다. 해당 통지에는 관련 요구 사항이 충족되었음을 입증하는 데 필요한 정보가 포함되어야 한다. 위원회가 통지받지 않은 일반 목적 AI 모델이 체계적 위험을 나타낸다는 사실을 알게 되면, 체계적 위험이 있는 모델로 지정하기로 결정할 수 있다.

2. 제51조(1)항(a)에 언급된 조건을 충족하는 일반용 AI 모델 제공자는 예외적으로 해당 요건을 충족하더라도 일반용 AI 모델이 그 특정 특성으로 인해 체계적 위험을 나타내지 않으므로 체계적 위험이 있는 일반용 AI 모델로 분류되어서는 안 된다는 것을 입증할 만큼 충분히 입증된 주장을 통지와 함께 제시할 수 있다.

3. 위원회가 제2항에 따라 제출된 주장이 충분히 입증되지 않았고 관련 제공자가 일반 목적 AI 모델이 그 특정 특성으로 인해 체계적,

위험을 나타내지 않는다는 것을 입증하지 못했다고 결론 내리는 경우 위원회는 해당 주장을 기각해야 하며, 일반 목적 AI 모델은 체계적 위험이 있는 일반 목적 AI 모델로 간주되어야 한다.

4. 위원회는 과학 패널이 제90조(1)항(a)에 따라 자격 있는 경고를 내린 후 또는 직권으로 일반 목적의 AI 모델을 체계적 위험을 나타내는 것으로 지정할 수 있으며, 이는 부속서 XIII에 명시된 기준에 근거한다. 위원회는 부속서 XIII를 개정하고 해당 부속서에 명시된 기준을 명시하고 업데이트하기 위해 제97조에 따라 위임된 행위를 채택할 수 있는 권한을 부여받았다.

5. 제4항에 따라 시스템적 위험이 있는 일반 용도 AI 모델로 지정된 공급자의 합리적인 요청에 따라 위원회는 요청을 고려하여 부속서 XIII에 명시된 기준에 따라 일반 용도 AI 모델이 여전히 시스템적 위험을 나타내는 것으로 간주될 수 있는지 여부를 재평가하기로 결정할 수 있다. 이러한 요청에는 지정 결정 이후 발생한 객관적이고 자세하며 새로운 이유가 포함되어야 합니다. 공급자는 지정 결정 후 빠르면 6개월 이내에 재평가를 요청할 수 있다. 위원회가 재평가 후 시스템적 위험이 있는 일반 용도 AI 모델로 지정을 유지하기로 결정하는 경우 공급자는 해당 결정 후 빠르면 6개월 이내에 재평가를 요청할 수 있다.

6. 위원회는 시스템적 위험이 있는 일반 목적의 AI 모델 목록이

> 공개되도록 보장하고, EU법 및 국가법에 따라 지적재산권과 기밀 영업 정보 또는 영업 비밀을 준수하고 보호할 필요성을 침해하지 않고 해당 목록을 최신 상태로 유지해야 한다.

## 제2절 범용 AI 모델 제공자에 대한 의무

> **제53조(일반 용도 AI 모델 제공자의 의무)**
> 1. 일반 용도 AI 모델 제공자는 다음을 수행해야 한다.
>   (a) 모델의 교육 및 테스트 과정과 평가 결과를 포함하여 기술 문서를 작성하고 최신 상태로 유지해야 하며, 이에는 최소한 부속서 XI에 명시된 정보가 포함되어야 하며, AI 사무국과 국가 유관 당국의 요청 시 제공되어야 한다.
>   (b) 일반 목적의 AI 모델을 AI 시스템에 통합하려는 AI 시스템 제공자에게 정보와 문서를 작성, 최신 상태로 유지하고 제공해야 한다. 연합 및 국가법에 따라 지적재산권과 기밀 사업 정보 또는 영업 비밀을 준수하고 보호해야 할 필요성을 침해하지 않고, 정보와 문서는 다음과 같아야 한다.
>     (i) AI 시스템 제공자가 일반 용도 AI 모델의 기능과 한계를 잘 이해하고 이 규정에 따라 의무를 준수할 수 있도록 지원한다.
>     (ii) 최소한 부속서 XII에 명시된 요소를 포함한다.

(c) 저작권 및 관련 권리에 관한 유럽연합법을 준수하고, 특히 최첨단 기술을 포함하여 지침(EU) 2019/790 제4조(3)항[35]에 따라 표현된 권리의 보류를 식별하고 준수하기 위한 정책을 수립한다.

(d) AI 사무국에서 제공한 템플릿에 따라, 범용 AI 모델의 훈련에 사용된 콘텐츠에 대한 충분히 자세한 요약을 작성하여 대중에게 공개한다.

2. 제1항 (a) 및 (b) 항목에 명시된 의무는 모델의 접근, 사용, 수정 및 배포를 허용하는 무료 오픈 소스 라이선스에 따라 출시되고 가중치, 모델 아키텍처에 대한 정보 및 모델 사용에 대한 정보를 포함한 매개변수가 공개적으로 제공되는 AI 모델 제공자에게는 적용되지 않는다. 이 예외는 시스템적 위험이 있는 범용 AI 모델에는 적용되지 않는다.

---

35) Directive (EU) 2019/790, known as the Directive on Copyright and Related Rights in the Digital Single Market, addresses various aspects of copyright law in the digital era. 제4조(3)항은 디지털 교육 활동과 관련된 내용을 다룬다. 제4조(3)항은 디지털 및 원격 교육을 위한 특정 이용으로서 제4조는 교육기관이 디지털 기술을 활용하여 저작물을 사용할 수 있는 예외를 규정하고 있으며 제4조(3)항은 다음과 같은 내용을 담고 있다. "회원국은 디지털 교육 활동을 목적으로 저작물 및 기타 보호된 콘텐츠의 비상업적 사용이 허용될 수 있도록 법적 틀을 마련해야 한다. 교육기관이 온라인 학습 플랫폼이나 디지털 수단을 통해 교육 콘텐츠를 제공할 경우, 이 콘텐츠는 접근 권한이 있는 학습자들에게만 제한적으로 제공되어야 하며, 일반 대중에게는 공개되지 않도록 해야 한다." 제4조(3)항은 디지털 교육 활동을 위한 저작물 사용에 대해 규정하며, 교육기관이 제공하는 콘텐츠가 비상업적 목적이어야 하며, 제한된 사용자에게만 접근이 허용되도록 규제하는 조항이다. 이는 저작권 보호와 교육 목적 간의 균형을 유지하기 위한 내용이다.

3. 일반 목적 AI 모델 제공자는 이 규정에 따라 각자의 역량과 권한을 행사함에 있어 위원회 및 국가 유관 당국과 필요에 따라 협력해야 한다.

4. 일반 목적 AI 모델 제공자는 통합된 표준이 발표될 때까지 본 조 제1항에 명시된 의무를 준수한다는 것을 입증하기 위해 제56조의 의미 내에서 실무 규범에 의존할 수 있다. 유럽 통합된 표준을 준수하면 제공자는 해당 표준이 해당 의무를 포괄하는 범위 내에서 적합성을 추정할 수 있다. 승인된 실무 규범을 준수하지 않거나 유럽 통합된 표준을 준수하지 않는 일반 목적 AI 모델 제공자는 위원회의 평가를 위해 대체적인 적절한 준수 수단을 입증해야 한다.

5. 부속서 XI의 준수를 용이하게 하기 위한 목적, 특히 부속서 2(d) 및 (e) 항목에 대해 위원회는 비교 가능하고 검증 가능한 문서화를 허용하기 위해 측정 및 계산 방법론을 세부적으로 설명하기 위해 제97조에 따라 위임 행위를 채택할 권한이 있다.

6. 위원회는 진화하는 기술 발전에 따라 부속서 XI 및 XII를 수정하기 위해 제97조(2)에 따라 위임 행위를 채택할 권한이 있다.

7. 본 조항에 따라 획득한 모든 정보 또는 문서(영업 비밀 포함)는 제78조에 명시된 비밀 유지 의무에 따라 처리되어야 한다.

### 제54조(일반 용도 AI 모델 제공업체의 공인 대표)

1. 제3국에 설립된 공급업체는 일반 용도의 AI 모델을 연합 시장에 출시하기 전에 서면 위임을 통해 연합에 설립된 공인 대표를 임명해야 한다.

2. 공급자는 공급자로부터 받은 위임장에 명시된 업무를 그 권한 있는 대리인이 수행할 수 있도록 해야 한다.

3. 공인 대표는 공급자로부터 받은 위임장에 명시된 업무를 수행해야 한다. 위임장은 요청 시 연합 기관의 공식 언어 중 하나로 AI 사무소에 위임장 사본을 제공해야 한다. 이 규정의 목적을 위해 위임장은 공인 대표에게 다음 업무를 수행할 권한을 부여한다.

   (a) 부속서 XI에 명시된 기술 문서가 작성되었고 제53조에 언급된 모든 의무와 해당되는 경우 제55조가 공급자에 의해 이행되었는지 확인한다.

   (b) 일반 용도의 AI 모델이 시장에 출시된 후 10년 동안 부속서 XI에 명시된 기술 분서 사본을 AI 사무국 및 국가 유관 기관에 보관하고, 공인 담당자를 임명한 공급자의 연락처 정보를 보관한다.

   (c) (b)항에 언급된 것을 포함하여, 이 장의 의무 준수를 입증하는 데 필요한 모든 정보 및 문서를 합리적인 요청에 따라 AI 사무소에 제공한다.

(d) 합리적인 요청이 있을 경우, AI 사무국 및 유관 당국과 협력하여 일반 목적의 AI 모델과 관련하여 취하는 모든 조치에 협조해야 한다. 여기에는 해당 모델이 연합 내에서 시장에 출시되거나 서비스에 도입되는 AI 시스템에 통합되는 경우도 포함된다.

4. 위임은 공인 대리인이 제공자와 함께 또는 제공자를 대신하여 AI 사무소 또는 유관 당국으로부터 이 규정의 준수를 보장하는 것과 관련된 모든 문제에 대해 언급할 수 있는 권한을 부여한다.

5. 공인 대리인은 공급자가 이 규정에 따른 의무에 반하는 행동을 한다고 생각하거나 생각할 만한 이유가 있는 경우 위임을 종료해야 한다. 그러한 경우 위임 종료와 그 이유를 AI 사무소에 즉시 알려야 한다.

6. 본 조항에 명시된 의무는 모델의 접근, 사용, 수정 및 배포를 허용하는 무료 오픈 소스 라이선스에 따라 출시되고 가중치, 모델 아키텍처에 대한 정보 및 모델 사용에 대한 정보를 포함한 매개변수가 공개적으로 제공되는 일반 용도 AI 모델 제공자에게는 적용되지 않는다. 다만, 일반 용도 AI 모델이 체계적 위험을 나타내는 경우는 예외이다.

## 제3절 시스템적 위험이 있는 일반 목적 AI 모델 제공자의 의무

**제55조(시스템적 위험이 있는 일반 목적 AI 모델 제공자의 의무)**
1. 제53조 및 제54조에 열거된 의무 외에도 시스템적 위험이 있는 일반 목적 AI 모델 제공자는 다음을 수행해야 한다.
  (a) 최신 기술을 반영하는 표준화된 프로토콜 및 도구에 따라 모델 평가를 수행하고, 체계적 위험을 식별하고 완화하기 위해 모델에 대한 적대적 테스트를 실시하고 문서화한다.
  (b) 시스템적 위험이 있는 범용 AI 모델의 개발, 출시 또는 사용에서 발생할 수 있는 출처를 포함하여 유럽연합 차원에서 발생할 수 있는 시스템적 위험을 평가하고 완화한다.
  (c) 심각한 사건과 이를 해결하기 위한 가능한 시정 조치에 대한 관련 정보를 지체 없이 추적하고 문서화하며 AI 사무국과 적절한 경우 국가 유관 기관에 보고한다.
  (d) 체계적 위험이 있는 일반 AI 모델과 모델의 물리적 인프라에 대해 적절한 수준의 사이버 보안 보호를 보장한다.

2. 체계적 위험이 있는 일반 용도 AI 모델 제공자는 통합된 표준이 발표될 때까지 본 조 제1항에 명시된 의무를 준수한다는 것을 입증하기 위해 제56조의 의미 내에서 실무 규범에 의존할 수 있다. 유럽 통합된 표준을 준수하면 제공자는 해당 표준이 해당 의무를 포괄하는 범위 내에서 적합성을 추정할 수 있다. 승인된 실무 규범을 준수하지 않거나 유럽 통합된 표준을 준수하지 않는 체계적 위험이

있는 일반 용도 AI 모델 제공자는 위원회의 평가를 위해 대체적인 적절한 준수 수단을 입증해야 한다.

3. 본 조항에 따라 획득한 모든 정보 또는 문서(영업 비밀 포함)는 제78조에 명시된 비밀 유지 의무에 따라 처리되어야 한다.

## 제4절 실천 규범

**제56조(실천 규범)**
1. AI 사무국은 이 규정의 적절한 적용에 기여하기 위해 국제적 접근 방식을 고려하여 연합 차원에서 실무 강령을 작성하는 것을 장려하고 촉진해야 한다.

2. AI 사무국과 이사회는 실무 강령이 최소한 다음 문제를 포함하여 제53조 및 제55조에 규정된 의무를 포괄하도록 보장하는 것을 목표로 한다.
  (a) 시장 및 기술 발전에 따라 제53조(1)항(a) 및 (b)에 언급된 정보가 최신 상태로 유지되도록 보장하는 수단
  (b) 교육에 사용된 콘텐츠에 대한 요약의 적절한 세부 정보 수준
  (c) 적절한 경우 출처를 포함하여 유럽연합 차원의 체계적 위험의 유형 및 특성을 파악한다.

(d) EU 차원의 체계적 위험을 평가하고 관리하기 위한 조치, 절차 및 양식은 이를 문서화하는 것을 포함하여 위험에 비례해야 하며, 위험의 심각성과 확률을 고려하고, AI 가치 사슬을 따라 그러한 위험이 발생하고 구체화될 수 있는 가능한 방식에 비추어 위험을 해결하는 데 따른 특정 과제를 고려해야 한다.

3. AI 사무국은 모든 범용 AI 모델 제공자와 관련 국가 유관 기관을 초대하여 실무 규범 작성에 참여할 수 있다. 시민 사회 조직, 산업, 학계 및 모든 범용 AI 모델 제공자 및 독립 전문가와 같은 기타 관련 이해관계자가 이 프로세스를 지원할 수 있다.

4. AI 사무국과 이사회는 실무 강령이 구체적인 목표를 명확히 명시하고, 해당 목표 달성을 보장하기 위한 공약이나 조치(필요한 경우 핵심 성과 지표 포함)를 포함하며, 영향을 받는 사람을 포함한 연합 차원의 모든 이해 당사자의 요구와 이익을 적절히 고려하도록 해야 한다.

5. AI 사무국은 실무 규범 참여자가 공약 이행, 취해진 조치 및 그 결과에 대해 AI 사무국에 정기적으로 보고하도록 보장하는 것을 목표로 한다. 여기에는 적절한 경우 핵심 성과 지표에 대해 측정한 결과도 포함된다. 핵심 성과 지표와 보고 공약은 다양한 참여자 간의 규모와 역량 차이를 반영해야 한다.

6. AI 사무국과 이사회는 참여자들의 실무 규범 목표 달성과 이 규정의 적절한 적용에 대한 기여를 정기적으로 모니터링하고 평가해야 한다. AI 사무국과 이사회는 실무 규범이 제53조와 제55조에 규정된 의무를 포괄하는지 평가하고, 목표 달성을 정기적으로 모니터링하고 평가해야 한다. 그들은 실무 규범의 적절성에 대한 평가를 공개해야 한다.

위원회는 이행 조치를 통해 실무 강령을 승인하고 연합 내에서 일반적으로 유효하게 할 수 있다. 해당 이행 조치는 제98조(2)에 언급된 심사 절차에 따라 채택되어야 한다.

7. AI 사무국은 모든 일반 목적 AI 모델 제공자에게 실무 규범을 준수하도록 요청할 수 있다. 체계적 위험을 나타내지 않는 일반 목적 AI 모델 제공자의 경우, 전체 규범에 가입하고자 하는 의사를 명시적으로 선언하지 않는 한, 이러한 준수는 제53조에 규정된 의무로 제한될 수 있다.

8. AI 사무국은 적절한 경우 특히 새로운 표준에 비추어 실무 규범의 검토 및 적응을 장려하고 촉진해야 한다. AI 사무국은 사용 가능한 표준의 평가를 지원해야 한다.

9. 실무 규범은 늦어도 2025년 5월 2일까지 준비되어야 한다. AI 사무국은 제7항에 따라 공급자를 초대하는 것을 포함하여 필요한 조치를 취해야 한다. 2025년 8월 2일까지 실무 강령을 확정할 수 없거나

> AI 사무국이 이 조 제6항에 따라 평가한 후 적절하지 않다고 판단하는 경우 위원회는 이행 조치를 통해 이 조 제2항에 명시된 문제를 포함하여 제53조 및 제55조에 규정된 의무 이행을 위한 공통 규칙을 제공할 수 있다. 이러한 이행 조치는 제98조(2)에 언급된 검토 절차에 따라 채택되어야 한다.

본 장은 범용 AI 모델과 시스템 위험이 있는 범용 AI 모델로 나누어 준수 사항을 설명하고 있다.

(1) 범용 AI 모델과 시스템 위험이 있는 범용 AI 모델

범용 AI 모델이란 다양한 범위의 구별되는 작업을 능숙하게 수행할 수 있는 성능을 가진 모델로서 대량의 데이터로 학습되고 그 규모에 맞도록 자체 감독을 수행한 경우를 포함하여 상당한 일반성을 나타내며 모델이 시장에 출시된 방식과 관계없이 다양한 고유 작업을 능숙하게 수행할 수 있고 다양한 하류의 시스템이나 응용 프로그램에 통합될 수 있는 AI 모델을 말한다. 이때 연구, 개발 및 프로토타이핑 활동을 위해 시장에 출시되기 전에 사용되는 AI 모델 불포함되며 직접 사용은 물론 다른 AI 시스템과의 통합을 위해 다양한 목적을 제공할 수 있는 기능을 갖춘 시스템, 합리적인 결과가 나오는 시스템을 의미한다.

한편 시스템 리스크를 가진 범용 AI 모델이라 함은 큰 영향을 미칠 수 있는 성능을 가진 범용 AI 모델로서 EU 차원의 시스템 리스크를 GPAI

모델의 고영향 성능에 특유한 위험성이라고 보고, 도달 범위로 인해 역내 시장에 중대한 영향을 미치고 공중보건, 안전, 치안, 기본권 또는 사회 전반에 실제적 또는 합리적으로 예견 가능한 부정적 영향을 미치는 것으로서 가치사슬 전반에 걸쳐 대규모로 전파될 수 있는 위험성을 가지는 모델을 말한다. 이를 GPAI 모델이라 하며, 고영향 성능을 가지는데 최첨단 GPAI 모델의 기록 성능과 동등하거나 초과하는 성능을 가진다. 이때 AI 시스템의 핵심 요소이지만 그 자체가 AI 시스템은 아니라 할 것이다. 이에 위험성 AI 시스템 개념과 구별되고 이원적 규제 체계를 가짐으로써 기본 GPAI 모델(범용 AI 모델의 정의에 해당하는 AI 모델)과 SR-GPAI 모델(고영향 성능 유무로 판단-자발적 신고 또는 미신고 시 집행위원회가 지정하는 AI 모델)로 나눌 수 있다. 이때 지정 기준은 모델 매개변수의 규모, 모델 훈련에 사용된 컴퓨팅 파워의 양, 데이터세트의 품질과 크기, 각 모달리티에 대한 고영향 성능을 결정하기 위한 최첨단 임곗값, 모델 성능에 대한 벤치마크 및 평가, 10,000개 이상의 EU 설립된 등록사업자에게 제공 시, 등록된 최종 이용자 수 등이며 10-25플로팅 포인트 연산(FLOP) 이상의 컴퓨팅 파워를 사용하는 GPAI=고영향 GPAI 시스템을 말한다. 통합표준 설정 전까지 산업계에서 마련한 Code of Practice에 의해 규율되며 통일표준 준수 시에 적합성을 추정한다. 그리하여 AI 사무국은 SP-GPAI 모델 지정 기준 개정 권한, 법적 준수 사항의 이행을 지원하기 위한 지침 개발 지원 등을 할 예정이다.

(2) 준수 사항 내용의 차별

　기본 층위 GPAI 모델 준수 사항은 기술 문서 작성 및 최신 상태 유지

(훈련 및 테스트 절차 및 평가 결과 포함), GPAI 모델을 활용하는 제3자 개발 및 공급업체에 기술정보 제공, EU 저작권법 준수(준수를 위한 정책 마련), 학습에 사용된 콘텐츠에 대한 상세 요약 공유, 국가 당국과의 협력 의무를 가지는 것을 말하며, 시스템 리스크 층위 GPAI 준수 사항의 경우 모델 평가 수행(표준화된 프로토콜, 수단 사용), 모델의 적대적 훈련(레드팀 테스트) 수행, 시스템 리스크를 평가하고 완화 조치 수행, 중대한 사건과 이에 대한 시정 조치의 추적, 문서화 및 유럽집행위원회(AI 사무국)에 신고, 적절한 사이버 보안 및 물리적 보호 수준 확보, 모델의 예상 에너지 소비량 문서화 및 신고한다. 무상으로 제공되는 오픈 소스 적용 면제(관련 정보 모두 공개 시)되는데 이 경우에도 시스템 리스크가 있는 경우 제외한다. 그러므로 GPAI 모델 → 학습, 훈련 → 시스템 → 출시(리스크 기반 규제 체계의 적용, 만일 고위험성 AI 시스템인 경우 준수 사항들이 의무 적용된다.

(3) 위반 시 처벌

GPAI 시스템 및 생성형 AI 시스템 제공자의 의무 AI 시스템의 출력을 기계가 읽을 수 있는 형식으로 표시하여 인위적으로 생성, 조작된 것 감지 보장하여야 한다. 콘텐츠 유형의 특수성, 비용, 기술 등 제반 사정을 고려하여 기술적으로 가능한 범위에서 자사의 기술 솔루션의 효과성, 상호운용성, 견고성, 신뢰성을 확인하여야 한다. GPAI에 대한 감독, 조사, 모니터링은 EU 집행위원회 전속 권한(AI 사무국 집행)에 속한다. AI 사무국은 시스템적 위험성 GPAI 시스템 지정 기준 개정 권한, 법적 준수 사항의 이행을 지원하기 위한 지침 개발 지원 등, 회원국에서 규제, 법 집행 필요성 인지 시 규제 당국이 EU에 요청한다. 모니터링, 과학 패널의 시스템 리스크에 대한 경고의무가 있다. 본 규정의 관련 조항 위반은 문서, 정보 요청에 불응, 부정확, 불완전, 오해의 소지가 있는 정보 제공 의무가 있다. 시정 조치 요청 시 불이행하거나 평가 수행을 목적으로 한 GPAI 모델 또는 SR-GPAI 모델에 대한 접근권한을 집행위원회에 제공하지 않는다. 과징금 규모는 최대 1.5천만 유로(약 220억 원), 전년 회계연도 기준 전 세계 연매출액의 최대 3% 중 더 높은 금액을 내도록 하고 있고, 기타 행정제재로는 문서 및 정보 요청 시 이를 제출할 의무, GPAI, 규제준수 등에 관한 평가 실시, 시정 조치, 시정에 대한 완화 조치, 시장 출시 제한, 시장 철수 등 다양하며, 사업자의 절차적 권리 보장이라 할 것이다. 범용 AI 모델 제공자의 주요 의무로는 상세한 기술 문서 작성 및 유지, EU 저작권법 준수 정책 마련, 학습 데이터에 이용한 콘텐츠에 관한 요약문 공개, 국내 대리인 지정(해당되는 경우) 의무가 있다. 또한 시스템 리스크를 가진 범용 AI 모델에 대한 의무로는 최첨단 모델의 경우 적합성 평가를 수행하고 EU 집행위원회에 신고하여야 한다. 이때 잠재적 시스템 리스크 평가 및 완화 조치를 할 수 있으며, 중대 사고 추적 및 보고 의무, 적정한 사이버 보안 보호 체계 구축 의무가 있다.

이때 규율의 근거는 사회, 기본권, 가치에 최대의 영향을 미칠 수 있는 것이며, 규율 대상은 컴퓨팅 성능을 기반으로 정의된다. 만일 이를 포함하지 못하는 경우, 집행위원회 현행 기준 개정 가능하다. 규율 범위는 이미 출시된 범용 AI 모델 적용은 배제되며 R&D 프로토타입도 적용을 배제한다. 그 밖에 오픈 소스 모델 적용도 배제되는 특례가 있으나 시스템 리스크를 수반하는 경우 적용된다.

# 혁신지원방안

 EU는 AI 규제 샌드박스를 구축, 운영하여 엄격한 감독하에 혁신적인 AI 시스템의 개발 및 테스트를 국가 수준에서 촉진한다. 이 목적은 ① AI법과 국내법 규제 준수 달성 ② 회원국 간 협력을 통해 모범 사례 공유 ③ 혁신과 경쟁 조성 ④ AI 생태계 발전 촉진 ⑤ 증거 기반 규제에 기여 ⑥ 인공지능 스타트업을 포함한 중소기업의 인공지능 기술 EU 시장에의 접근 촉진 및 가속화가 필요하다. 이에 대한 구체화는 실행과 이행으로 나타나는데 회원국은 1개 이상 규제 샌드박스 운영(2026. 8. 2.~)하도록 하여야 하고, 충분한 자원 배정 및 감독을 할 의무를 진다. 이에 대해 EU AI 사무국은 ① AI 규제 샌드박스 구축, 운영 기술지원 ② 자문, 도구, 기본권, 건강, 안전 등에 대한 위험 확인 위한 지침, 감독, 지원 ③ 예상되는 규제의 수준과 AI법에서 정한 요건, 의무 이행 방법에 관한 지침 등 제공. ④ AI 규제 샌드박스의 구축, 발전, 시행, 운영, 감독 관련 세부 사항을 이행법으로 마련하여 정책이 파편화되는 것을 방지하고자 한다.
 그리하여 AI 규제 샌드박스 이행법으로 보장할 사항에 대해 9가지로서 ① 자격, 선정 기준의 투명성, 공정성을 확보한다. 즉, 자격 및 선정 기준을 충족하는 AI 시스템의 장래 공급자가 신청 가능하며 신청의 투명성 및 공정성 확보, 국가 관할 당국은 신청 후 3개월 이내에 시청자에게 결정을 통보한다. ② 평등한 접근 및 참여자 수요 고려하여 광범위하고 평등한 접근 허용 및 참여 수요 충족, 장래 공급자는 배포자 및 기타 관련 제3자와 제휴가 가능하다. ③ 유연한 운영 지원으로 세부 사항 및 조건은 국가 관할 당국이 유연하게 AI 규제 샌드박스를 구축 및 운영할 수 있도록 최대한 지원한다. ④ 스타트업 등 중소기업은 AI 규제 샌드박스에 무료로 접근이 가능하며 ⑤ AI 규제 샌드박스의 학습 결과를 통해 적합성 평가의무 준수 및 업무 준칙(제95조)의 자발적 적용, 촉진하여 적합성 평가, 업무 준칙 준수를 촉진한다. ⑥ AI 생태계 내 다른 참여자의 관여 촉진 및 공공과 민간 부문의 협력을 허용, 촉진하여 스타트업, 기업, 혁신가, 시험 및 실험 시설, 연구소, 실험실, 유럽 디지털 혁신 허브, 최고 전문센터, 개별 연구자, 피통보 기관 및 표준화 기관, 스타트업을 포함한 중소기업 등 AI 생태계 내 관련 행위자의 관여를 촉진한다. ⑦ AI 규제 샌드박스를 신청, 선정, 참여, 종료하는 절차 등 간소화하고 명확한 이해를 담보하고 회원국 간에 일관성 있는 적용과 동일한 법적 효과를 적용한다. ⑧ 적절한 참여 기간 설정 등에 있어 참여는 프로젝트의 복잡성과 규모에 따라 적절한 기간으로 제한, 연장이 가능하다. ⑨ 관련 도구 개발 및 위험 완화 조치 개발을 촉진할 수 있는데, 정확성, 견고성, 사이버 보안과 같은 규제 학습과 관련된 AI 시스템의 차원을 시험, 벤치마킹, 평가 및 설명하는 도구와 인프라, 기본권 및 사회 전반에 대한 위험을 완화하기 위한 조치 등 개발 촉진할 수 있다. 회원국은 AI 규제 샌드박스를 제공하여야 하는데(통제된 환경+현실 세계 조건) 1단계 공급자 신청(공익 목적, 고위험 AI 시스템, 기타), 2단계 국가 관할 당국, 공급자의 시험 조건, 기본권 안전 조치 합의, 3단계 국가 관할 당국 이용승인 4단계 테스트 실시(건강, 안전, 기본권에 중대한 위험 확인된 경우 위험 완화 조치, 완화가 곤란한 경우 참여 일시 정지 또는 영구 보류 가능), 5단계 국가 관할 당국 서면(활동)증명서), 종료보고서(활동 및 결과 상세기술) 등 적합성 평가절차 또는 시장 감독 활동에서 AI법을 준수하고 있음을 입증하기 위한 증거문서를 제출하여 시장 감시당국 등에서 이를 긍정적으로 고려한다. 결국 EU 집행위, AI 사무국은 당사자 동의하에 종료보고서에 접근 및 단일 전용 창구에 공개 가능하다.

테스트로 인해 제3자가 피해가 발생하는 경우 EU법 및 국내법에 따라 책임을 지도록 하되 장래의 공급자가 구체적인 계획 및 참여 조건 준수, 국가 관할 당국의 지침 성실히 준수하는 데 있어서는 과징금을 부과해서는 안 된다. 즉, 규제 샌드박스를 활용한 경우 EU법 또는 국내법의 소관 관할 당국이 AI 규제 샌드박스에 적극적으로 관여하고 이행 지침을 제공, 지도, 감독하며, 해당 법 위반에 대해 어떠한 과징금도 부과해서는 안 된다.

공익 목적의 특정 AI 시스템 개발, 학습 및 테스트 시 개인정보 처리가 허용될 수 있는데 이는 익명화 또는 합성 개인정보를 이용하는 것으로 목적 달성이 곤란+일정한 조건을 충족하여야만 한다. 이때 공익 목적이란 (i) 질병 탐지, 진단 예방, 통제, 치료 및 건강관리 시스템의 개선 등 공공 안전 및 공중보건, (ii) 높은 수준으로 환경보호 및 환경의 질 개선, 생물 다양성 보호, 오염으로부터 보호, 녹색 전환 조치, 기후 변화 감소 및 적응 조치, (iii) 에너지 지속 가능성, (iv) 교통 시스템 및 이동 수단, 주요 기반 및 네트워크의 안전성과 복원력, (v) 공공행정 및 공공서비스 효율성 및 질을 말하며, 그 외에는 (i) 익명화된 개인정보 처리 시 목적 달성이 곤란하거나 (ii) 위험 모니터링 체계 및 대응체계(위험 완화, 처리 중단 등) 구비하고 (iii) 데이터에 대한 접근이 제한되며 (iv) 규제 샌드박스 외에서 개인정보 공유를 금지한다. (v) 이때 정보 주체의 권리를 보장하고 (vi) 참여 종료 및 보관 기간 종료 시 개인정보를 삭제하여야 한다. 다만 로그는 보관하여야 하고 학습, 테스트, 검증 처리 설명도 보관하여야 한다. 그 밖에 사업 요약서, 사업 목적 및 기대되는 결과는 공개하여야 한다.

고위험 AI 시스템의 현실 세계 조건에서의 테스트 조건 1단계로는 실증계획을 제출하여야 한다. 즉, 공급자 또는 장래 공급자는 실증계획을 작성하여 해당 계획을 시장 감시 당국에 제출하여야 한다. 2단계로는 시장 감시 당국 승인이 있어야 하는데 테스트가 실시되는 회원국의 시장 감시 당국이 현실 세계 조건에서의 테스트와 실증계획 승인, 30일 이내 답변 없는 경우 승인으로 이해한다. 다만 국내법상 묵시적 승인이 없는 경우 명시적 승인 필요하다. 3단계는 테스트를 등록하는데 현실 세계 조건에서의 테스트를 EU 고유 식별 번호 및 부속서 IX에 따른 정보(성명, 연락처, 시스템 간략 설명, 테스트 계획의 주요 특징 및 중단, 종료)와 함께 등록하여야 한다. 4단계는 대표자를 지정하는 것으로 EU에 설립되었거나 EU에 설립된 자를 법적 대표자로 지정하여야 한다. 5단계 데이터 국외 이전은 제한되는데 수집, 처리된 데이터는 오직 EU법에 따른 적절하고 적용 가능한 보호가 이행되는 경우에만 제3국 이전이 가능하다. 고위험 AI 규제 샌드박스를 실행할 수 있는 기한은 6~12개월로서 테스트 목적을 달성하는 데 필요한 기간 동안만 지속, 어떠한 경우에도 6개월 초과는 불가하다. 즉, 6개월 이내에서 연장이 가능하다. 6단계는 취약집단 보호로서 나이, 장애로 인해 취약집단을 보호할 필요가 있는데 나이, 장애로 인해 취약 집단에 속하는 자가 현실 세계 조건에서의 테스트 대상인 경우, 이에 대해 적절히 보호하여야 한다. 7단계는 정보 공유, 역할, 책임을 구체화하는 것으로 장래 공급자가 장래 배포자와 협력하여 참여 시 장래 배포자 테스트에 관한 모든 측면에 대한 정보 및 제1조에 따른 AI 시스템 관련 이용 지침을 제공받아야 하고, 양자 간 역할과 책임을 구체화한 협정을 체결하여야 한다. 8단계는 개인정보 처리의 효과 및 삭제에 있어 법 집행 분야 테스트 자체와 그 결과가 대상에게 어떠한 부정적 효과도 주지 않고, 개인정보는 테스트 실시 이후 이를 삭제하여야 한다. 이때 감독은 역량과 자격을 갖춘 자에 의해 감독하여야 하고, AI 결과물은 취소 가능성이 있다. AI 시스템의 예측, 권고 또는 결정은 실질적으로 취소 또는 무시가 가능할 수 있기 때문이다.

스타트업을 포함한 중소기업 지원에 있어 스타트업 포함한 중소기업은 AI 생태계의 중요 부분으로 경쟁력 유지 위한 지원 및 규제 부담을 완화해 준다. 먼저 혁신지원으로는 EU 집행위원회와 회원국이 AI 규제 샌드박스를 무료로 참여 보장하고 참여 절차를 간소화한다. 회원국은 AI 규제 샌드박스에 대한 우선 접근권을 제공하는데 AI법 적용 인식 제고 및 교육 활동 구성, AI법 이행 관련 질의 및 조언을 위한 소통 창구 마련, 표준개발 절차에 중소기업 등 이해관계자 참여를 촉진한다. AI 사무국은 AI 시스템 정부 조달 절차 모범 사례를 취합하여 이를 평가하고 촉진한다. 스타트업의 규제 부담 완화 방법에 있어 EU 집행위원회는 중소기업 등 대상 단순화된 방식의 기술 문서 양식 마련, 초소기업 대상 단순화된 방식으로 준수 가능한 품질관리체계 가이드라인 개발, AI법 이행을 위한 가이드라인 마련 시 중소기업 등 고려, 유럽 의회 및 EU 이사회 대상 정기보고서에 중소기업 등의 시장 진입 비중 포함하여야 한다. 회원국은 AI법 위반에 대한 처벌 규칙 수립 시 중소기업 등 고려, 과징금 부과 부담 완화한다. 또한 회원국이 표준개발절차에 중소기업 등 이해관계자 참여 촉진하게 하고 EU 집행위원회는 자문 포럼 위원에 중소기업 관계자를 포함하며, AI 사무국 및 회원국은 중소기업 등의 이익과 필요를 고려한 행동강령을 마련하여야 한다. 그 밖에도 정보에 취약하지 않도록 회원국은 AI법

이행 관련 질의 및 조언을 위한 소통 창구를 마련하고, AI 사무국은 표준화된 양식 제공, 단일정보 제공 플랫폼을 구축하고 유지하며 AI 의무 인식 제고를 위한 소통 캠페인, 정부 조달 절차 모범 사례 수렴 평가와 이를 촉진하고자 노력하여야 한다.

> **제57조(AI 규제 샌드박스)**
> 1. 회원국은 자국의 유능한 당국이 2026년 8월 2일까지 운영될 최소 하나의 AI 규제 샌드박스를 국가 차원에서 설립하도록 보장해야 한다. 해당 샌드박스는 다른 회원국의 유능한 당국과 공동으로 설립될 수도 있다. 위원회는 AI 규제 샌드박스의 설립 및 운영을 위한 기술 지원, 조언 및 도구를 제공할 수 있다.
> 첫 번째 하위 단락에 따른 의무는 기존 샌드박스에 참여함으로써도 이행될 수 있으며, 해당 참여는 참여하는 회원국에 대해 동등한 수준의 국가적 적용 범위를 제공하는 경우에 한한다.
>
> 2. 지역 또는 지방 수준에서 추가적인 AI 규제 샌드박스를 설립하거나 다른 회원국의 유관 당국과 공동으로 설립할 수도 있다.
>
> 3. 유럽 데이터 보호 감독관은 또한 유럽연합 기관, 단체, 사무소 및 기관을 위한 AI 규제 샌드박스를 구축할 수 있으며, 이 장에 따라 국가 유관 당국의 역할과 업무를 행사할 수 있다.
>
> 4. 회원국은 제1항 및 제2항에 언급된 유능한 당국이 이 조항을

효과적이고 시기적절하게 준수하는 데 충분한 자원을 할당하도록 보장해야 한다. 적절한 경우 국가 유능한 당국은 다른 관련 당국과 협력해야 하며 AI 생태계 내의 다른 행위자의 참여를 허용할 수 있다. 이 조항은 연합 또는 국가법에 따라 설립된 다른 규제 샌드박스에 영향을 미치지 않는다. 회원국은 다른 샌드박스를 감독하는 당국과 국가 유능한 당국 간에 적절한 수준의 협력을 보장해야 한다.

5. 제1항에 따라 설립된 AI 규제 샌드박스는 혁신을 촉진하고 혁신적인 AI 시스템의 개발, 교육, 테스트 및 검증을 용이하게 하는 통제된 환경을 제공해야 하며, 이는 공급자 또는 잠재적 공급자와 유능한 당국 간에 합의된 특정 샌드박스 계획에 따라 시장에 출시되거나 서비스를 시작하기 전에 제한된 시간 동안 제공되어야 한다. 이러한 샌드박스에는 해당 샌드박스에서 감독되는 실제 조건에서의 테스트가 포함될 수 있다.

6. 유관 당국은 AI 규제 샌드박스 내에서 적절한 경우 위험, 특히 기본권, 건강 및 안전, 테스트, 완화 조치 및 이 규정의 의무 및 요구사항과 관련된 효과성, 그리고 샌드박스 내에서 감독되는 기타 연합 및 국가법과 관련된 위험을 식별하기 위한 지침, 감독 및 지원을 제공해야 한다.

7. 유관 당국은 AI 규제 샌드박스에 참여하는 공급자와 잠재적 공급자에게 규제 기대 사항과 이 규정에 명시된 요구 사항 및 의무를

이행하는 방법에 대한 지침을 제공해야 한다. AI 시스템 제공자 또는 잠재적 제공자의 요청 시, 유능한 당국은 샌드박스에서 성공적으로 수행된 활동에 대한 서면 증거를 제공해야 한다. 유능한 당국은 또한 샌드박스에서 수행된 활동과 관련 결과 및 학습 성과를 자세히 설명하는 종료 보고서를 제공해야 한다. 제공자는 이러한 문서를 사용하여 적합성 평가 프로세스 또는 관련 시장 감시 활동을 통해 이 규정을 준수한다는 것을 입증할 수 있다. 이와 관련하여, 국가 유능한 당국이 제공한 종료 보고서 및 서면 증거는 시장 감시 기관 및 통보 기관에서 적합성 평가 절차를 합리적인 범위까지 가속화하기 위해 긍정적으로 고려해야 한다.

8. 제78조의 기밀 조항에 따라, 그리고 제공자 또는 잠재적 제공자의 동의하에, 위원회와 이사회는 종료 보고서에 접근할 수 있는 권한을 부여받으며, 이 규정에 따른 업무를 수행할 때 적절한 경우 이를 고려해야 한다. 제공자 또는 잠재적 제공자와 국가 유관 기관이 명시적으로 동의하는 경우, 종료 보고서는 이 조항에 언급된 단일 정보 플랫폼을 통해 공개적으로 제공될 수 있다.

9. AI 규제 샌드박스의 설립은 다음 목표에 기여하는 것을 목표로 한다.
   (a) 이 규정 또는 해당되는 경우 기타 적용 가능한 연합 및 국가 법에 대한 규제 준수를 달성하기 위한 법적 확실성 개선
   (b) AI 규제 샌드박스에 참여하는 당국과의 협력을 통해 모범 사례 공유를 지원한다.

(c) 혁신과 경쟁력을 육성하고 AI 생태계 개발을 촉진한다.

(d) 증거 기반 규제 학습에 기여

(e) 특히 스타트업을 포함한 중소기업이 제공하는 경우 AI 시스템에 대한 유럽연합 시장 접근성을 용이하게 하고 가속화한다.

10. 국가 유관 기관은 혁신적인 AI 시스템이 개인 데이터 처리를 포함하거나 다른 국가 기관 또는 데이터 액세스를 제공하거나 지원하는 유관 기관의 감독 범위에 속하는 경우, 국가 데이터 보호 기관과 해당 국가 또는 유관 기관이 AI 규제 샌드박스 운영과 연계되고 각자의 업무 및 권한의 범위 내에서 해당 측면의 감독에 참여하도록 보장해야 한다.

11. AI 규제 샌드박스는 지역 또는 지방 수준을 포함하여 샌드박스를 감독하는 유능한 당국의 감독 또는 시정 권한에 영향을 미치지 않는다. 이러한 AI 시스템의 개발 및 테스트 중에 확인된 건강 및 안전 및 기본권에 대한 중대한 위험은 적절한 완화로 이어져야 한다. 국가 유능한 당국은 효과적인 완화가 불가능한 경우 테스트 프로세스 또는 샌드박스 참여를 일시적 또는 영구적으로 중단할 권한이 있으며, 그러한 결정을 AI 사무소에 알려야 한다. 국가 유능한 당국은 특정 AI 규제 샌드박스 프로젝트와 관련하여 법률 조항을 시행할 때 재량권을 사용하여 관련 법률의 범위 내에서 감독 권한을 행사하여 연합 내 AI 혁신을 지원한다.

12. AI 규제 샌드박스에 참여하는 공급자 및 잠재적 공급자는 샌드박스에서 진행되는 실험의 결과로 제3자에게 발생한 모든 피해에 대해 해당 연합 및 국가 책임법에 따라 책임을 져야 한다. 그러나 잠재적 공급자가 참여에 대한 구체적인 계획 및 약관을 준수하고 국가 유능 기관에서 제공한 지침을 성실히 따르는 경우, 당국은 이 규정 위반에 대해 행정 벌금을 부과하지 않는다. 다른 연합 및 국가법을 담당하는 다른 유능 기관이 샌드박스의 AI 시스템 감독에 적극적으로 참여하고 준수에 대한 지침을 제공한 경우 해당 법률과 관련하여 행정 벌금을 부과하지 않는다.

13. AI 규제 샌드박스는 해당되는 경우 국가 유관 기관 간의 국경 간 협력을 용이하게 하는 방식으로 설계 및 구현되어야 한다.

14. 국가 유관 당국은 이사회의 틀 안에서 활동을 조정하고 협력해야 한다.

15. 국가 유관 당국은 AI 사무국과 이사회에 샌드박스 설립을 알려야 하며, 지원과 지침을 요청할 수 있다. AI 사무국은 계획된 샌드박스와 기존 샌드박스 목록을 공개하고 최신 상태로 유지하여 AI 규제 샌드박스와 국경 간 협력에서 더 많은 상호 작용을 장려해야 한다.

16. 국가 유관 당국은 AI 규제 샌드박스가 설립된 후 1년부터 매년

종료될 때까지 AI 사무국과 이사회에 연례 보고서와 최종 보고서를 제출해야 한다. 이 보고서는 샌드박스의 구현 진행 상황과 결과에 대한 정보를 제공해야 하며, 여기에는 모범 사례, 사고, 교훈 및 샌드박스 설정에 대한 권장 사항이 포함되며, 해당되는 경우 위임 및 이행 행위를 포함하여 이 규정의 적용 및 가능한 개정 사항과 샌드박스 내에서 유관 당국이 감독하는 기타 연합법의 적용에 대한 정보가 포함되어야 한다. 국가 유관 당국은 연례 보고서 또는 그 초록을 온라인에서 대중에게 공개해야 한다. 위원회는 해당되는 경우 이 규정에 따른 업무를 수행할 때 연례 보고서를 고려해야 한다.

17. 위원회는 이해관계자가 AI 규제 샌드박스와 상호 작용하고 유능한 당국에 문의하고 AI 기술을 내장한 혁신적인 제품, 서비스, 사업 모델의 적합성에 대한 비구속적 지침을 구할 수 있도록 AI 규제 샌드박스와 관련된 모든 관련 정보를 포함하는 단일하고 전담 인터페이스를 개발해야 한다(제62조(1)항(c)에 따라). 위원회는 관련되는 경우 국가 유능한 당국과 적극적으로 협력해야 한다.

### 제58조(AI 규제 샌드박스의 세부적인 준비 및 기능)

1. EU 전체의 분열을 피하기 위해 위원회는 AI 규제 샌드박스의 설립, 개발, 구현, 운영 및 감독을 위한 세부적인 조치를 명시하는 이행 조치를 채택해야 한다. 이행 조치에는 다음 문제에 대한 공통 원칙이 포함되어야 한다.

(a) AI 규제 샌드박스 참여 자격 및 선정 기준
(b) AI 규제 샌드박스의 신청, 참여, 모니터링, 종료 및 종료에 대한 절차(샌드박스 계획 및 종료 보고서 포함)
(c) 참가자에게 적용되는 약관
이러한 시행 조치는 제98조(2)에 언급된 심사 절차에 따라 채택되어야 한다.

2. 제1항에 언급된 이행 조치는 다음을 보장해야 한다.
(a) AI 규제 샌드박스는 적격성 및 선정 기준을 충족하는 모든 AI 시스템 제공자 또는 잠재적 제공자에게 개방되어야 하며, 이러한 기준은 투명하고 공정해야 하며, 국가 주무 기관은 신청 후 3개월 이내에 신청자에게 결정을 통보해야 한다.
(b) AI 규제 샌드박스는 광범위하고 동등한 접근을 허용하고 참여 수요에 부응할 수 있다. 공급업체와 잠재적 공급업체는 배포업체 및 기타 관련 제3자와 파트너십을 맺고 신청서를 제출할 수도 있다.
(c) AI 규제 샌드박스에 대한 세부적인 마련과 조건은 국가 유관 기관이 AI 규제 샌드박스를 구축하고 운영할 수 있는 유연성을 최대한 지원한다.
(d) 중소기업(신생기업 포함)은 AI 규제 샌드박스에 무료로 접근할 수 있으며, 국가 유관 기관이 공정하고 비례적인 방식으로 회수할 수 있는 예외적인 비용은 제외된다.
(e) AI 규제 샌드박스의 학습 성과를 통해 공급자와 잠재 공급자가

이 규정에 따른 적합성 평가 의무를 준수하고 제95조에 언급된 행동 강령을 자발적으로 적용하도록 돕는다.

(f) AI 규제 샌드박스는 AI 생태계 내의 다른 관련 주체, 즉 지정 기관, 표준화 기구, 스타트업, 대기업, 혁신가를 포함한 중소기업, 테스트 및 실험 시설, 연구 및 실험 실험실, 유럽 디지털 혁신 허브, 우수 센터, 개별 연구자의 참여를 촉진하여 공공 및 민간 부문과의 협력을 허용하고 촉진한다.

(g) 중소기업 및 스타트업을 포함하여 법적, 행정적 역량이 제한적인 기업이 쉽게 참여할 수 있도록 AI 규제 샌드박스에 대한 신청, 선정, 참여 및 종료를 위한 절차, 프로세스 및 행정 요건이 간단하고, 이해하기 쉽고, 명확하게 전달되어야 하며, 단편화를 피하기 위해 유럽연합 전역에서 간소화되어야 한다. 또한 회원국 또는 유럽 데이터 보호 감독 기관이 설립한 AI 규제 샌드박스에 대한 참여는 상호적이고 균일하게 인정되며 유럽연합 전역에서 동일한 법적 효과를 가진다.

(h) AI 규제 샌드박스 참여는 프로젝트의 복잡성과 규모에 적합한 기간으로 제한되며 국가 유관 기관에 의해 연장될 수 있다.

(i) AI 규제 샌드박스는 정확성, 견고성, 사이버 보안과 같이 규제 학습에 관련된 AI 시스템의 측면을 테스트, 벤치마킹, 평가 및 설명하기 위한 도구와 인프라의 개발을 용이하게 하며, 기본적 권리와 사회 전체에 대한 위험을 완화하기 위한 조치를 제공한다.

3. AI 규제 샌드박스의 잠재적 공급자, 특히 중소기업과 신생기업은 해당되는 경우 이 규정의 구현에 대한 지침과 같은 사전 배포 서비스, 표준화 문서 및 인증, 테스트 및 실험 시설, 유럽 디지털 혁신 허브 및 우수 센터와 같은 기타 부가가치 서비스로 안내되어야 한다.

4. 국가 유관 당국이 이 조항에 따라 설립될 AI 규제 샌드박스의 틀 안에서 감독되는 실제 세계 조건에서의 테스트 허가를 고려하는 경우, 그들은 기본적 권리, 건강 및 안전을 보호하기 위해 참가자와 그러한 테스트의 조건 및 특히 적절한 보호 조치를 구체적으로 합의해야 한다. 적절한 경우, 그들은 연합 전체에서 일관된 관행을 보장하기 위해 다른 국가 유관 당국과 협력해야 한다.

### 제60조(AI 규제 샌드박스 외부의 고위험 AI 시스템 실증)

1. 부속서 III에 제시된 고위험 AI 시스템의 제공자 및 예비 제공자는 제5조에 따른 금지에 반하지 않고, 본 조 및 본 조에 따른 실증계획에 따라 AI 규제 샌드박스 외부의 고위험 AI 시스템 실증을 할 수 있다.

집행위원회는 제98조 제2항에 의한 검사 절차에 따라 채택된 이행 법률을 통해 실증계획의 세부 요소를 명시해야 한다.

본 항은 부속서 I에 열거된 EU 통합법률의 적용을 받는 제품과 관련된 고위험 AI 시스템의 실증에 관한 유럽연합 법률 또는 회원국 법률에 반하지 않는다.

2. 제공자 및 예비 제공자는 부속서 III에 따른 고위험 AI 시스템을 출시하거나 서비스를 개시하기 전에 자체 또는 하나 이상의 배포자 또는 예비 배포자와 협력하여 언제든지 실증할 수 있다.

3. 본 조에 따른 고위험 AI 시스템의 실증은 EU 법률 또는 회원국 법률에서 요구하는 윤리적 검토에 반하지 않는다.

4. 제공자 및 예비 제공자는 다음 조건이 모두 충족되는 경우에만 실증할 수 있다.
  (a) 제공자나 예비 제공자가 실증계획을 작성하여 실증이 실시되는 회원국의 시장감독기관에 제출한 경우
  (b) 회원국의 시장감독기관이 승인한 경우. 시장감독기관이 30일 이내에 답변을 제공하지 않은 경우, 실증계획은 승인된 것으로 간주된다. 다만 회원국 법률이 묵시적 승인을 규정하지 않는 경우에는 여전히 승인을 받아야 한다.
  (c) 법 집행, 이주, 망명 및 국경 통제 관리 분야에서 부속서 III 제1호, 제6호 및 제7호에 따른 고위험 AI 시스템의 제공자 및 예비 제공자를 제외하고 제공자 및 예비 제공자와 부속서 III 제2호에 따른 고위험 AI 시스템이 EU 고유의 단일 식별 번호와 부속서 IX에 명시된 정보를 가지고 제71조 제4항에 따른 실증을 등록한 경우. 법 집행, 이주, 망명 및 국경 통제 관리 분야에서 부속서 III 제1호, 제6호 및 제7호에 따른 고위험 AI 시스템의 제공자 및 예비 제공자가 제49조 제4항 (d)호에 따라 EU 데이터

베이스의 안전한 비공개 부문에 EU 차원의 고유 단일 식별 번호와 이에 명시된 정보로 실증을 등록한 경우. 부속서 III의 제2호에 따른 고위험 AI 시스템의 제공자 및 예비 제공자가 제49조 제5항에 따라 실증을 등록한 경우

(d) 실증하는 제공자 및 예비 제공자가 EU에 설립되었거나 설립된 법적 대리인을 임명한 경우

(e) 실증을 위한 목적으로 수집되고 처리된 데이터가 EU 법률에 따라 적절하고 적용 가능한 보호 조치가 시행되는 경우에만 제3국으로 이전할 수 있다.

(f) 실증은 목적을 달성하기 위해 필요한 기간을 초과하지 아니하고 어떠한 경우에도 6개월을 초과할 수 없다. 다만 기간은 제공자 또는 예비 제공자가 시장감독기관에 연장의 필요성에 대한 설명과 함께 사전에 통보하는 경우 6개월의 기간이 연장될 수 있다.

(g) 연령, 장애로 취약계층 집단에 속한 실증의 시험 대상자가 적절히 보호되는 경우

(h) 제공자 및 예비 제공자가 하나 이상의 배포자 및 예비 배포자와 협력하여 실증을 조작하는 경우, 해당 배포자 및 예비 배포자는 참여하기로 한 결정과 관련된 실험의 모든 측면에서 통보를 받고 제13조에 따른 AI 시스템 사용에 관한 관련 사용 지침을 받은 경우, 제공자 및 예비 제공자와 배포자 및 예비 배포자는 이 규정 및 기타 적용 가능한 EU 법률 및 회원국 법률에 따른 실증을 위한 규정의 준수를 보장하기 위해 자신의 역할과 책임을 명시한 계약을 체결해야 한다.

(i) 실증의 시험 대상자가 제61조에 따라 정보 제공 후 동의를 했거나 정보 제공 후 동의를 구하면 AI 시스템 실험이 방해될 수 있는 법 집행의 경우, 실험 자체와 실증 결과는 대상자에게 부정적인 영향을 미치지 않으며 실험 실시 후 개인정보는 삭제된다.
(j) 실증은 제공자 및 예비 제공자 외에 배포자 및 예비 배포자가 관련 분야에서 적절한 자격을 갖추고 업무 수행에 필요한 역량, 학습 및 권한을 가진 사람을 통해 효과적으로 감독되는 경우
(k) AI 시스템의 예측, 권고 또는 결정은 효과적으로 번복되고 무시될 수 있다.

5. 실증의 시험 대상자 및 법적으로 지정된 대리인은 어떠한 불이익 없이, 정당한 이유를 제시하지 않고도 언제든지 정보 제공 후 동의를 취소함으로써 적절하게 실험을 철회할 수 있으며, 자신의 개인정보의 즉각적이고 영구적인 삭제를 요청할 수 있다. 정보 제공 후 동의의 철회는 이미 실시된 활동의 영향을 미치지 아니한다.

6. 제75조에 따라 회원국은 시장감독기관에 제공자와 예비 제공자에게 정보 제공 요청, 예고 없는 원격 또는 현장 검사 수행, 실증의 수행과 관련한 고위험 AI 시스템에 대한 점검을 수행할 수 있는 권한을 부여한다. 시장감독기관은 이러한 권한을 사용하여 실증이 안전하게 실시되도록 보장하여야 한다.

7. 실증 과정에서 확인된 모든 중대한 사고는 제73조에 따라 국가

시장감독기관에 보고되어야 한다. 제공자 및 예비 제공자는 즉시 완화 조치를 하거나, 그렇지 못한 경우 완화 조치가 이루어질 때까지 실증을 보류하거나 다른 방식으로 실험을 종료해야 한다. 제공자 및 예비 제공자는 실증이 종료되면 AI 시스템을 신속하게 회수하는 절차를 수립해야 한다.

8. 제공자 및 예비 제공자는 실증이 실시될 회원국의 국가시장감독기관에 실증의 보류 또는 종료 및 최종 결과를 통보해야 한다.

9. 제공자 및 예비 제공자는 실증 과정에서 발생한 손해에 대해 관련 유럽연합 법률 및 국가 책임법에 따라 책임을 진다.

### 제61조(AI 규제 샌드박스 외부의 실제 환경에서 테스트에 참여하기 위한 정보 제공 동의)

1. 제60조에 따라 실제 상황에서 시험을 실시하기 위해서는 시험 대상자가 해당 시험에 참여하기 전에 자유롭고 정보에 입각한 동의를 얻어야 하며, 다음에 관한 간결하고 명확하며 관련성 있고 이해하기 쉬운 정보를 적절히 제공해야 한다.

  (a) 실제 상황에서의 테스트의 성격과 목적, 그리고 테스트 참여로 인해 발생할 수 있는 불편함

  (b) 실제 상황에서 테스트를 실시하는 조건(여기에는 피험자 또는 피험자의 참여 예상 기간이 포함된다.)

(c) 그들의 권리와 참여에 대한 보장, 특히 실제 상황에서의 테스트에 대한 참여를 거부할 권리와 언제든지 어떠한 불이익 없이, 정당한 이유를 제시하지 않고도 테스트를 철회할 권리
(d) AI 시스템의 예측, 권장 사항 또는 결정을 뒤집거나 무시하도록 요청하기 위한 조치
(e) 제60조(4)항(c)에 따라 실제 상황에서 실시하는 테스트의 연합 전역 고유 단일 식별 번호와 추가 정보를 얻을 수 있는 제공자 또는 법적 대리인의 연락처 정보

2. 정보 제공 동의에는 날짜를 기재하고 문서화해야 하며, 사본은 시험 대상자 또는 법적 대리인에게 제공해야 한다.

제62조(특히 신생기업을 포함한 중소기업을 포함한 공급자 및 배포자를 위한 조치)
1. 회원국은 다음 조치를 취해야 한다.
(a) EU 내에 등록 사무소 또는 지사를 두고 있는 중소기업(신생기업 포함)에게 적격 조건 및 선정 기준을 충족하는 범위 내에서 AI 규제 샌드박스에 우선적으로 접근할 수 있는 권한을 부여한다. 이 우선 접근은 이 단락에 언급된 중소기업 외의 다른 중소기업(신생기업 포함)이 AI 규제 샌드박스에 접근하는 것을 방해하지 아니한다. 다만 이들 역시 적격 조건 및 선정 기준을 충족해야 한다.

(b) 신생기업, 배치업체 및 필요한 경우 지방 공공 기관을 포함한 중소기업의 요구 사항에 맞춰 이 규정의 적용에 대한 구체적인 인식 제고 및 교육 활동을 조직한다.

(c) 기존 전담 채널을 활용하고, 필요한 경우 신생기업, 배포자, 기타 혁신자를 비롯한 중소기업과 소통하기 위한 새로운 채널을 구축하고, 필요한 경우 지역 공공 기관과 소통하여 AI 규제 샌드박스 참여를 포함하여 이 규정의 구현에 대한 조언을 제공하고 질의에 응답한다.

(d) 표준화 개발 과정에 중소기업 및 기타 관련 이해관계자의 참여를 촉진한다.

2. 신생기업을 포함한 중소기업 공급자의 구체적인 관심사와 요구 사항은 제43조에 따른 적합성 평가 수수료를 설정할 때 고려되어야 하며, 해당 수수료는 규모, 시장 규모 및 기타 관련 지표에 비례하여 감소되어야 한다.

3. AI 사무국은 다음의 조치를 취한다.

(a) 이사회가 요청한 대로, 이 규정이 다루는 분야에 대한 표준화된 템플릿을 제공한다.

(b) 이 규정과 관련하여 유럽연합 전역의 모든 사업자를 위해 사용하기 쉬운 정보를 제공하는 단일 정보 플랫폼을 개발하고 유지한다.

(c) 이 규정으로 인해 발생하는 의무에 대한 인식을 높이기 위해 적절한 홍보 캠페인을 조직한다.

(d) AI 시스템과 관련된 공공 조달 절차의 모범 사례 융합을 평가하고 촉진한다.

**제63조(특정 운영자에 대한 면제)**

1. 권고안 2003/361/EC[36])의 의미 내에서 소규모 기업은 해당 권고안의 의미 내에서 파트너 기업 또는 연계 기업이 없는 경우 이 규정의 제17조에서 요구하는 품질 관리 시스템의 특정 요소를 간소화된 방식으로 준수할 수 있다. 이를 위해 위원회는 소규모 기업의 요구 사항을 고려하여 간소화된 방식으로 준수할 수 있는 품질 관리 시스템 요소에 대한 지침을 개발해야 하며, 고위험 AI 시스템에 대한 요구 사항 준수의 필요성이나 보호 수준에 영향을 미치지 않아야 한다.

2. 본 조 제1항은 해당 사업자가 본 규정에 규정된 기타 요건 또는 의무(제9조, 제10조, 제11조, 제12조, 제13조, 제14조, 제15조, 제72조 및 제73조에 규정된 요건 또는 의무 포함)를 이행하는 것에서 면제되는 것으로 해석되어서는 안 된다.

---

36) Recommendation 2003/361/EC는 중소기업(SMEs)에 대한 정의를 제공하는 유럽연합(EU) 권고로 이 권고는 중소기업이 무엇인지 명확하게 규정하고, 이를 기준으로 다양한 지원과 혜택을 제공하는 데 사용된다.

# 제7장 거버넌스

본 장은 EU AI Act를 법의 실효적 이행 및 집행 확보를 위해 다양한 거버넌스 체계의 구축과 관련한 장으로 각 조직의 역할이 정리되어 있다. EU 집행위원회는 법 집행 및 모니터링 등 총괄(범용 AI 모델에 대해서는 전권)하여 법 이행, 집행을 위한 각종 하위 법령, 가이드라인, 지침 등을 마련한다. AI 사무국은 EU 집행위원회 통신네트워크, 콘텐츠 및 기술 총국 소속이며, 실질적인 구성은 2024년 4월에 완료되었다. 유럽 AI 위원회는 AI의 권한, 역량 가진 회원국 대표로 구성하여 AI에 대해 의견, 권고, 자문 등 역할을 한다. 자문 포럼은 이해관계자 산학 연간 균형 있는 대표성을 지니도록 구성하며, EU 집행위가 위촉한다. 기본권청, 사이버 보안청 등 EU 기관은 당연직으로 참여한다. 그 밖에 과학 패널은 과학기술의 전문성 및 공급자로부터의 독립성 등을 지닌 자로 구성, 범용 AI 모델 관련 전문기술지원, 회원국 지원도 가능하다.

27개국 회원국은 국가 관할 당국(복수 지정 가능)에 있어 시장 감시 당국에 단일연락창구를 제공하여야 한다. 단일연락창구는 2025년 8월 2일까지 전자통신수단을 통해 관할 당국 및 단일 연락창구에 연락하는 방법을 공개하고, 통보 기관으로 활용될 수 있도록 하여야 한다. 이때 단일연락창구에는 적절한 기술, 재정, 인적 자원, 인프라, AI 기술 및 사이버 보안 등에 대한 지식과 이해를 갖춘 충분한 수의 인력이 상시 확보되어야 하고 국가 관할 당국의 재정, 인적 자원 현황 등 보고, 기본권보호당국 명단을 제공하여야 한다. EU는 법 집행 및 모니터링 등 총괄기관이면서 AI 시스템의 공급자 및 배포자 등에도 해당된다. 이때 국가 관할 당국에 상응하는 감독 기관은 유럽데이터보호감독관으로 한다.

## 제1절 노동조합 수준의 거버넌스

> **제64조(AI 사무국)**
> 1. 위원회는 AI 사무국을 통해 AI 분야에서 연합의 전문성과 역량을 개발한다.
>
> 2. 회원국은 이 규정에 반영된 바와 같이 AI 사무소에 위탁된 업무를 원활하게 수행해야 한다.

> **제65조(유럽 인공지능 위원회의 설립 및 구조)**
> 1. 유럽 인공지능 위원회(이하 '위원회')가 설립된다.
>
> 2. 이사회는 회원국당 한 명의 대표로 구성됩니다. 유럽 데이터 보호 감독관은 참관인으로 참여한다. AI 사무국도 투표에 참여하지 않고 이사회 회의에 참석한다. 이사회는 사례별로 다른 국가 및 연합 당국, 기관 또는 전문가를 회의에 초대할 수 있으며, 논의된 문제가 해당 기관에 관련이 있는 경우이다.

3. 각 대표는 회원국에 의해 3년 임기로 지정되며, 한 번 갱신할 수 있다.

4. 회원국은 이사회의 대표자들이 다음을 수행하도록 보장해야 한다.
   (a) 제66조에 언급된 이사회 업무 달성에 적극적으로 기여할 수 있도록 회원국에서 관련 역량과 권한을 갖추고 있다.
   (b) 이사회와 관련하여 단일 연락처로 지정되며, 필요한 경우 회원국의 요구 사항을 고려하여 이해관계자를 위한 단일 연락처로 지정된다.
   (c) 본 규정의 시행과 관련하여 회원국 내 국가 유관 당국 간의 일관성과 조정을 촉진할 권한이 있으며, 여기에는 이사회에서의 업무를 이행하기 위한 관련 데이터 및 정보 수집이 포함된다.

5. 회원국의 지정된 대표는 3분의 2 이상의 다수결로 이사회의 의사규칙을 채택한다. 의사규칙은 특히 선출 절차, 의장의 임기, 의장의 업무 사양, 투표에 대한 세부적인 준비, 이사회 활동 및 하위 그룹의 활동 조직을 규정한다.

6. 이사회는 시장 감시 기관과 통보 기관 간의 시장 감시 및 통보 기관과 관련된 문제에 대한 협력 및 교류를 위한 플랫폼을 제공하기 위해 두 개의 상설 하위 그룹을 설립해야 한다. 시장 감시를 위한 상설

하위 그룹은 규정 (EU) 2019/1020 제30조[37)]에 명시된 의미에 따라 본 규정에 대한 행정 협력 그룹(ADCO) 역할을 해야 한다. 이사회는 특정 문제를 검토하는 목적에 따라 적절한 다른 상임 또는 임시 하위 그룹을 설립할 수 있다. 적절한 경우, 제67조에 언급된 자문 포럼의 대표는 해당 하위 그룹 또는 해당 하위 그룹의 특정 회의에 참관인으로 초대될 수 있다.

7. 이사회는 활동의 객관성과 공정성을 보호할 수 있도록 조직되고 운영되어야 한다.

8. 이사회는 회원국 대표 중 한 명이 의장을 맡는다. AI 사무국은 이사회 사무국을 제공하고, 의장의 요청에 따라 회의를 소집하고, 이 규정과 그 절차 규칙에 따라 이사회의 업무에 따라 의제를 준비한다.

---

37) Regulation (EU) 2019/1020의 제30조는 유럽 제품 안전 및 규정 준수 관련 협력에 관한 내용을 다루고 있다. 이 규정은 시장에서 유통되는 제품이 EU의 안전 기준을 충족하고, 이를 준수하기 위한 집행 및 협력 메커니즘을 제공하는 것을 목표로 한다. 제30조 국제 협력 (International Cooperation)은 유럽연합(EU)이 제3국(유럽연합 외부 국가)과의 협력을 통해, 제품의 안전성과 규정 준수를 보장하기 위한 방법을 규정하고 있다. 유럽연합은 제3국과 국제 협력을 증진하고, 제품의 안전성과 관련된 정보 공유를 장려한다. 이를 통해 유럽 시장에 유입되는 제품이 안전하고 규정을 준수할 수 있도록 지원한다. EU 회원국의 시장 감시 당국은 제3국의 관련 기관과 협력하여 제품의 규정 준수 및 안전성을 강화한다. 이는 제3국에서 수입된 제품의 위험을 식별하고 관리하는 데 중요한 역할을 한다. 회원국의 시장 감시 당국은 제3국과의 정보 교환을 통해 제품에 대한 기술적 자료 및 안전성 관련 데이터를 공유할 수 있다. 이러한 정보 교환은 불법 제품의 유입을 방지하는 데 기여한다. EU와 제3국은 공동 검토 및 공동 시장 감시 프로그램을 개발할 수 있으며, 이를 통해 글로벌 시장에서 유럽 소비자들의 안전을 보호한다. 제30조는 국제 협력을 통해 유럽 시장에 유입되는 제품의 안전성과 규정 준수를 보장하는 것을 목표로 한다. 이를 통해 시장 감시를 강화하고, 유럽 소비자 보호를 개선하는 데 기여한다.

**제66조(이사회의 업무)**

이사회는 이 규정의 일관되고 효과적인 적용을 용이하게 하기 위해 위원회와 회원국에 조언하고 지원해야 한다. 이를 위해 이사회는 특히 다음을 수행할 수 있다.

(a) 이 규정의 적용을 담당하는 국가 유관 당국 간의 조정에 기여하고 관련 시장 감시 당국의 합의에 따라 협력하여 제74조 (11)에 언급된 시장 감시 당국의 공동 활동을 지원한다.

(b) 회원국 간의 기술 및 규제 전문 지식과 모범 사례를 수집하고 공유한다.

(c) 특히 일반 용도 AI 모델에 대한 규칙 시행과 관련하여 이 규정의 시행에 대한 조언을 제공한다.

(d) 회원국의 행정 관행의 통합에 기여한다. 여기에는 제46조에 언급된 적합성 평가 절차의 면제, AI 규제 샌드박스의 기능, 제57조, 제59조 및 제60조에 언급된 실제 조건에서의 테스트가 포함된다.

(e) 위원회의 요청 또는 자체적인 주도에 따라 이 규정의 이행 및 일관되고 효과적인 적용과 관련된 모든 관련 사항에 대한 권장 사항 및 서면 의견을 발표한다. 여기에는 다음이 포함된다.

(i) 이 규정과 위원회 지침에 따른 행동 강령 및 실무 강령의 개발 및 적용에 관하여

(ii) 제73조에 언급된 중대한 사고 보고서를 포함하여 제71조에 언급된 EU 데이터베이스의 기능, 위임된 행위 또는 이행 행위의 준비, 그리고 부속서 I에 나열된 유럽연합 통합 법률과

이 규정의 가능한 정렬을 포함하여 제112조에 따른 이 규정의 평가 및 검토

(iii) 제3장 제2절에 명시된 요구 사항에 관한 기술 사양 또는 기존 표준에 관한 사항

(iv) 제40조 및 제41조에 언급된 통합된 표준 또는 공통 사양의 사용에 관하여

(v) 유럽의 AI 세계 경쟁력, 유럽연합 내 AI 도입, 디지털 기술 개발 등의 추세

(vi) AI 가치 사슬의 진화하는 유형에 대한 추세, 특히 책임 측면에서 나타나는 영향에 대한 추세

(vii) 관련 가용한 증거 및 최신 기술 발전을 고려하여 제7조에 따라 부속서 III을 개정할 필요성과 제112조에 따라 제5조를 개정할 수 있는 잠재적 필요성

(f) AI 활용 능력, 대중의 인식 및 AI 시스템 사용과 관련한 이익, 위험, 보호 조치 및 권리와 의무에 대한 이해를 증진하는 게 있어서 집행위원회를 지원

(g) 이 규정에서 규정하는 관련 개념에 대한 시장 운영자와 유관 당국 간의 공통 기준 및 공유된 이해의 개발을 촉진하고 벤치마크 개발에 기여하는 것을 포함한다.

(h) 적절한 경우, 특히 제품 안전, 사이버 보안, 경쟁, 디지털 및 미디어 서비스, 금융 서비스, 소비자 보호, 데이터 및 기본 권리 보호 분야에서 다른 유럽연합 기관, 기구, 사무소 및 기관과 관련 유럽연합 전문가 그룹 및 네트워크와 협력한다.

(i) 제3국의 유관 당국 및 국제기구와의 효과적인 협력에 기여한다.

(j) 본 규정의 이행에 필요한 조직적, 기술적 전문성을 개발하도록 국가 유관 당국 및 위원회를 지원하며, 본 규정의 이행에 참여하는 회원국 직원의 교육 필요성 평가에 기여하는 것을 포함한다.

(k) AI 사무소가 국가 유관 기관이 AI 규제 샌드박스를 설립하고 개발하도록 지원하고, AI 규제 샌드박스 간 협력과 정보 공유를 촉진하도록 돕는다.

(l) 지침 문서 개발에 기여하고 관련 조언을 제공한다.

(m) AI에 관한 국제 문제와 관련하여 위원회에 조언한다.

(n) 일반 용도 AI 모델에 대한 자격 있는 경고에 관해 위원회에 의견을 제공한다.

(o) 일반 목적 AI 모델에 대한 자격 있는 경보와 AI 시스템, 특히 일반 목적 AI 모델을 통합하는 시스템의 모니터링과 시행에 대한 국가적 경험 및 관행에 대한 회원국의 의견을 수렴한다.

### 제67조(자문 포럼)

1. 이사회와 위원회에 기술적 전문 지식을 제공하고 자문하며 이 규정에 따른 업무에 기여하기 위해 자문 포럼을 설립해야 한다.

2. 자문 포럼의 회원은 산업, 신생기업, 중소기업, 시민 사회 및 학계를

포함한 이해관계자의 균형 잡힌 선택을 대표해야 한다. 자문 포럼의 회원은 상업적 및 비상업적 이익과 관련하여 균형을 이루어야 하며, 상업적 이익 범주 내에서 중소기업 및 기타 사업체와 관련하여 균형을 이루어야 한다.

3. 위원회는 제2항에 명시된 기준에 따라 AI 분야에서 인정받는 전문성을 갖춘 이해관계자 중에서 자문 포럼 위원을 임명한다.

4. 자문위원회 위원의 임기는 2년으로 하되, 최대 4년까지 연장할 수 있다.

5. 기본권 기구, ENISA(European Union Agency for Cybersecurity), 유럽 표준화 위원회(CEN), 유럽 전기기술 표준화 위원회(CENELEC), 유럽 전기통신 표준 협회(ETSI)는 자문 포럼의 상임 회원이 된다.

6. 자문 포럼은 절차 규칙을 작성해야 한다. 제2항에 명시된 기준에 따라 회원 중에서 공동 의장 2명을 선출해야 한다. 공동 의장의 임기는 2년이며, 한 번 연임할 수 있다.

7. 자문 포럼은 연 2회 이상 회의를 개최해야 한다. 자문 포럼은 전문가 및 기타 이해관계자를 회의에 초대할 수 있다.

8. 자문 포럼은 이사회 또는 위원회의 요청에 따라 의견, 권고안 및 서면 기고문을 준비할 수 있다.

9. 자문 포럼은 이 규정의 목적과 관련된 특정 문제를 조사하는 목적에 따라 상설 또는 임시 하위 그룹을 적절한 경우 설립할 수 있다.

10. 자문 포럼은 활동에 대한 연례 보고서를 작성해야 한다. 해당 보고서는 대중에게 공개되어야 한다.

**제68조(독립 전문가로 구성된 과학 패널)**
1. 위원회는 이행 조치를 통해 이 규정에 따른 시행 활동을 지원하기 위한 독립 전문가로 구성된 과학 패널('과학 패널')의 설립에 관한 조항을 마련해야 한다. 해당 이행 조치는 제98조(2)에 언급된 심사 절차에 따라 채택되어야 한다.

2. 과학 패널은 제3항에 명시된 업무에 필요한 AI 분야의 최신 과학 또는 기술 전문 지식을 바탕으로 위원회가 선정한 전문가로 구성되어야 하며, 다음 조건을 모두 충족할 수 있음을 입증할 수 있어야 한다.
  (a) AI 분야에서 특별한 전문성과 역량, 과학적 또는 기술적 전문성을 갖추고 있음
  (b) AI 시스템이나 범용 AI 모델 제공자로부터의 독립성
  (c) 활동을 부지런하고 정확하며 객관적으로 수행할 수 있는 능력. 위원회는 이사회와 협의하여 필요한 요구에 따라 패널의 전문가 수를 결정하고, 공정한 성별 및 지리적 대표성을 보장해야 한다.

3. 과학 패널은 특히 다음 업무와 관련하여 AI 사무소에 조언하고 지원해야 한다.

  (a) 특히 다음을 통해 일반 목적 AI 모델 및 시스템에 관한 이 규정의 구현 및 집행을 지원한다.

    (i) 제90조에 따라, 일반 목적의 AI 모델에 대한 연합 수준의 시스템적 위험 가능성에 대해 AI 사무국에 경고한다.

    (ii) 벤치마크를 포함하여 범용 AI 모델 및 시스템의 역량을 평가하기 위한 도구와 방법론 개발에 기여한다.

    (iii) 시스템적 위험이 있는 일반 용도의 AI 모델 분류에 대한 조언 제공

    (iv) 다양한 범용 AI 모델과 시스템의 분류에 대한 조언 제공

    (v) 도구 및 템플릿 개발에 기여

  (b) 시장 감시 기관의 요청에 따라 해당 기관의 업무를 지원한다.

  (c) 시장 감시 기관의 권한을 침해하지 않고 제74조(11)에 언급된 국경 간 시장 감시 활동을 지원한다.

  (d) 제81조에 따라 연합 보호 절차에 따라 AI 사무소가 업무를 수행하도록 지원한다.

4. 과학 패널의 전문가는 공정하고 객관성 있게 업무를 수행해야 하며, 업무 및 활동을 수행하는 동안 얻은 정보와 데이터의 기밀성을 보장해야 한다. 제3항에 따라 업무를 수행할 때 누구에게도 지시를 구하거나 받아서는 안 된다. 각 전문가는 이해관계 선언서를 작성해야 하며, 이는 공개적으로 제공되어야 한다. AI 사무국은 잠재적

이해 상충을 적극적으로 관리하고 방지하기 위한 시스템과 절차를 수립해야 한다.

5. 제1항에 언급된 이행 조치에는 과학 패널과 그 구성원이 경보를 발행하고 과학 패널의 업무 수행을 위해 AI 사무국의 지원을 요청하기 위한 조건, 절차 및 세부적인 준비에 대한 조항이 포함되어야 한다.

제69조(회원국의 전문가 풀에 대한 접근)
1. 회원국은 이 규정에 따른 시행 활동을 지원하기 위해 과학 패널의 전문가에게 요청할 수 있다.

2. 회원국은 전문가가 제공한 조언 및 지원에 대한 수수료를 지불해야 할 수 있다. 수수료의 구조 및 수준, 회수 가능 비용의 규모 및 구조는 본 규정의 적절한 이행 목표, 비용 효율성 및 모든 회원국에 대한 전문가에 대한 효과적인 접근을 보장할 필요성을 고려하여 제68조(1)에 언급된 이행 조치에 명시되어야 한다.

3. 위원회는 필요에 따라 회원국이 전문가에게 적시에 접근할 수 있도록 지원하고, 제84조에 따라 연합 AI 테스트 지원이 수행하는 지원 활동과 이 조항에 따라 전문가가 수행하는 지원 활동의 조합이 효율적으로 조직되고 가능한 최상의 부가가치를 제공하도록 보장해야 한다.

## 제2절 국가 유능 기관

**제70조(국가 유능 기관 및 단일 연락처 지정)**

1. 각 회원국은 이 규정의 목적을 위해 최소한 하나의 통지 기관과 최소한 하나의 시장 감시 기관을 국가 유능 기관으로 설립하거나 지정해야 한다. 해당 국가 유능 기관은 활동 및 업무의 객관성을 보호하고 이 규정의 적용 및 이행을 보장하기 위해 독립적이고 공평하며 편견 없이 권한을 행사해야 한다. 해당 기관의 구성원은 직무와 양립할 수 없는 어떠한 행동도 삼가야 한다. 해당 원칙을 준수하는 경우, 해당 활동 및 업무는 회원국의 조직적 필요에 따라 하나 이상의 지정된 기관에서 수행할 수 있다.

2. 회원국은 통지 기관 및 시장 감시 기관의 신원과 해당 기관의 업무, 그리고 그에 따른 모든 후속 변경 사항을 위원회에 통보해야 한다. 회원국은 2025년 8월 2일까지 전자 통신 수단을 통해 유능 기관 및 단일 연락처에 연락할 수 있는 방법에 대한 정보를 공개해야 한다. 회원국은 이 규정에 대한 단일 연락처 역할을 할 시장 감시 기관을 지정하고 단일 연락처의 신원을 위원회에 통보해야 한다. 위원회는 단일 연락처 목록을 공개해야 한다.

3. 회원국은 자국의 유능 기관에 이 규정에 따라 효과적으로 업무를 수행할 수 있는 적절한 기술, 재정 및 인적 자원과 인프라가 제공되도록 보장해야 한다. 특히, 자국의 유능 기관은 AI 기술, 데이터 및 데이터 컴퓨팅, 개인 데이터 보호, 사이버 보안, 기본 권리, 건강 및

안전 위험에 대한 심층적인 이해와 기존 표준 및 법적 요구 사항에 대한 지식을 포함하는 역량과 전문성을 갖춘 충분한 수의 인력을 상시 보유해야 한다. 회원국은 이 단락에 언급된 역량 및 자원 요구 사항을 매년 평가하고 필요한 경우 업데이트해야 한다.

4. 국가 유관 기관은 적정 수준의 사이버 보안을 보장하기 위한 적절한 조치를 취해야 한다.

5. 국가 유관 기관은 업무를 수행할 때 제78조에 명시된 비밀 유지 의무에 따라 행동해야 한다.

6. 회원국은 2025년 8월 2일까지, 그리고 그 후 2년마다 국가 유능 당국의 재정 및 인적 자원의 현황과 적정성 평가를 위원회에 보고해야 한다. 위원회는 이 정보를 이사회에 전달하여 논의하고 가능한 권장 사항을 제시해야 한다.

7. 위원회는 국가 유관 당국 간의 경험 교환을 촉진해야 한다.

8. 국가 유관 당국은 특히 신생기업을 포함한 중소기업에 이 규정의 이행에 대한 지침과 조언을 제공할 수 있으며, 적절한 경우 이사회와 위원회의 지침과 조언을 고려한다. 국가 유관 당국이 다른 연합법이 적용되는 분야에서 AI 시스템에 대한 지침과 조언을 제공하려는 경우, 해당 EU법에 따른 국가 유관 당국과 적절한 경우 협의해야 한다.

> 9. 연합 기관, 단체, 사무소 또는 기관이 이 규정의 범위에 속하는 경우, 유럽 데이터 보호 감독관은 이들의 감독을 담당하는 기관으로서 활동한다.

인공지능기본법은 다양한 유형의 전문기구 설치 및 운영에 관해 규정하고 있다. 제7조는 인공지능 발전과 신뢰 기반 조성 등을 위한 주요 정책 등의 심의 및 의견을 위한 대통령 소속의 국가인공지능위원회를 설치하도록 규정하고, 제8조는 위원회의 주요 기능에 기본계획의 수립, 인공지능 관련 정책, 인공지능산업의 발전과 경쟁력을 저해하는 규제의 발굴 및 개선에 관한 사항 등으로 정하고 있다.

제11조는 인공지능 관련 정책의 개발과 국제규범 정립 및 확산에 필요한 업무를 종합적으로 수행하기 위한 인공지능정책센터를 과학기술정보통신부장관이 지정할 수 있도록 규정하고 있다. 센터는 기본계획 수립 및 시행에 필요한 전문기술의 지원, 인공지능의 활용 확산에 따른 사회, 경제, 문화 및 국민의 일상생활 등에 미치는 영향의 조사 및 분석 등의 사업을 수행하도록 규정하고 있다.

제26조는 한국인공지능진흥협회의 설립 및 지정에 관하여 규정하고 있다. 협회는 인공지능기술, 인공지능제품 또는 인공지능서비스의 이용 촉진 및 확산, 인공지능사업자를 위한 공동이용시설의 설치 및 운영, 전문 인력 양성을 위한 교육 등을 주요 업무로 규정하고 있다.

제28조는 인공지능기술 연구, 개발, 활용에 있어서 윤리원칙의 준수 여부와 안전 및 인권침해 등에 관한 조사, 연구 등을 위하여 인공지능기술

연구 및 개발을 수행하는 사람이 소속된 교육, 연구기관이나 인공지능사업자 등 인공지능기술 관련 기관이 민간자율인공지능윤리위원회를 설치할 수 있도록 규정하고 있다.

# 고위험 AI 시스템을 위한 EU 데이터베이스 등록

제8장

제71조(부속서 III에 나열된 고위험 AI 시스템에 대한 EU 데이터베이스)

1. 위원회는 회원국과 협력하여 본 조 제2항 및 제3항에 언급된 정보를 포함하는 EU 데이터베이스를 구축하고 유지 관리해야 한다. 여기에는 제6조(2)에 언급된 고위험 AI 시스템 중 제49조 및 제60조에 따라 등록된 시스템과 제6조(3)에 따라 고위험으로 간주되지 않고 제6조(4) 및 제49조에 따라 등록된 AI 시스템이 포함된다. 위원회는 이러한 데이터베이스의 기능 사양을 설정할 때 관련 전문가와 협의해야 하며, 이러한 데이터베이스의 기능 사양을 업데이트할 때 위원회는 이사회와 협의해야 한다.

2. 부속시 VIII의 A절 및 B설에 나열된 데이터는 공급자 또는 해당되는 경우 공인 대리인이 EU 데이터베이스에 입력해야 한다.

3. 부속서 VIII의 C절에 나열된 데이터는 공공 기관, 기관 또는 단체이거나 이를 대신하여 행동하는 배치자가 제49조(3) 및 (4)에 따라 EU 데이터베이스에 입력해야 한다.

4. 제49조(4)항 및 제60조(4)항(c)에 언급된 부분을 제외하고, 제49조에 따라 등록된 EU 데이터베이스에 포함된 정보는 사용자 친화적인 방식으로 접근 가능하고 공개적으로 이용 가능해야 한다. 정보는 쉽게 탐색할 수 있고 기계에서 읽을 수 있어야 한다. 제60조에 따라 등록된 정보는 시장 감시 기관 및 위원회에서만 접근할 수 있어야 하며, 잠재적 제공자 또는 제공자가 정보를 대중에게 접근 가능하게 하는 데 동의한 경우는 예외이다.

5. EU 데이터베이스는 이 규정에 따라 정보를 수집하고 처리하는 데 필요한 범위 내에서만 개인 데이터를 포함해야 한다. 해당 정보에는 해당 시스템을 등록할 책임이 있고 공급자 또는 배포자를 대표할 법적 권한이 있는 자연인의 이름과 연락처 정보가 포함되어야 한다.

6. 위원회는 EU 데이터베이스의 관리자이다. 위원회는 공급자, 잠재적 공급자 및 배포자에게 적절한 기술 및 행정 지원을 제공해야 한다. EU 데이터베이스는 해당 접근성 요구 사항을 준수해야 한다.

(1) EU 집행위원회가 총괄하는 EU 데이터베이스 등록 대상

① 제49조 부속서 III의 AI 시스템(제2항 중요 인프라 제외)
공급자, 국내 대리인 성명, 주소, 시스템 의도된 목적, 인증 기관 명칭,

인증선언사본, 이용 지침 등(부속서 VIII 제A절), 배포자의 성명, 주소, 공급자가 EU 데이터베이스에 입력한 AI 시스템의 URL, 기본권 영향 평가 결과 요약 등(부속서 VIII 제C절)
　이용자 친화적으로 공개 및 접근 가능하고 기계 판독이 가능해야 함

② 제60조 현실 세계 조건에서의 테스트
　테스트 단일 식별 번호, 공급자와 배포자의 성명, 주소, 시스템에 관한 간략 설명 및 의도된 목적, 테스트 계획 특징의 요약, 테스트 중단, 종료 관련 정보(부속서 IX), 시장 감시 당국 및 EU 집행위원회만 접근(공급자 동의하에 일반 공개 가능)

③ 제6조 제3항 고위험 미해당
　공급자 국내 대리인의 성명, 주소, 시스템의 의도된 목적, 고위험 미해당 사유, 리콜 등 현황 등(부속서 VIII 제B절)
　이용자 친화적으로 공개 및 접근 가능하고 기계 판독 가능해야 함

(2) 공통 의무

　필수 개인정보만 포함하여 공지(시스템 등록 담당, 공급자 배포자 대표할 법적 권한 있는 자의 정보는 포함하여야 함)하며 미등록 시 AI 시스템 이용을 이용자에게 금지한다. 이때 항상 등록 정보를 최신으로 유지하여야 한다.

# 제9장
# 시장 출시 후 모니터링, 정보 공유 및 시장 감시

　AI 시스템에 대한 EU의 사후 시장 모니터링, 정보 공유, 시장 감시에 대한 절차와 방법에 대해 설명하고 있다. 우선 고위험 AI 시스템의 경우 모든 고위험 AI 시스템 공급자는 사후 시장 모니터링 체계를 갖추어야 한다. 시장 감시 당국과 EU 집행위원회는 고위험 AI 시스템 AI법 준수 여부를 감독 및 평가하고 회원국 간 및 EU 회원국 간 정보를 공유한다. 범용 AI 모델 기반 AI 시스템에 대해 범용 AI 모델 공급자와 이에 기반한 AI 시스템 공급자가 같은 경우, EU 집행위원회가 감독한다. 중대한 사고가 발생하는 경우 공급자는 사고 발생 시 15일 이내 사고의 심각성에 따름 시장 감시 당국에 보고한다. 시장 감시 당국은 EU 집행위원회에 통지한다. EU 집행위원회는 고위험 AI 시스템 공급자의 보고 의무 지원을 위해 2025년 8월 2일까지 지침을 마련하여야 한다.

　범용 AI 모델의 경우 EU 집행위원회는 범용 AI 모델에 대한 독점적 감독 권한을 보유하며, AI 사무국에 권한 위임이 가능하다. 공급자는 AI 모델의 AI법 위반에 대해 이의 제기를 할 수 있으며 과학 패널은 EU 수준에서 구체적으로 식별할 수 있는 위험이 나타나거나 구조적 위험을 보이는 경우 AI 사무국에 적격에 대해 경고하여야 한다. EU 집행위원회는 적격 경고를 유럽 AI 위원회에 통보하여 적절한 조치를 AI 사무국이 취하게 한다. 시장 감시 당국은 현실 상황 조건에서의 테스트를 감독할 수 있는데, 부속서 III에 따른 고위험으로 분류하지 않은 인공지능 시스템의 고위험 여부를 평가할 수 있다. 만일 고위험이라고 판단한 경우 공급자에게 필요한 조치를 요구, 공급자에게 요구한 조치를 EU 집행위원회 및 다른 회원국에 통지할 수 있으며 AI법 준수에도 불구하고 사람의 건강, 안전, 기본권 또는 기타 공익 보호에 위험을 보이는 경우에는 관련 운영자에게 그러한 위험이 발생하지 않도록 하는 조치를 취하게 할 수 있다. 해당 정보를 EU 집행위원회 및 다른 회원국에 즉시 제공하는 것은 AI법 미준수 사실을 알게 된 경우, AI법 준수를 요구할 수 있다. 미준수 행위 지속 시 시장 출시 제안, 리콜, 철수 등의 조치를 하게 하기 위함이며, (a) 제48조를 위반하여 CE 마크 부착 (b) CE 마크가 미부착 (c) EU 적합성 선언 미작성 (d) EU 적합성 선언 부정확 (e) EU 데이터베이스에 등록 미완료 (f) 해당되는 경우 권한 있는 대리인 미임명 (g) 기술 문서 이용 불가와 같은 사유가 그러한 사유에 해당한다고 할 것이다. 기본권 보호 당국은 감독권한을 행사하기 위해 정보에 접근할 수 있고, 정보에의 접근이 보장되며 회원국은 기본권 보호 당국의 명단을 공개 및 EU 집행위원회에 통보할 수 있다.

### 제1절 시판 후 모니터링

**제72조(공급업체의 출시 후 모니터링 및 고위험 AI 시스템에 대한 출시 후 모니터링 계획)**

1. 공급자는 AI 기술의 특성과 고위험 AI 시스템의 위험에 비례하는 방식으로 출시 후 모니터링 시스템을 구축하고 문서화해야 한다.

2. 시판 후 모니터링 시스템은 배포자가 제공하거나 다른 출처를

통해 수집할 수 있는 고위험 AI 시스템의 수명 동안의 성능에 대한 관련 데이터를 적극적이고 체계적으로 수집, 문서화 및 분석해야 하며, 이를 통해 제공자는 제3장 제2절에 명시된 요구 사항을 AI 시스템이 지속적으로 준수하는지 평가할 수 있다. 만일 이에 해당하는 경우 시판 후 모니터링에는 다른 AI 시스템과의 상호 작용에 대한 분석이 포함되어야 한다. 이 의무에는 법 집행 기관인 배포자의 민감한 운영 데이터는 포함되지 않는다.

3. 시판 후 모니터링 시스템은 시판 후 모니터링 계획을 기반으로 해야 한다. 시판 후 모니터링 계획은 부속서 IV에 언급된 기술 문서의 일부가 되어야 한다. 위원회는 시판 후 모니터링 계획에 대한 템플릿과 2026년 2월 2일까지 계획에 포함될 요소 목록을 설정하는 세부 조항을 정하는 이행 조치를 채택해야 한다. 해당 이행 조치는 제98조(2)에 언급된 심사 절차에 따라 채택해야 한다.

4. 부속서 I의 A절에 열거된 연합 통합 법률의 적용을 받는 고위험 AI 시스템의 경우, 해당 법률에 따라 이미 출시 후 모니터링 시스템 및 계획이 수립되어 일관성을 보장하고 중복을 피하며 추가 부담을 최소화하기 위해 공급자는 해당 법률에 따라 이미 존재하는 시스템 및 계획에 제3항에 언급된 템플릿을 사용하여 제1항, 제2항 및 제3항에 설명된 필수 요소를 적절하게 통합할 수 있는 선택권을 가져야 하며, 이는 동등한 수준의 보호를 달성해야 한다. 이 문단의 첫 번째 하위 문단은 또한 유럽연합 금융 서비스법에 따라 내부 거버넌스,

약정 또는 프로세스와 관련된 요구 사항이 적용되는 금융 기관이 시장에 출시하거나 가동하는, 부속서 III의 제5항에 언급된 고위험 AI 시스템에도 적용된다.

## 제2절 중대한 사고에 대한 정보 공유

### 제73조(심각한 사건의 보고)

1. 유럽연합 시장에 출시된 고위험 AI 시스템 제공자는 심각한 사고가 발생한 경우 해당 사고가 발생한 회원국의 시장 감시 기관에 보고해야 한다.

2. 제1항에 언급된 보고서는 제공자가 AI 시스템과 중대한 사고 사이에 인과관계 또는 그러한 연관성의 합리적 가능성을 확립한 직후에 작성되어야 하며, 어떠한 경우에도 제공자 또는 해당되는 경우 배포자가 중대한 사고를 인지한 후 15일 이내에 작성되어야 한다. 첫 번째 하위 단라에 언급된 보고 기긴은 중대한 사건의 심각성을 고려해야 한다.

3. 본 조 제2항에도 불구하고 제3조(49)항(b)에 정의된 광범위한 위반 또는 심각한 사고가 발생한 경우, 본 조 제1항에 언급된 보고서는 제공자 또는 해당되는 경우 배포자가 해당 사고를 알게 된 후 즉시, 늦어도 2일 이내에 제공되어야 한다.

4. 제2항에도 불구하고, 사망 사고가 발생한 경우, 제공자 또는 배포자가 고위험 AI 시스템과 중대한 사고 사이에 인과관계를 확립하거나 의심하는 즉시, 그러나 제공자 또는 해당되는 경우 배치자가 중대한 사고를 알게 된 날로부터 늦어도 10일 이내에 보고서를 제공해야 한다.

5. 적시에 보고를 보장하기 위해 필요한 경우 공급자 또는 해당되는 경우 배포자는 불완전한 초기 보고서를 제출한 후 완전한 보고서를 제출할 수 있다.

6. 제1항에 따라 심각한 사고를 보고한 후, 제공자는 지체 없이 심각한 사고 및 관련 AI 시스템과 관련하여 필요한 조사를 수행해야 한다. 여기에는 사고의 위험 평가 및 시정 조치가 포함된다.
제공자는 첫 번째 하위 단락에 언급된 조사 기간 동안 유관 당국 및 관련된 경우 해당 통보 기관과 협조해야 하며, 사고 원인에 대한 후속 평가에 영향을 미칠 수 있는 방식으로 관련 AI 시스템을 변경하는 조사를 수행해서는 안 된다. 그러한 조치를 유관 당국에 통보하기 전에는 그렇게 해서는 안 된다.

7. 제3조(49)(c)항에 언급된 중대한 사고와 관련된 통지를 받으면 관련 시장 감시 기관은 제77조(1)항에 언급된 국가 공공 기관 또는 기관에 알려야 한다. 위원회는 이 조항의 제1항에 명시된 의무를 준수하도록 용이하게 하기 위한 전담 지침을 개발해야 한다. 해당 지침은

2025년 8월 2일까지 발행되어야 하며 정기적으로 평가되어야 한다.

8. 시장 감시 기관은 본 조 제1항에 언급된 통지를 접수한 날로부터 7일 이내에 규정 (EU) 2019/1020 제19조[38]에 규정된 대로 적절한 조치를 취하고 해당 규정에 규정된 대로 통지 절차를 따라야 한다.

9. 부속서 III에 언급된 고위험 AI 시스템이 이 규정에 명시된 것과 동일한 보고 의무를 규정하는 연합 입법 도구의 적용을 받는 공급업체에 의해 시장에 출시되거나 서비스를 시작한 경우, 심각한 사고에 대한 통지는 제3조(49)(c)항에 언급된 것으로 제한된다.

---

[38] Regulation (EU) 2019/1020의 제19조는 온라인상에서의 제품에 대한 시장 감시 활동에 관한 내용을 다룬다. 이 조항은 디지털 시대에 온라인으로 유통되는 제품의 안전성과 규정 준수를 보장하기 위해 필요한 절차와 의무를 명확히 규정하고 있다. 제19조 온라인상의 시장 감시 활동(Market Surveillance of Products Sold Online)은 EU 내의 시장 감시 당국은 온라인을 통해 판매되는 제품에 대해 시장 감시 활동을 수행할 수 있다고 규정한다. 이는 온라인상에서 유통되는 제품이 EU 규정을 준수하는지 확인하기 위한 것이다. 온라인 마켓플레이스, 전자상거래 플랫폼 등과 같은 온라인 서비스 제공자는 시장 감시 당국과 협력해야 하며, 필요한 경우 특정 제품의 유통을 중단하거나 제한하는 조치를 취해야 한다. 시장 감시 당국은 규정을 준수하지 않거나 위험한 제품이 온라인에서 판매될 경우, 즉각적인 조치를 취할 수 있으며, 이를 통해 해당 제품의 판매를 중단시키거나 플랫폼에서 삭제할 수 있다. 시장 감시 당국은 온라인 판매자에게 제품에 대한 정보를 요청할 수 있으며, 판매자는 이에 협조해야 한다. 이를 통해 제품이 적절하게 평가되고, 규정 준수 여부가 판단될 수 있다. 제19조는 온라인으로 유통되는 제품이 유럽연합 내에서 규정 준수와 안전성을 유지할 수 있도록, 시장 감시 당국의 권한을 명확히 하고 있다. 이 조항은 특히 온라인에서 판매되는 제품의 소비자 보호를 강화하는 데 중점을 두고 있으며, 디지털 시장에서 불법 제품이 유통되는 것을 방지하기 위한 메커니즘을 제공한다.

10. 장치의 안전 구성 요소이거나 그 자체가 규정 (EU) 2017/745 및 (EU) 2017/746[39])에 의해 다루어지는 장치인 고위험 AI 시스템의 경우, 심각한 사고에 대한 통보는 이 규정의 제3조 (49)(c) 항목에 언급된 사고로 제한되며 사고가 발생한 회원국이 그 목적으로 선택한 국가 유관 기관에 전달되어야 한다.

---

39) Regulation (EU) 2017/745와 Regulation (EU) 2017/746는 각각 의료기기 및 체외진단용 의료기기에 대한 유럽연합의 규제를 강화하고 현대화하기 위해 도입된 법령이다. 이 두 규정은 의료기기의 안전성과 성능을 보장하고, 시장 감시를 강화하며, 혁신적인 의료기기와 체외진단용 기기의 유통을 촉진하는 것을 목표로 하고 있다.

Regulation (EU) 2017/745 - 의료기기 규정 (MDR: Medical Device Regulation)은 의료기기의 안전성과 성능을 강화하고, EU 시장에서 유통되는 의료기기가 일정한 안전 기준을 충족하도록 보장하는 법령이다. 이 규정은 기존의 의료기기 지침(Directive 93/42/EEC) 및 능동이식 의료기기 지침(Directive 90/385/EEC)을 대체한다. 소프트웨어, 의료기기 조합 제품 등 새로운 유형의 기기를 규제 범위에 포함하며 의료기기 범위를 확대하였다. 제품의 안전성과 효능을 입증하기 위한 임상 시험과 평가가 강화되고 모든 의료기기에 대해 고유 기기 식별(UDI: Unique Device Identification) 시스템이 도입되어 추적성을 강화하였다. 통지기관(NB: Notified Bodies)의 역할이 강화되며, 의료기기의 적합성 평가와 관련된 요건이 엄격하게 적용된다. 제조업체는 제품이 시장에 출시된 후에도 지속적으로 모니터링하고, 안전성을 입증해야 한다. 이 규정은 2021년 5월 26일부터 전면 적용되었다.

Regulation (EU) 2017/746 - 체외진단용 의료기기 규정(IVDR: In Vitro Diagnostic Regulation)은 체외진단용 의료기기(IVD)의 안전성 및 성능을 개선하고, 이러한 기기가 EU 시장에서 규정된 요건을 준수하도록 보장하는 법령이다. 이는 기존의 체외진단 의료기기 지침(Directive 98/79/EC)을 대체한다. 체외진단용 의료기기를 위험도에 따라 4가지 등급(A, B, C, D)으로 분류하여 규제의 강도를 조정하고 체외진단용 기기의 안전성과 성능을 입증하기 위해 제조업체는 더욱 엄격한 임상적 증거를 제공해야 하였다. 체외진단용 기기에도 고유기기식별(UDI 시스템)을 도입하여, 기기의 추적성을 강화하고 고위험 기기(C 및 D 등급)에 대해서는 통지기관의 사전 검증이 필수적으로 요구된다. 제조업체는 기기의 안전성과 성능을 지속적으로 모니터링하고 평가하는 사후 시장 감시 체계를 강화해야 한다. 이 규정은 2022년 5월 26일부터 적용되었다. 두 규정은 의료기기(MDR)와 체외진단용 의료기기(IVDR)의 안전성과 성능을 보장하고, 혁신적인 기술을 유럽 시장에 더 신속하게 도입할 수 있도록 체계적인 규제를 마련하는 데 중점을 둔다. 또한, 이를 통해 환자 보호와 소비자 신뢰를 강화하고, 투명성과 추적성을 보장한다.

11. 국가 유관 당국은 (EU) 규정 2019/1020 제20조[40]에 따라 조치를 취했는지 여부와 관계없이 심각한 사고가 발생하면 즉시 위원회에 통보해야 한다.

---

40) Regulation (EU) 2019/1020의 제20조는 제품의 적합성 선언에 관한 규정을 다루고 있다. 이 조항은 제품이 EU 규정을 준수한다는 것을 보장하기 위한 절차를 규정하고 있으며, 특히 수입자 및 유통업자의 책임을 명시하고 있다. 제20조 제품의 적합성 선언(Declaration of Conformity)에서 요구 사항은 수입자 및 유통업자는 제품을 EU 시장에 유통하기 전에 해당 제품이 관련 EU 규정을 준수하는지 확인해야 한다고 명시한나. 제품에 적합성 선언서(Declaration of Conformity)가 첨부되어야 하며, 이는 제품이 해당 EU 규정의 요건을 충족한다는 것을 증명하는 공식 문서이다. 이 선언서는 제조업체가 작성하며, 제품에 적용되는 모든 법적 요구 사항이 충족되었음을 선언한다. 유통업자와 수입업자는 이 적합성 선언서를 보관하고, 요청 시 감독 당국에 제공해야 한다. 적합성 선언서와 함께 제품이 관련 법적 요구 사항을 준수하도록 하는 기술 문서도 제공해야 한다. 이 문서는 제품의 설계 및 제조 과정이 규정을 준수하는지 증명하는 자료이다. 적합성 표시(CE 마크 등) 부착을 위해 제품이 적합성 평가 절차를 통과하면, CE 마크와 같은 적합성 표시를 제품에 부착해야 한다. 이는 제품이 EU 내에서 유통될 수 있음을 나타낸다. 제20조는 제품이 EU 규정을 준수함을 입증하기 위한 적합성 선언서의 중요성을 강조하며, 수입자 및 유통업자가 해당 선언서를 보관하고 적절하게 관리해야 하는 의무를 명시하고 있다. 이를 통해 시장 감시 당국이 제품의 안전성과 규정 준수를 확인할 수 있으며, 불법적이거나 규정을 준수하지 않은 제품의 유통을 방지할 수 있다.

## 제3절 집행

> **제74조(연합시장 내 AI 시스템의 시장 감시 및 통제)**
> 1. 규정(EU) 2019/1020[41]은 이 규정의 효과적인 시행을 위해 이 규정이 적용되는 AI 시스템에 적용된다.
> (a) 규정 (EU) 2019/1020에 따른 경제 운영자에 대한 모든 언급은 이 규정의 제2조(1)항에 명시된 모든 운영자를 포함하는 것으로 이해되어야 한다.
> (b) 규정 (EU) 2019/1020에 따른 제품에 대한 모든 언급은 이 규정의 범위에 속하는 모든 AI 시스템을 포함하는 것으로 이해

---

[41] Regulation (EU) 2019/1020, 정식 명칭으로 시장 감시 및 제품의 적합성에 관한 규정은 유럽연합(EU) 내에서 유통되는 제품이 안전하고 규정을 준수하도록 보장한다. 이 규정은 제품 안전, 시장 감시, 그리고 유럽 규정 준수를 강화하기 위해 도입되었으며, EU 내의 단일 시장에서 제품이 자유롭게 유통될 수 있도록 하는 것을 목표로 한다. 회원국은 자국 내에서 유통되는 제품이 EU 법규를 준수하는지 감시할 의무가 있다. 이 규정은 각국의 시장 감시 기관이 불법 제품을 발견하고 이를 시장에서 제거할 수 있도록 보다 효율적인 수단을 제공한다. 특히, 온라인 플랫폼을 통한 제품 판매에도 시장 감시 활동이 적용되며, EU 외부에서 유통되는 제품도 철저히 감시된다. 수입자, 유통업자 및 제조업자는 제품이 EU 규정에 적합한지 확인할 책임이 있다. 이들은 제품이 규정을 준수하지 않을 경우 시장에서 제거되거나 규제 조치를 받게 된다. 이를 통해 시장에 유통되는 제품이 모두 안전하게 관리되며, 소비자를 보호할 수 있다. 각국의 시장 감시 기관 간의 협력이 강화되며, 유럽 시장 감시 시스템(ICSMS)을 통해 위험 제품에 대한 정보를 신속하게 공유할 수 있다. 이를 통해 시장 감시 기관들이 서로 협력하여 유럽 시장 전반에 걸친 제품 안전성을 높일 수 있다. 제품의 적합성 선언 및 CE 마킹적합성 평가를 통해 제품이 EU 법규를 준수하는지 확인하고, 이를 CE 마크와 같은 적합성 표시를 통해 증명해야 한다. CE 마크가 있는 제품은 EU 시장에서 자유롭게 유통될 수 있다. 수입자 및 유통업자는 제품이 적합성 평가를 통과했는지 확인할 책임이 있다. 규정을 위반한 경우, 각국은 해당 제품에 대해 제재 및 벌칙을 부과할 수 있다. 이 제재는 효과적이고 비례적이어야 하며, 위반 행위에 대한 억제력을 가지고 있어야 한다. Regulation (EU) 2019/1020은 EU 내에서 유통되는 제품의 안전성을 강화하고, 제품이 EU 법규를 준수하도록 보장하여 소비자 보호를 강화하는 것을 목표로 한다. 이를 통해 유럽 단일 시장의 신뢰성을 높이고, 시장 감시 체계를 개선하여 불법 제품이 유통되는 것을 방지하고 있다. 이 규정은 2021년 7월 16일부터 적용되었다.

되어야 한다.

2. 규정 (EU) 2019/1020 제34조(4)[42]에 따른 보고 의무의 일환으로 시장 감시 기관은 시장 감시 활동 과정에서 식별된 정보 중 경쟁 규칙에 대한 연합법의 적용에 잠재적으로 이익이 될 수 있는 정보를 매년 위원회와 관련 국가 경쟁 당국에 보고해야 한다. 또한 해당 연도에 발생한 금지 행위의 사용과 취해진 조치에 대해서도 매년 위원회에 보고해야 한다.

3. 부속서 I의 A절에 나열된 연합 통합 법률의 적용을 받는 제품과 관련된 고위험 AI 시스템의 경우, 이 규정의 목적을 위한 시장 감시 기관은 해당 법률에 따라 지정된 시장 감시 활동을 담당하는 기관이 된다. 첫 번째 하위 단락의 적용을 면제하고, 적절한 상황하에서 회원국은 다른 관련 기관을 시장 감시 기관으로 지정할 수 있다. 다만, 해당 기관이 부속서 I에 나열된 연합 통합 법률의 시행을 담당하는 관련 부문별 시장 감시 기관과 조정을 보장해야 한다.

---

[42] Regulation (EU) 2019/1020의 제34조(4)항은 제재와 벌칙에 대한 규정을 다룬다. 이 규정은 제품 안전과 관련된 유럽연합(EU) 규정의 위반 시 적용되는 벌칙에 대해 설명하고 있으며, 특히 회원국이 이를 어떻게 집행해야 하는지에 대한 지침을 제공한다. 제34조(4)항 제재 및 벌칙 (Penalties) 규정은 회원국이 이 규정에 따라 위반 사례에 대해 적절한 벌칙을 규정하고, 그 벌칙이 효과적, 비례적, 그리고 억지력이 있을 것을 요구한다. 벌칙은 제품 안전 및 규정 준수를 위반한 수입자, 유통업자, 제조업자 등에 적용될 수 있으며, 이는 제품의 안전성과 규정 준수를 보장하기 위한 중요한 수단이다. 또한 이 규정은 벌칙이 규정 위반의 중대성에 따라 달라질 수 있으며, 위반으로 인한 잠재적 위험과 영향력을 고려해야 한다고 명시하고 있다. 제34조(4)항은 각 회원국이 적절한 벌칙 체계를 구축하고, 이를 통해 제품의 안전성을 보장하는 데 중요한 역할을 한다. 이를 통해 시장 감시 당국이 규정을 효과적으로 집행하고, 소비자 보호를 강화할 수 있다.

4. 이 규정의 제79조부터 제83조에 언급된 절차는 부속서 I의 A절에 나열된 연합 통합 법률의 적용을 받는 제품과 관련된 AI 시스템에는 적용되지 않는다. 이러한 법률 행위가 이미 동등한 수준의 보호를 보장하고 동일한 목적을 갖는 절차를 규정하고 있는 경우이다. 이러한 경우 관련 부문별 절차가 대신 적용된다.

5. 규정 (EU) 2019/1020 제14조[43])에 따른 시장 감시 기관의 권한을 침해하지 않고, 이 규정의 효과적인 집행을 보장하기 위해 시장 감시 기관은 해당 규정 제14조(4)항(d) 및 (j)에 언급된 권한을 적절한 경우 원격으로 행사할 수 있다.

6. EU 금융 서비스법에 따라 규제되는 금융 기관에서 시장에 출시

---

[43] Regulation (EU) 2019/1020의 제14조는 시장 감시 당국의 권한 및 의무를 다루고 있다. 이 조항은 각 회원국의 시장 감시 당국이 제품의 안전성과 규정 준수를 보장하기 위해 수행해야 하는 역할과 권한을 명시하고 있다. 제14조 시장 감시 당국의 권한 및 의무 제14조의 주요 내용은 다음과 같다. 시장 감시 당국은 규정을 준수하지 않거나 위험하다고 판단되는 제품을 조사 및 검사할 수 있는 권한을 보유한다. 이에는 제품의 문서 확인, 시료 채취, 시험 및 평가를 포함한다. 시장 감시 당국은 제조업자, 수입업자, 유통업자 등 관련 당사자에게 제품의 적합성 평가 및 규정 준수를 증명하기 위한 정보를 요청할 수 있다. 이러한 정보를 요청받은 자는 이에 성실히 협조해야 한다. 만약 제품이 규정을 준수하지 않거나 안전하지 않다고 판단되면, 시장 감시 당국은 해당 제품의 유통을 금지하거나 중단할 수 있으며, 리콜 조치를 명령할 수 있다. 이러한 조치는 소비자의 안전을 보장하기 위한 목적으로 이루어진다. 온라인을 통해 유통되는 제품에 대해서도 시장 감시 당국은 동일한 권한을 행사할 수 있으며, 불법적이거나 규정 위반 제품이 온라인에서 유통되는 경우 판매 중단을 요구할 수 있다. 시장 감시 당국은 다른 회원국의 당국과 협력하여 규정 준수를 강화해야 하며, 이를 통해 유럽 단일 시장 전반에서 불법 제품의 유통을 방지할 수 있다. 제14조는 시장 감시 당국이 제품의 안전성을 확인하고, 규정 준수 여부를 감독하기 위한 조사, 검사, 정보 요청, 리콜 명령 등의 권한을 부여한다. 이를 통해 시장 감시 당국은 소비자 보호와 시장 규정 준수를 강화할 수 있으며, 특히 불법적이거나 위험한 제품이 시장에 유통되지 않도록 적극적으로 대응할 수 있다.

되거나, 가동되거나, 사용되는 고위험 AI 시스템의 경우, 이 규정의 목적을 위한 시장 감시 기관은 해당 법률에 따라 해당 기관의 금융 감독을 담당하는 관련 국가 기관이어야 하며, AI 시스템의 시장 출시, 가동 또는 사용이 해당 금융 서비스 제공과 직접 관련이 있어야 한다.

7. 제6항의 적용을 면제하여, 적절한 상황에서 조정이 보장되는 경우 회원국은 이 규정의 목적을 위해 다른 관련 기관을 시장 감시 기관으로 지정할 수 있다. 지침 2013/36/EU[44])에 따라 규제되는 규제 신용 기관을 감독하는 국가 시장 감시 기관은 규정 (EU) 1024/2013에 의해 설립된 단일 감독 메커니즘에 참여하고 있으며, 해당 규정에 명시된 유럽 중앙은행의 신중한 감독 업무에 잠재적으로 유익할 수 있는 시장 감시 활동 과정에서 확인된 정보를 지체 없이 유럽 중앙은행에 보고해야 한다.

---

44) 지침 2013/36/EU는 "자본 요건 지침"(CRD IV Directive)으로도 알려져 있으며, 은행 및 투자 회사에 대한 규제와 감독에 관한 중요한 유럽연합(EU) 지침이다. 이 지침은 EU의 금융 시스템 안정성을 강화하고, 은행의 자본, 유동성, 거버넌스, 그리고 리스크 관리와 관련된 규칙을 설정한다. 주로 바젤 III의 기준을 반영하며, 금융 기관의 규제를 강화하는 목적을 가지고 있다. 금융 기관은 위험에 맞는 적정 자본을 유지해야 한다. 이 지침은 은행이 예상치 못한 손실을 대비할 수 있도록 자본을 더 많이 보유하도록 요구한다. 금융 기관은 유동성 위기 상황에 대응할 수 있도록 충분한 유동 자산을 보유해야 한다. 일정한 기간 동안 현금 흐름이 원활하게 이루어질 수 있도록 규제한다. 금융 기관의 위험 관리를 강화하기 위한 규정을 포함하고 있으며, 특히 시스템적 리스크를 줄이기 위해 다양한 방안을 제시한다. 금융 기관의 거버넌스 구조를 개선하고, 보수 정책에 대한 새로운 규정을 설정하여 과도한 리스크를 취하지 않도록 한다. 특히, 보너스 상한선을 도입하여 보수 정책을 통제한다. 감독 기관에 대한 권한을 강화하여 은행 및 금융 기관에 대한 더 철저한 모니터링과 감독이 이루어지도록 한다. 이 지침은 국제적인 은행 규제 프레임워크인 바젤 III을 반영하고 있어, 금융 시스템의 전반적인 안정성 및 규제 일관성을 강화하며 2013년 6월 26일에 발효된 이래 금융 시스템의 투명성과 안정성을 보장하기 위해 유럽 내 금융 기관에 중요한 역할을 하고 있다.

8. 이 규정의 부속서 III의 제1항에 나열된 고위험 AI 시스템의 경우, 시스템이 법 집행 목적, 국경 관리 및 사법과 민주주의에 사용되는 한, 그리고 이 규정의 부속서 III의 제6, 제7 및 제8항에 나열된 고위험 AI 시스템의 경우, 회원국은 이 규정의 목적을 위해 규정(EU) 2016/679 또는 지침(EU) 2016/680[45])에 따른 유능한 데이터 보호 감독 기관 또는 지침(EU) 2016/680의 제41조부터 제44조까지[46])에 명시된 동일한 조건에 따라 지정된 다른 기관을 시장 감시 기관으로 지정해야 한다. 시장 감시 활동은 어떠한 방식으로든 사법 기관의 독립성에 영향을 미치거나 사법적 자격으로 활동할 때의 활동을 방해해서는 안 된다.

---

45) 각주 15, 16 참조

46) Directive (EU) 2016/680은 형사 범죄의 예방, 수사, 탐지, 기소 또는 형 집행과 관련하여 개인의 데이터를 보호하기 위한 지침으로 이 지침은 주로 법 집행 기관이 형사 범죄와 관련된 데이터를 처리할 때 적용되며, 개인의 개인정보 보호를 보장하기 위한 다양한 규정을 포함하고 있다. 제41조 감독 기관의 독립성(Independence of the Supervisory Authority)은 감독 기관은 독립적으로 활동해야 하며, 법 집행 기관이 처리하는 개인정보의 보호를 감시하는 역할을 수행한다. 감독 기관은 그 권한을 행사할 때 외부의 간섭 없이 독립적으로 의사결정을 내려야 하며, 이에 대한 책임도 독립적으로 져야 한다. 제42조: 감독 기관의 일반적인 조건(General Conditions for the Supervisory Authority)은 각 회원국은 하나 이상의 감독 기관을 지정해야 하며, 이 기관은 데이터 보호 법규의 집행과 감시를 담당한다고 명시한다. 감독 기관은 적절한 자원을 보유하고 있어야 하며, 그 구성원은 높은 수준의 전문성을 가져야 한다. 감독 기관의 구성원들은 일정한 임기 동안 활동하며, 임기 중에 불법적인 방법으로 해임되지 않아야 한다. 이를 통해 기관의 독립성과 전문성을 유지한다.
제43조 감독 기관의 권한(Powers of the Supervisory Authority): 감독 기관은 법 집행 기관이 개인정보를 처리할 때 법적 요구 사항을 준수하는지 감시할 수 있는 권한을 보유한다. 감독 기관은 데이터 보호 위반이 발생한 경우 조사할 수 있는 권한을 가지며, 필요할 경우 법적 절차를 통해 벌금 또는 제재를 부과할 수 있다. 감독 기관은 데이터 처리자와 협력하고, 필요한 경우 법적 조언을 제공하며, 데이터 보호 문제에 대한 조사 및 감사를 수행할 수 있다.
제44조 감독 기관의 활동 보고(Activity Reports of the Supervisory Authority): 감독 기관은 그들

9. 연합 기관, 단체, 사무소 또는 기관이 이 규정의 범위에 속하는 경우, 유럽 데이터 보호 감독관은 사법적 자격으로 활동하는 유럽 연합 사법 재판소와 관련된 경우를 제외하고 이들의 시장 감시 기관으로서 활동한다.

10. 회원국은 이 규정에 따라 지정된 시장 감시 기관과 부속서 I에 나열된 연합 통합 법률 또는 부속서 III에 언급된 고위험 AI 시스템에 관련이 있을 수 있는 기타 연합 법률의 적용을 감독하는 기타 관련 국가 기관 또는 기관 간의 조정을 원활하게 해야 한다.

11. 시장 감시 기관과 위원회는 시장 감시 기관 또는 시장 감시 기관이 위원회와 공동으로 수행하는 공동 조사를 포함한 공동 활동을 제안할 수 있으며, 이는 규정 준수를 촉진하고, 불이행을 파악하고,

---

의 활동을 정기적으로 보고해야 하며, 이 보고서는 일반적으로 공개되어야 한다. 보고서에는 감독 기관이 수행한 조사, 조치, 결과, 그리고 데이터 보호 위반 사례가 포함되어야 하며, 이를 통해 투명성과 책임성을 보장한다. 이러한 활동 보고서는 회원국 내 데이터 보호 법규의 집행 상태를 평가하는 데 중요한 자료로 사용된다. 제41조부터 제44조까지는 감독 기관의 독립성과 권한을 다루고 있으며, 이 기관이 법 집행 기관에서 이루어지는 개인정보 처리를 감시하는 역할을 맡고 있다. 감독 기관은 데이터 보호 위반을 조사하고, 필요한 경우 제재 조치를 취할 수 있으며, 그들의 활동을 정기적으로 보고하여 데이터 보호의 투명성을 보장한다.

인식을 제고하거나, 규정(EU) 2019/1020 제9조[47]에 따라 두 개 이상의 회원국에서 심각한 위험을 나타내는 것으로 밝혀진 특정 범주의 고위험 AI 시스템에 대한 지침을 제공하는 것을 목표로 한다. AI 사무국은 공동 조사에 대한 조정 지원을 제공해야 한다.

12. 규정(EU) 2019/1020에 따라 제공된 권한을 침해하지 않고, 관련이 있고 업무를 수행하는 데 필요한 것으로 제한되는 경우, 시장 감시 기관은 공급자로부터 고위험 AI 시스템 개발에 사용되는 문서 및 교육, 검증 및 테스트 데이터세트에 대한 전체 액세스 권한을 부여받아야 하며, 여기에는 적절한 경우 보안 보호 조치에 따라 애플리케이션 프로그래밍 인터페이스(API) 또는 원격 액세스를 가능하게 하는 기타 관련 기술적 수단 및 도구를 통해 액세스가 허용된다.

---

[47] Regulation (EU) 2019/1020의 제9조는 제품의 적합성 및 규정 준수 담당자(Responsible Person)와 관련된 내용을 다루고 있다. 이 조항은 EU 시장에 제품을 출시하거나 유통하는 과정에서 제조업자, 수입업자, 또는 유통업자들이 제품이 EU의 규정과 법적 요건을 충족하는지 보장하는 데 필요한 절차를 규정하고 있다.
제9조 제품의 적합성 담당자(Responsible Person for Compliance)에서는 EU 시장에 출시되는 특정 제품에 대해, 제조업자나 수입업자는 EU 내에 적합성 담당자(Responsible Person)를 지정해야 한다고 명시한다. 이 담당자는 제품의 안전성과 규정 준수를 책임지고 보장해야 한다. 적합성 담당자는 제품의 기술 문서를 보관하고, EU 적합성 선언서(Declaration of Conformity)의 작성 및 유지에 책임을 진다. 제품이 규정을 준수하는지 확인하기 위해 필요한 모든 정보를 제공할 수 있어야 하며, 시장 감시 당국과 협력하여 규정 준수 여부를 확인할 수 있도록 해야 한다. 기술 문서 및 정보 제공 의무도 있다. 적합성 담당자는 해당 제품과 관련된 기술 문서 및 적합성 선언서를 보관하며, 시장 감시 당국이 요청할 경우 이를 신속히 제공할 수 있어야 한다. 적합성 담당자의 이름과 연락 가능한 주소는 제품 또는 제품 포장에 명확하게 표시되어야 한다. 이를 통해 시장 감시 당국이나 소비자가 제품의 책임자와 연락할 수 있도록 해야 한다. 제9조는 유럽 시장에서 제품이 규정을 준수하고 안전하게 유통될 수 있도록 하기 위해 적합성 담당자를 지정하고, 이 담당자가 기술 문서 보관, 적합성 선언서 유지, 규정 준수 여부 확인 등의 책임을 지는 역할을 명확히 하고 있다.

13. 시장 감시 기관은 합리적인 요청이 있고 다음 두 가지 조건이 모두 충족되는 경우에만 고위험 AI 시스템의 소스 코드에 대한 액세스가 허용된다.

  (a) 고위험 AI 시스템이 제3장 제2절에 명시된 요구 사항을 준수하는지 평가하려면 소스 코드에 대한 액세스가 필요하다.

  (b) 제공자가 제공한 데이터와 문서를 기반으로 한 테스트 또는 감사 절차와 검증이 소진되었거나 불충분한 것으로 입증되었다.

14. 시장 감시 기관이 획득한 모든 정보 또는 문서는 제78조에 명시된 비밀 유지 의무에 따라 처리되어야 한다.

### 제75조(상호지원, 시장 감시 및 범용 AI 시스템 제어)

1. AI 시스템이 일반 목적 AI 모델을 기반으로 하고, 모델과 시스템이 동일한 제공자에 의해 개발된 경우, AI 사무국은 이 규정에 따른 의무를 준수하는 해당 AI 시스템을 모니터링하고 감독할 권한을 가진다. 모니터링 및 감독 업무를 수행하기 위해 AI 사무소는 이 조항과 규정(EU) 2019/1020에 규정된 시장 감시 기관의 모든 권한을 가진다.

2. 관련 시장 감시 기관이 배포자가 이 규정에 따라 고위험으로 분류된 하나 이상의 목적을 위해 직접 사용할 수 있는 일반 용도 AI 시스템이 이 규정에 명시된 요구 사항을 준수하지 않는다고 간주할

충분한 이유가 있는 경우, 해당 기관은 AI 사무국과 협력하여 준수 평가를 실시하고, 그에 따라 이사회 및 기타 시장 감시 기관에 통보해야 한다.

3. 시장 감시 기관이 모든 적절한 노력을 기울여 해당 정보를 얻기 위해 일반 목적 AI 모델과 관련된 특정 정보에 접근할 수 없어 고위험 AI 시스템에 대한 조사를 마무리할 수 없는 경우, 해당 기관은 AI 사무소에 합리적인 요청을 제출하여 해당 정보에 대한 접근을 강제할 수 있다. 이 경우 AI 사무소는 지체 없이, 어떠한 경우에도 30일 이내에 AI 사무소가 고위험 AI 시스템이 규정을 준수하지 않는지 확인하기 위해 관련이 있다고 생각하는 모든 정보를 신청 기관에 제공해야 한다. 시장 감시 기관은 이 규정의 제78조에 따라 얻은 정보의 기밀성을 보호해야 한다. 규정(EU) 2019/1020의 제6장에 규정된 절차가 준용된다.

**제76조(시장 감시 기관에 의한 실제 세계 조건에서의 테스트 감독)**
1. 시장 감시 기관은 실제 상황에서의 테스트가 이 규정에 따라 수행되도록 보장할 수 있는 역량과 권한을 가져야 한다.

2. 제58조에 따라 AI 규제 샌드박스 내에서 감독되는 AI 시스템에 대해 실제 세계 조건에서의 테스트가 수행되는 경우, 시장 감시

기관은 AI 규제 샌드박스에 대한 감독 역할의 일환으로 제60조 준수 여부를 검증해야 한다. 해당 기관은 적절한 경우 제60조(4)항(f) 및 (g)에 명시된 조건의 적용을 면제하여 공급자 또는 잠재적 공급자가 실제 세계 조건에서의 테스트를 수행하도록 허용할 수 있다.

3. 시장 감시 기관이 잠재적 공급자, 공급자 또는 제3자로부터 심각한 사고에 대한 통보를 받았거나 제60조 및 제61조에 명시된 조건이 충족되지 않는다고 판단할 만한 다른 근거가 있는 경우, 해당 기관은 적절한 경우 해당 영토 내에서 다음 결정 중 하나를 내릴 수 있다.
   (a) 실제 상황에서 테스트를 중단하거나 종료한다.
   (b) 실제 상황에서 테스트의 모든 측면을 수정하도록 공급자 또는 잠재적 공급자와 배포자 또는 잠재적 배포자에게 요구한다.

4. 시장 감시 기관이 본 조 제3항에 언급된 결정을 내리거나 제60조(4)항(b)의 의미 내에서 이의를 제기한 경우, 해당 결정 또는 이의에는 그 근거와 제공자 또는 잠재직 제공자가 결성 또는 이의에 이의를 제기할 수 있는 방법이 명시되어야 한다.

5. 해당되는 경우, 시장 감시 기관이 제3항에 언급된 결정을 내린 경우, 해당 기관은 테스트 계획에 따라 AI 시스템이 테스트된 다른 회원국의 시장 감시 기관에 그 근거를 통보해야 한다.

### 제77조(기본권을 보호하는 당국의 권한)

1. 부속서 III에 언급된 고위험 AI 시스템의 사용과 관련하여 차별 금지권을 포함한 기본권을 보호하는 연합법에 따른 의무의 준수를 감독하거나 시행하는 국가 공공 기관 또는 기구는 관할권의 한계 내에서 효과적으로 임무를 이행하는 데 필요한 경우 이 규정에 따라 작성 또는 유지 관리되는 모든 문서를 접근 가능한 언어 및 형식으로 요청하고 접근할 수 있는 권한을 갖는다. 관련 공공 기관 또는 기구는 해당 요청에 대해 관련 회원국의 시장 감시 기관에 알려야 한다.

2. 2024년 11월 2일까지 각 회원국은 제1항에 언급된 공공 기관 또는 단체를 식별하고 그 목록을 공개적으로 제공해야 한다. 회원국은 목록을 위원회와 다른 회원국에 통보하고 목록을 최신 상태로 유지해야 한다.

3. 제1항에 언급된 문서가 기본권을 보호하는 연합법에 따른 의무 위반이 발생했는지 확인하기에 불충분한 경우, 제1항에 언급된 공공 기관 또는 기관은 시장 감시 기관에 기술적 수단을 통해 고위험 AI 시스템의 테스트를 조직하도록 합리적인 요청을 할 수 있다. 시장 감시 기관은 요청 후 합리적인 시간 내에 요청하는 공공 기관 또는 기관의 긴밀한 참여를 통해 테스트를 조직해야 한다.

4. 본 조 제1항에 언급된 국가 공공 기관 또는 단체가 본 조에 따라 획득한 모든 정보 또는 문서는 제78조에 명시된 비밀 유지 의무에 따라 처리되어야 한다.

### 제78조(비밀 유지)

1. 위원회, 시장 감시 기관 및 통보된 기관과 이 규정의 적용에 관여하는 기타 자연인 또는 법인은 유럽연합 또는 국가법에 따라 업무 및 활동을 수행하는 동안 얻은 정보 및 데이터의 기밀성을 존중하여 특히 다음을 보호해야 한다.

   (a) 소스 코드를 포함한 자연인 또는 법인의 지적재산권 및 기밀 영업 정보 또는 영업 비밀. 단, 유럽 의회 및 이사회 지침(EU) 2016/943 제5조[48]에 언급된 경우는 제외

   (b) 특히 검사, 조사 또는 감사 목적을 위한 이 규정의 효과적인 이행

   (c) 공공 및 국가 안보 이익

   (d) 형사 또는 행정소송의 진행

   (e) 연합 또는 국가법에 따라 기밀로 분류된 정보

---

48) 지침 (EU) 2016/943은 영업비밀 보호에 관한 지침으로, 합법적인 소유자가 허가하지 않은 방식으로 영업비밀이 불법적으로 취득, 사용 또는 공개되는 것을 방지하는 데 목적이 있다. 이 지침은 EU 회원국 간 영업비밀 보호 수준을 통합시키고, 혁신 및 경쟁력을 촉진하기 위해 마련되었다. 제5조는 영업비밀의 불법적인 취득, 사용, 공개를 다루고 있으며, 영업비밀의 보호에 있어 중요한 규정을 제시한다. 제5조 영업비밀의 불법적인 취득, 사용 및 공개 영업비밀의 불법적인 취득은 다음의 방식으로 이루어진 경우로 정의된다. 무단으로 접근, 복사, 절취 또는 정보를 제어하는 것. 영업비밀을 취득할 권리가 없는 사람으로부터 해당 비밀을 획득하는 것. 영업비밀의 불법적인 사용 및 공개는 다음의 경우에 해당한다. 불법적으로 취득된 영업비밀을 사용하거나 공개하는 경우. 해당 정보를 기초로 계약이나 법적 의무를 위반하여 사용하는 경우. 제품 또는 서비스의 생산, 제공, 마케팅에서 영업비밀을 활용하여 이득을 취하는 것도 불법적인 사용에 포함된다. 이 조항은 영업비밀 소유자의 권리를 보호하며, 이러한 정보를 불법적으로 취득, 사용, 공개하는 자에 대한 법적 조치를 가능하게 한다. 일단 불법적인 취득: 정당한 권리 없이 영업비밀을 취득하는 것은 불법으로 간주된다. 불법적인 사용 및 공개: 정당한 이유 없이 영업비밀을 사용하는 행위도 위법이다.

책임 규정: 영업비밀의 보호와 관련된 법적 책임과 구제를 명확히 하여, 영업비밀 침해에 대한 예방과 처벌을 강화한다. 이 지침은 혁신과 경제 성장을 촉진하는 동시에 공정한 경쟁 환경을 보장하기 위한 중요한 역할을 한다.

2. 제1항에 따라 이 규정을 적용하는 당국은 AI 시스템이 초래하는 위험을 평가하고 이 규정 및 규정(EU) 2019/1020에 따라 권한을 행사하는 데 엄격히 필요한 데이터만 요청해야 한다. 당국은 획득한 정보 및 데이터의 보안 및 기밀성을 보호하기 위해 적절하고 효과적인 사이버 보안 조치를 마련해야 하며, 해당 데이터가 획득한 목적에 더 이상 필요하지 않으면 해당 EU 또는 국가법에 따라 수집된 데이터를 삭제해야 한다.

3. 제1항 및 제2항의 편견 없이 국가 유관 당국 간 또는 국가 유관 당국과 위원회 간에 비밀 기준으로 교환된 정보는 부속서 III의 제1항, 제6항 또는 제7항에 언급된 고위험 AI 시스템이 법 집행 기관, 국경 통제, 이민 또는 망명 당국에서 사용되고 그러한 공개가 공공 및 국가 안보 이익을 위협할 경우 원래 국가 유관 당국과 배포자의 사전 협의 없이 공개되어서는 안 된다. 이 정보 교환에는 법 집행 기관, 국경 통제, 이민 또는 망명 당국의 활동과 관련된 민감한 운영 데이터가 포함되지 않는다.

법 집행, 이민 또는 망명 당국이 부속서 III의 제1항, 제6항 또는 제7항에 언급된 고위험 AI 시스템의 제공자인 경우 부속서 IV에 언급된 기술 문서는 해당 당국의 구내에 남아 있어야 한다. 해당 당국은 해당되는 경우 제74조 제(8)항 및 제(9)항에 언급된 시장 감시 당국이 요청 시 즉시 문서에 접근하거나 사본을 얻을 수 있도록 해야 한다. 적절한 수준의 보안 허가를 보유한 시장 감시 당국의 직원만이 해당 문서 또는 사본에 접근할 수 있다.

4. 제1항, 제2항 및 제3항은 국경 간 협력의 맥락을 포함하여 정보 교환 및 경고 배포와 관련하여 위원회, 회원국 및 관련 당국, 그리고 통보된 기관의 권리 또는 의무에 영향을 미치지 않으며, 회원국의 형법에 따라 정보를 제공해야 하는 관련 당사자의 의무에도 영향을 미치지 않는다.

5. 위원회와 회원국은 필요한 경우 국제 및 무역 협정의 관련 규정에 따라 적절한 수준의 기밀성을 보장하는 양자 또는 다자간 기밀 유지 협정을 체결한 제3국의 규제 당국과 기밀 정보를 교환할 수 있다.

**제79조(위험을 나타내는 AI 시스템을 처리하기 위한 국가 차원의 절차)**
1. 위험을 초래하는 AI 시스템은 규정(EU) 2019/1020 제3조 제19항[49]에 정의된 '위험을 초래하는 제품'으로 이해되어야 하며, 이는 사람들의 건강이나 안전 또는 기본권에 위험을 초래하는 경우에 한한다.

---

[49] 규정(EU) 2019/1020은 제품의 시장 감시 및 적합성에 관한 규정으로, 유럽연합 내에서 판매되는 제품이 안전하고 EU 규정을 준수하는지 감시하는 체제를 강화하는 목적을 가지고 있다. 이 규정은 기업들이 제품의 안전 기준을 충족하도록 요구하며, 시장 감시 기관의 역할과 권한을 명확히 규정하고 있다. 제3조는 이 규정에서 사용되는 용어를 정의하고 있으며, 제19항에서는 "시장 감시"에 대한 정의를 다룬다. 제3조 제19항의 "시장 감시"란 시장 감시 당국이 적합성 평가를 수행하고, 제품이 유럽연합 내 규정을 준수하는지 확인하며, 위반 시 적절한 조치를 취하는 모든 활동을 말한다. 이 활동에는 제품 샘플링, 검사, 기업에 대한 조사 등이 포함되며, 제품이 적합하지 않을 경우 해당 제품의 유통을 제한하거나 금지하는 조치도 포함된다. 이 항목은 특히 소비자 보호와 공정한 경쟁을 보장하기 위해 매우 중요하며, 제품의 안전성과 규정 준수 여부를 지속적으로 감시하는 역할을 담당한다. 이 규정을 통해 유럽연합 내에서 판매되는 제품이 유럽 표준에 적합하도록 하고, 소비자와 산업 전반의 안전성을 높이는 것이 목표이다.

2. 회원국의 시장 감시 기관이 이 조항 제1항에 언급된 위험을 초래할 수 있는 AI 시스템을 고려할 충분한 이유가 있는 경우, 해당 AI 시스템이 이 규정에 명시된 모든 요구 사항 및 의무를 준수하는지 여부를 평가해야 한다. 취약 계층에게 위험을 초래하는 AI 시스템에 특별한 주의를 기울여야 한다. 기본권에 대한 위험이 확인된 경우, 시장 감시 기관은 또한 제77조 제(1)항에 언급된 관련 국가 공공 기관 또는 기관에 정보를 제공하고 이들과 충분히 협력해야 한다. 관련 사업자는 필요에 따라 시장 감시 기관 및 제77조 제(1)항에 언급된 다른 국가 공공 기관 또는 단체와 협력해야 한다.

3. 평가 과정에서 시장 감시 기관 또는 해당되는 경우 시장 감시 기관이 제77조 제(1)항에 언급된 국가 공공 기관과 협력하여 AI 시스템이 이 규정에 명시된 요건 및 의무를 준수하지 않는다고 판단하는 경우, 시장 감시 기관은 관련 운영자에게 AI 시스템을 준수하도록 하기 위한 모든 적절한 시정 조치를 취하거나, 시장 감시 기관이 정한 기간 내에, 어떠한 경우에도 15일 중 짧은 기간 내에 또는 관련 유럽연합 통합 법률에서 규정한 대로 AI 시스템을 시장에서 철수하거나 회수하도록 지체 없이 요구해야 한다. 시장 감시 기관은 해당 통보 기관에 그에 따라 알려야 한다. 이 문단의 두 번째 하위 문단에 언급된 조치에는 규정(EU) 2019/1020의 제18조[50]가 적용된다.

---

50) 규정(EU) 2019/1020의 제18조는 시장 감시와 통관 절차와 관련된 내용으로 이 규정은 제품이 유럽연합(EU) 시장에 출시되기 전에 규제 기관에 의해 적절히 감시되고, 안전하고 적합한 제품만이 유통되도록 보장하는 것을 목표로 하고 있다. 제18조 시장 감시 당국과 세관 당국 간의 협력, 제18조는 시장 감시 당국과 세관 당국이 협력하여 EU로 수입되는 제품의 규제 준수를 확인하는 절차를 설명한다. 세관 당국은

시장 감시 기관이 불이행이 자국 영토에 국한되지 않는다고 판단하는 경우, 해당 기관은 지체 없이 위원회와 다른 회원국에 평가 결과와 운영자에게 취하도록 요구한 조치를 통보해야 한다.

4. 운영자는 자신이 유럽연합 시장에 출시한 모든 관련 AI 시스템에 대해 모든 적절한 시정 조치가 취해지도록 보장해야 한다.

5. AI 시스템 운영자가 제2항에 언급된 기간 내에 적절한 시정 조치를 취하지 않는 경우, 시장 감시 기관은 해당 AI 시스템이 국내 시장에서 출시되거나 서비스에 투입되는 것을 금지 또는 제한하고, 해당 제품 또는 독립형 AI 시스템을 해당 시장에서 철수하거나 회수하기 위한 모든 적절한 임시 조치를 취해야 한다. 해당 기관은 지체 없이 해당 조치를 위원회 및 다른 회원국에 통보해야 한다.

---

제품이 EU로 수입되기 전에 시장 감시 당국과 협력하여 제품의 적합성을 확인해야 한다. 세관 당국은 제품의 통관 절차 중 규정 위반의 징후가 발견될 경우, 해당 제품을 통관하지 않고 시장 감시 당국에 이를 통보해야 한다. 세관 당국은 다음과 같은 경우에 시장 감시 당국에 통보한다. 제품에 적합성 표시가 없거나 표시가 잘못되어 있을 때, 세품이 적합성 문서나 필요한 인증을 제공하지 않을 때, 명백히 EU 규정을 위반하는 경우. 시장 감시 당국은 세관 당국의 통보를 받은 후, 제품의 규정 준수 여부를 확인하고 필요한 조치를 취해야 한다. 시장 감시 당국이 제품이 규정을 위반한다고 판단하는 경우, 해당 제품의 유통을 제한하거나 금지할 수 있다. 시장 감시 당국은 세관 당국과 긴밀히 협력하여 불법 제품이 유럽 시장에 진입하지 않도록 해야 한다. 제품의 일시 정지, 세관 당국은 시장 감시 당국의 조사가 완료될 때까지 제품의 통관을 일시적으로 정지시킬 수 있다. 이 정지는 일반적으로 최대 10일의 기간 동안 이루어지며, 시장 감시 당국이 조사를 마친 후 적절한 조치를 취하게 된다. 제18조는 세관 당국과 시장 감시 당국 간의 긴밀한 협력 체계를 구축하여, 불법적이거나 적합하지 않은 제품이 유럽연합 시장에 진입하는 것을 방지하는 데 중점을 둔다. 시장 감시 당국이 규정 위반을 확인한 제품은 EU 시장에서 배제될 수 있으며, 적절한 조치가 취해진다. 이 조항은 소비자 보호와 제품 안전성을 강화하고, 규정 위반 제품이 EU 시장에 유통되는 것을 방지하기 위해 중요한 역할을 한다.

6. 제5항에 언급된 통지에는 모든 이용 가능한 세부 정보, 특히 비준수 AI 시스템 식별에 필요한 정보, AI 시스템 및 공급망의 출처, 주장된 비준수의 성격 및 관련 위험, 취해진 국가적 조치의 성격 및 기간, 관련 운영자가 제시한 주장이 포함되어야 한다. 특히, 시장 감시 기관은 비준수가 다음 중 하나 이상으로 인한 것인지 여부를 표시해야 한다.

(a) 제5조에 언급된 AI 관행 금지 규정을 준수하지 않음

(b) 제3장 제2절에 명시된 요구 사항을 충족하지 못하는 고위험 AI 시스템의 실패

(c) 제40조 및 제41조에 언급된 통합된 표준 또는 공통 사양의 단점은 적합성 추정을 부여한다.

(d) 제50조 위반

7. 절차를 개시한 회원국의 시장 감시 기관이 아닌 다른 시장 감시 기관은 지체 없이 위원회 및 다른 회원국에 해당 AI 시스템의 불이행과 관련하여 채택된 모든 조치와 처분 가능한 추가 정보를 통보해야 하며, 통보된 국가 조치에 동의하지 않는 경우 이의를 제기해야 한다.

8. 본 조 제5항에 언급된 통지를 수령한 날로부터 3개월 이내에 회원국의 시장 감시 기관 또는 위원회가 다른 회원국의 시장 감시 기관이 취한 임시 조치에 대해 이의를 제기하지 않는 경우 해당 조치는

정당한 것으로 간주된다. 이는 규정(EU) 2019/1020 제18조[51]에 따라 관련 운영자의 절차적 권리를 침해하지 않는다. 본 조항에 언급된 3개월 기간은 본 규정 제5조에 언급된 AI 관행 금지를 준수하지 않는 경우 30일로 단축된다.

9. 시장 감시 기관은 해당 제품 또는 AI 시스템에 대해 적절한 제한 조치가 취해지도록 보장해야 한다. 예를 들어, 해당 제품 또는 AI 시스템을 시장에서 철수하는 것이 부당한 지연 없이 이루어져야 한다

---

51) 규정 (EU) 2019/1020의 제18조는 시장 감시 당국과 세관 당국 간의 협력에 관한 조항이다. 이 조항은 유럽연합(EU) 내로 수입되는 제품이 규정을 준수하는지 확인하고, 불법적이거나 안전하지 않은 제품이 시장에 진입하는 것을 방지하기 위한 중요한 규제 절차를 다룬다. 제18조는 시장 감시 당국과 세관 당국 간의 협력, 시장 감시 당국과 세관 당국 간의 긴밀한 협력을 강조하여, EU로 들어오는 제품이 적합한 규정 준수 평가를 받을 수 있도록 한다. 세관 당국은 제품이 EU로 수입되는 과정에서 규정 위반 징후가 있을 경우, 시장 감시 당국에 통보해야 한다. 세관은 특히 다음과 같은 경우에 제품의 적합성을 의심할 수 있다. 제품에 필수적인 적합성 표시(예: CE 마크)가 부착되어 있지 않거나 잘못 표시되어 있을 때. 제품이 필수 문서(적합성 선언서, 기술 문서 등)를 갖추지 않았을 때. 명백히 EU 규정을 위반하고 있는 경우. 시장 감시 당국은 세관 당국으로부터 통보를 받은 후, 제품이 규정을 위반했는지 여부를 신속하게 조사해야 한다. 시장 감시 당국이 제품의 규정 준수 여부를 확인하는 동안, 해당 제품의 통관은 일시적으로 중단될 수 있다. 세관 당국은 시장 감시 당국의 요청에 따라 최대 10일 동안 제품의 통관을 일시 정지할 수 있다. 이 기간 내에 시장 감시 당국은 제품이 규정을 준수하는지 결정하고, 위반이 확인되면 제품 유통을 제한하거나 금지할 수 있다. 시장 감시 당국은 불법 제품이 시장에 진입하지 않도록 조치를 취할 수 있으며, 이러한 제품은 유럽 내에서 통관되지 않도록 조치된다. 필요한 경우, 해당 제품의 수입업자나 제조업자에 대한 법적 조치도 가능하게 된다. 세관과 시장 감시 당국의 협력은 제품의 안전성을 보장하고 EU 규정 준수를 강화하기 위한 중요한 절차이다. 세관은 제품이 규정을 준수하는지 확인하는 데 중요한 역할을 하며, 시장 감시 당국이 조사하는 동안 제품의 통관을 일시적으로 중단할 수 있다. 최대 10일 동안 제품의 통관이 일시 중단될 수 있으며, 그동안 시장 감시 당국은 제품이 규정을 준수하는지 여부를 결정하게 된다. 이 조항은 유럽 시장에 들어오는 제품이 안전하고 규정을 준수하도록 하기 위한 중요한 보호 장치를 제공하며, 소비자 보호와 공정한 경쟁 환경 조성에 기여한다.

**제80조(부속서 III 적용 시 공급자가 고위험이 아닌 것으로 분류한 AI 시스템을 처리하기 위한 절차)**

1. 시장 감시 기관이 공급자가 제6조 제(3)항에 따라 고위험이 아닌 것으로 분류한 AI 시스템이 실제로 고위험이라고 판단할 충분한 이유가 있는 경우, 시장 감시 기관은 제6조 제(3)항 및 위원회 지침에 명시된 조건에 따라 해당 AI 시스템을 고위험 AI 시스템으로 분류한 것에 관해 평가를 실시해야 한다.

2. 시장 감시 기관이 해당 평가 과정에서 해당 AI 시스템이 고위험이라고 판단하는 경우, 시장 감시 기관은 지체 없이 관련 공급자에게 AI 시스템이 이 규정에 명시된 요구 사항 및 의무를 준수하도록 하기 위해 필요한 모든 조치를 취하고, 시장 감시 기관이 정한 기간 내에 적절한 시정 조치를 취하도록 요구해야 한다.

3. 시장 감시 기관이 해당 AI 시스템의 사용이 자국 영토에 국한되지 않는다고 판단하는 경우, 해당 기관은 지체 없이 위원회 및 다른 회원국에 평가 결과와 제공자에게 취하도록 요구한 조치를 통보해야 한다.

4. 제공자는 AI 시스템이 이 규정에 명시된 요구 사항 및 의무를 준수하도록 하기 위해 필요한 모든 조치를 취하도록 해야 한다. 해당 AI 시스템 제공자가 이 조항의 제2항에 언급된 기간 내에 AI 시스템이 해당 요구 사항 및 의무를 준수하도록 하지 않는 경우, 제공자는 제99조에 따라 벌금을 부과받는다.

5. 공급자는 자신이 유럽연합 시장에 제공한 모든 관련 AI 시스템에 대해 모든 적절한 시정 조치가 취해지도록 보장해야 한다.

6. 해당 AI 시스템 제공자가 본 조 제2항에 명시된 기간 내에 적절한 시정 조치를 취하지 않는 경우, 제79조 제(5)항부터 제(9)항까지를 적용한다.

7. 본 조 제1항에 따른 평가 과정에서 시장 감시 기관이 제공자가 제3장 제2절의 요건 적용을 회피하기 위해 AI 시스템을 고위험이 아닌 것으로 잘못 분류했다는 사실을 입증하는 경우, 제공자는 제99조에 따라 벌금을 부과받을 수 있다.

8. 본 조항의 적용을 모니터링하는 권한을 행사함에 있어, 규정(EU) 2019/1020의 제11조에 따라 시장 감시 기관은 본 규정의 제71조에 언급된 EU 데이터베이스에 저장된 특정 정보를 고려하여 적절한 점검을 수행할 수 있다.

**제81조(노동조합 보호 절차)**

1. 제79조 제(5)항에 언급된 통지를 수령한 날로부터 3개월 이내, 또는 제5조에 언급된 AI 관행 금지를 준수하지 않는 경우 30일 이내에 회원국의 시장 감시 기관이 다른 시장 감시 기관이 취한 조치에 대해 이의를 제기하거나, 위원회가 해당 조치가 연합법에 위배된다고 판단하는 경우, 위원회는 지체 없이 관련 회원국의 시장 감시 기관 및 운영자와 협의하고 국가 조치를 평가해야 한다. 위원회는 해당 평가 결과에 따라 제79조 제(5)항에 언급된 통지를 시작으로 6개월 이내, 또는 제5조에 언급된 AI 관행 금지를 준수하지 않는 경우 60일 이내에 국가 조치가 정당한지 여부를 결정하고 해당 회원국의 시장 감시 기관에 결정을 통보해야 한다. 위원회는 또한 다른 모든 시장 감시 기관에 해당 결정을 통보해야 한다.

2. 위원회가 관련 회원국이 취한 조치가 정당하다고 판단하는 경우, 모든 회원국은 해당 AI 시스템에 대해 적절한 제한 조치를 취해야 하며, 예를 들어 부당한 지체 없이 해당 AI 시스템을 자국 시장에서 철수하도록 요구하고, 그에 따라 위원회에 통보해야 한다. 위원회가 국가적 조치가 정당하지 않다고 판단하는 경우, 해당 회원국은 해당 조치를 철회하고 그에 따라 위원회에 통보해야 한다.

3. 국가적 조치가 정당하다고 간주되고 AI 시스템의 불이행이 이 규정의 제40조 및 제41조에 언급된 통합된 표준 또는 공통 사양의

> 단점에 기인하는 경우, 위원회는 규정(EU) 제1025/2012의 제11
> 조[52])에 규정된 절차를 적용한다.

### 제82조(위험을 나타내는 규정 준수 AI 시스템)

> 1. 회원국의 시장 감시 기관이 제79조에 따라 평가를 실시하고 제77
> 조(1)에 언급된 관련 국가 공공 기관과 협의한 후, 고위험 AI 시스템이
> 이 규정을 준수하지만 그럼에도 불구하고 사람들의 건강이나 안전,

---

52) 규정 (EU) 1025/2012의 제11조는 유럽 표준화 및 표준화 작업에 대한 통지에 대한 내용을 다룬다. 이 조항은 유럽연합 내에서 표준화 작업이 투명하게 이루어지도록 보장하고, 표준화 기구와 관련된 이해관계자들에게 중요한 정보를 제공하는 절차를 규정하고 있다. 제11조 유럽 표준화 기구의 표준화 작업 통지 조항은 유럽 표준화 기구들이 표준화 작업을 시작할 때 그에 대해 통지할 의무를 명시하고 있다. 유럽 표준화 기구(예: CEN, CENELEC, ETSI)는 표준화 작업을 개시할 때 유럽 위원회와 회원국에게 해당 작업에 대한 통지를 해야 한다. 표준화 기구는 새로운 표준을 개발하거나 기존 표준을 수정할 경우, 이 작업이 EU 전반에 미치는 영향에 대해 정보를 제공해야 한다. 이 통지 절차는 표준화 작업이 투명하고 개방적인 방식으로 진행되도록 보장하는 역할을 한다. 이를 통해 유럽 위원회와 회원국은 표준화 작업이 EU의 정책 및 법률에 부합하는지, 그리고 시장에 미치는 영향을 평가할 수 있다. 회원국은 표준화 기구가 통지한 작업에 대해 의견을 제출할 수 있으며, 해당 표준이 국가적 또는 EU 법률과 상충되는지 여부를 검토할 수 있다. 유럽위원회는 통지를 받은 표준화 작업을 모니터링하고, 이 작업이 EU의 우선 과제 및 공공 정책 목표와 일치하는지 확인할 수 있다. 필요할 경우, 위원회는 추가적인 조정 또는 권고를 할 수 있다. 제11조는 표준화 작업의 투명성을 높이고, EU 내에서 표준이 일관되게 개발될 수 있도록 하기 위한 중요한 절차를 규정한다. 유럽 표준화 기구는 새로운 표준화 작업을 시작할 때 유럽 위원회와 회원국에 통지하여, 이해관계자들이 이를 검토하고 적절한 의견을 제출할 수 있도록 해야 한다. 이 절차는 EU 시장의 통합된 표준 개발을 촉진하고, 표준화 작업이 EU의 정책 및 목표와 일치하도록 보장하는 데 기여한다. 따라서, 제11조는 유럽 표준의 개발 및 수정 과정에서 발생할 수 있는 충돌을 최소화하고, 더 나은 조정과 협력을 통해 유럽 전역에서 일관된 표준을 채택하도록 돕는 역할을 한다.

기본권 또는 기타 공익 보호 측면에 위험을 초래한다고 판단하는 경우, 해당 기관은 관련 운영자에게 해당 AI 시스템이 시장에 출시되거나 가동될 때 불필요한 지연 없이 해당 위험을 초래하지 않도록 하기 위한 모든 적절한 조치를 취하도록 요구해야 하며, 해당 기관이 규정하는 기간 내에 그렇게 해야 한다.

2. 공급자 또는 기타 관련 운영자는 제1항에 언급된 회원국의 시장감시 기관이 규정한 기간 내에 연합 시장에 제공한 모든 관련 AI 시스템에 대해 시정 조치가 취해지도록 보장해야 한다.

3. 회원국은 제1항에 따른 조사 결과를 위원회 및 다른 회원국에 즉시 통보해야 한다. 해당 정보에는 모든 이용 가능한 세부 정보, 특히 해당 AI 시스템을 식별하는 데 필요한 데이터, AI 시스템의 출처 및 공급망, 관련 위험의 특성, 취해진 국가적 조치의 특성 및 기간이 포함되어야 한다.

4. 위원회는 지체 없이 관련 회원국 및 관련 운영자와 협의를 시작하고, 취해진 국가적 조치를 평가해야 한다. 위원회는 해당 평가 결과를 토대로 조치가 정당한지 여부를 결정하고, 필요한 경우 다른 적절한 조치를 제안해야 한다.

5. 위원회는 해당 회원국 및 관련 운영자에게 결정을 즉시 전달해야 한다. 또한 다른 회원국에도 알려야 한다.

### 제83조(형식적인 불이행)

1. 회원국의 시장 감시 기관이 다음 중 하나의 발견을 하는 경우, 해당 기관은 관련 공급자에게 해당 불이행을 규정된 기간 내에 종식시킬 것을 요구해야 한다.

    (a) 제48조 위반으로 CE 마크가 부착되었다.

    (b) CE 마크가 부착되지 않았다.

    (c) 제47조에 언급된 EU 적합성 선언은 작성되지 않았다.

    (d) 제47조에 언급된 EU 적합성 선언이 올바르게 작성되지 않았다.

    (e) 제71조에 언급된 EU 데이터베이스에 대한 등록이 수행되지 않았다.

    (f) 해당되는 경우, 승인된 대표가 임명되지 않았다.

    (g) 기술 문서가 제공되지 않는다.

2. 제1항에 언급된 불이행이 지속되는 경우, 관련 회원국의 시장 감시 기관은 고위험 AI 시스템이 시장에 출시되는 것을 제한하거나 금지하거나 지체 없이 시장에서 회수 또는 철수되도록 적절하고 비례적인 조치를 취해야 한다.

> **제84조(연합 AI 테스트 지원 구조)**
>
> 1. 위원회는 AI 분야의 규정(EU) 2019/1020 제21조(6)[53]에 나열된 업무를 수행하기 위해 하나 이상의 연합 AI 테스트 지원 구조를 지정해야 한다.
>
> 2. 제1항에 언급된 업무를 해치지 않고, 연합 AI 테스트 지원 구조는 이사회, 위원회 또는 시장 감시 기관의 요청에 따라 독립적인 기술적 또는 과학적 조언도 제공해야 한다.

---

53) 규정(EU) 2019/1020의 제21조(6)는 시장 감시 당국의 권한 및 조치와 관련된 내용을 다룬다. 이 조항은 시장 감시 당국이 유럽연합 내에서 제품의 안전성 및 규정 준수를 보장하기 위해 수행할 수 있는 특정 권한을 규정한다. 제21조 시장 감시 당국의 권한 및 조치, 이 조항은 시장 감시 당국이 불법적이거나 위험한 제품을 감지할 경우 취할 수 있는 권한을 상세히 규정하고 있으며, 소비자 보호와 규정 준수 강화를 목표로 한다. 제21조(6)은 시장 감시 당국이 제품에 대해 필요한 조사를 수행하기 위한 강제적 조치를 취할 수 있는 권한을 다루고 있다. 시장 감시 당국은 해당 제품의 유통을 제한하거나 금지하기 위한 일련의 조치를 취할 수 있는 권한을 가진다. 만약 제품이 유럽연합의 해당 규정을 위반하거나, 소비자 건강, 환경 또는 공공 안전에 중대한 위험을 초래한다고 판단되는 경우, 제품을 회수하거나 리콜을 지시할 수 있다. 시장 감시 당국은 기업이 규정을 준수하지 않을 경우, 제품이 시장에 배포되기 전에 수정을 요구하거나, 위반 사항을 시정하도록 지시할 수 있다. 필요시, 당국은 불법 제품의 광고를 중단하게 하거나, 제품이 온라인 판매를 포함한 모든 유통 경로에서 제거되도록 할 수 있다. 제21조(6)는 시장 감시 당국이 제품의 안전과 규정 준수를 보장하기 위해 취할 수 있는 강력한 집행 권한을 명시하고 있다. 특히 소비자 안전을 위협하는 제품에 대한 리콜 또는 유통 중단 명령은 당국이 즉각적으로 적용할 수 있는 조치이다. 이 조치는 제품 안전성을 유지하고, EU 시장에서 유통되는 제품이 적합한 기준을 충족하도록 보장하는 데 중점을 두고 있다. 이 조항은 소비자 보호와 공공 안전을 강화하고, 기업들이 유럽연합의 규정을 준수하도록 하는 데 중요한 역할을 한다.

## 제4절 구제책

> **제85조(시장 감시 기관에 불만을 제기할 권리)**
> 다른 행정적 또는 사법적 구제 수단을 침해하지 않고, 이 규정의 조항을 위반했다고 생각할 만한 근거가 있는 모든 자연인 또는 법인은 관련 시장 감시 기관에 불만을 제출할 수 있다. (EU) 규정 2019/1020에 따라, 이러한 불만 사항은 시장 감시 활동을 수행하는 목적으로 고려되어야 하며, 시장 감시 기관에서 그에 따라 수립한 전담 절차에 따라 처리되어야 한다.

72조~85조는 법 위반에 대한 신고(제85조)에 따라 AI Act 위반 행위가 있었다고 볼 근거가 있는 자연인과 법인에 대해 회원국 시장 감시 당국에 신고가 가능함을 규정하고 있고 신고에 따른 법 집행 절차는 기타 행정과 사법절차와는 별개의 구제 수단으로 볼 수 있을 것이다.

> **제86조(개인의 의사결정에 대한 설명을 받을 권리)**
>
> 1. 부속서 III에 나열된 고위험 AI 시스템(제2항에 나열된 시스템은 제외)의 출력을 기반으로 배포자가 내린 결정의 영향을 받는 모든 영향을 받는 사람은 해당 결정이 법적 효과를 발생시키거나 건강, 안전 또는 기본적 권리에 부정적인 영향을 미치는 것으로 간주되는 방식으로 해당 사람에게 유사하게 중대한 영향을 미치는 경우 배포자로부터 의사결정 절차에서 AI 시스템의 역할과 내린 결정의 주요 요소에 대한 명확하고 의미 있는 설명을 받을 권리가 있다.
>
> 2. 제1항은 해당 항에 따른 의무에 대한 예외 또는 제한이 EU법 또는 EU법 준수를 위한 국가법에 따라 발생하는 AI 시스템의 사용에는 적용되지 않는다.
>
> 3. 이 조항은 제1항에 언급된 권리가 연합법에 따라 달리 규정되지 않는 범위에만 적용된다.

　AI 시스템이 내린 결정을 통해 법적 효과 또는 이와 유사한 건강, 안전, 기본권에 중대한 부정적 영향을 받은 경우, 의사결정 과정에서 AI 시스템이 수행한 역할 및 그 결정의 주요 요소에 관해 배포자에게 설명을 요구할 권리로서 다른 법에 별도의 설명 요구권이 없는 경우 본 조에 따라 설명을 요구할 수 있다.

> **제87조(침해 신고 및 신고자 보호)**
> 본 규정 위반 신고 및 해당 위반 신고자의 보호에 대해서는 지침(EU) 2019/1937이 적용된다.

Directive (EU) 2019/1937은 EU 내부고발자 보호 지침으로, 2019년 10월 23일에 채택되었다. 이 지침은 공공 조달, 금융 서비스, 자금 세탁, 공중 보건, 환경 보호 등 다양한 분야에서 EU 법률 위반을 보고하는 사람들을 보호하는 것을 목적으로 한다. 이 지침의 목적은 투명성을 증진하고, 내부고발자가 보고를 하는 데 따르는 불이익을 방지하면서 EU법 위반 행위를 신고할 수 있도록 장려하는 것이다. EU 회원국들은 2021년 12월 17일까지 이 지침을 국내법에 반영해야 했다.

## 제5절 일반용 AI 모델 제공자에 대한 감독, 조사, 집행 및 모니터링

**제88조(일반용 AI 모델 제공자의 의무 이행)**

1. 위원회는 제94조에 따른 절차적 보장을 고려하여 제5장을 감독하고 시행할 독점적 권한을 가진다. 위원회는 조약에 따른 회원국과 연합 간의 위원회 조직 권한 및 권한 분배에 영향을 미치지 않고 이러한 업무의 이행을 AI 사무국에 위임한다.

2. 제75조(3)의 편견 없이 시장 감시 기관은 이 규정에 따른 업무 이행을 지원하기 위해 필요하고 비례적인 경우 이 조항에 규정된 권한을 행사하도록 위원회에 요청할 수 있다.

**제89조(모니터링 작업)**

1. 이 조항에 따라 할당된 업무를 수행하기 위해 AI 사무국은 승인된 실무 규범을 준수하는 것을 포함하여 일반 용도 AI 모델 제공자의 이 규정의 효과적인 구현 및 준수를 모니터링하기 위해 필요한 조치를 취할 수 있다.

2. 하류 공급자는 이 규정의 위반을 주장하는 불만을 제기할 권리가 있다. 불만은 적절하게 이유가 제시되어야 하며 최소한 다음을 표시해야 한다.

   (a) 해당 일반 용도 AI 모델 제공자의 연락처

   (b) 관련 사실에 대한 설명, 해당 규정의 조항, 그리고 하위 공급자가 해당 일반 용도 AI 모델 공급자가 본 규정을 위반했다고 생각하는 이유

   (c) 요청을 보낸 하위 공급자가 관련 있다고 생각하는 기타 정보. 여기에는 적절한 경우 자체적으로 수집한 정보가 포함된다.

### 제90조(과학 패널의 체계적 위험에 대한 경고)

1. 과학 패널은 다음과 같은 의심이 있는 경우 AI 사무소에 자격 있는 경고를 제공할 수 있다.

   (a) 일반 용도의 AI 모델은 연합 수준에서 구체적으로 식별 가능한 위험을 초래한다. 또는
   (b) 일반 목적의 AI 모델은 제51조에 명시된 조건을 충족한다.

2. 그러한 자격 있는 경고에 따라 위원회는 AI 사무소를 통해 이사회에 통보한 후 이 조항에 규정된 권한을 행사하여 문제를 평가할 수 있다. AI 사무소는 제91조부터 제94조에 따라 이사회에 조치를 통보해야 한다.

3. 적격 경고는 적절하게 설명되어야 하며 최소한 다음 사항을 표시해야 한다.

   (a) 시스템적 위험에 대한 일반 AI 모델 제공자의 연락처
   (b) 과학 패널의 경고에 대한 관련 사실과 이유에 대한 설명
   (c) 과학 패널이 관련이 있다고 생각하는 기타 정보. 여기에는 적절한 경우 자체적으로 수집한 정보도 포함된다.


### 제91조(문서 및 정보 요청 권한)

1. 위원회는 해당 일반용 AI 모델 제공자에게 제53조 및 제55조에 따라 제공자가 작성한 문서를 제공하거나, 제공자가 이 규정을 준수

하는지 평가하는 데 필요한 추가 정보를 제공할 것을 요청할 수 있다.

2. 정보 요청을 보내기 전에 AI 사무소는 범용 AI 모델 제공자와 체계적인 대화를 시작할 수 있다.

3. 과학 패널의 정당하게 입증된 요청에 따라 위원회는 일반 목적 AI 모델 제공자에게 정보 요청을 발행할 수 있으며, 이는 정보에 대한 접근이 제68조(2)에 따른 과학 패널의 업무를 이행하는 데 필요하고 비례하는 경우이다.

4. 정보 요청에는 요청의 법적 근거와 목적을 명시하고, 필요한 정보를 구체적으로 명시하고, 정보를 제공해야 하는 기간을 정하고, 부정확하거나 불완전하거나 오해의 소지가 있는 정보를 제공할 경우 제101조에 규정된 벌금을 명시해야 한다.

5. 해당 일반 목적 AI 모델 제공자 또는 그 대리인은 요청된 정보를 제공해야 한다. 법인, 회사 또는 기업의 경우 또는 제공자가 법적 성격이 없는 경우, 법률 또는 법령에 따라 그들을 대표하도록 권한을 부여받은 사람은 해당 일반 목적 AI 모델 제공자를 대신하여 요청된 정보를 제공해야 한다. 적절하게 행동할 권한을 부여받은 변호사는 고객을 대신하여 정보를 제공할 수 있다. 제공된 정보가 불완전하거나 부정확하거나 오해의 소지가 있는 경우 고객은 그럼에도 불구하고 전적인 책임을 져야 한다.

**제92조(평가를 실시할 수 있는 권한)**

1. AI 사무국은 이사회와 협의한 후 해당 일반 목적 AI 모델에 대한 평가를 수행할 수 있다.

  (a) 제91조에 따라 수집된 정보가 부족한 경우, 이 규정에 따른 의무에 대한 제공자의 준수 여부를 평가하거나

  (b) 특히, 제90조(1)항(a)에 따라 과학 패널로부터 자격 있는 경고가 내려진 후에 체계적 위험이 있는 일반 목적 AI 모델의 연합 수준에서 체계적 위험을 조사한다.

2. 위원회는 제68조에 따라 설립된 과학 패널을 포함하여 위원회를 대신하여 평가를 수행할 독립 전문가를 임명하기로 결정할 수 있다. 이 작업을 위해 임명된 독립 전문가는 제68조(2)에 명시된 기준을 충족해야 한다.

3. 제1항의 목적을 위해 위원회는 API 또는 소스 코드를 포함한 추가 적절한 기술적 수단 및 도구를 통해 해당 일반 목적 AI 모델에 대한 액세스를 요청할 수 있다.

4. 접근 요청에는 요청의 법적 근거, 목적 및 이유를 명시해야 하며, 접근을 제공하는 기간과 접근을 제공하지 못할 경우 제101조에 규정된 벌금을 정해야 한다.

5. 해당 일반 목적 AI 모델 제공자 또는 그 대리인은 요청된 정보를

제공해야 한다. 법인, 회사 또는 기업의 경우, 또는 제공자가 법적 성격이 없는 경우, 법률 또는 법령에 따라 그들을 대표할 권한이 있는 사람은 해당 일반 목적 AI 모델 제공자를 대신하여 요청된 액세스를 제공해야 한다.

6. 위원회는 독립 전문가를 참여시키기 위한 세부적인 준비와 선정 절차를 포함하여 평가를 위한 세부적인 준비와 조건을 명시하는 이행 조치를 채택해야 한다. 이러한 이행 조치는 제98조(2)에 언급된 심사 절차에 따라 채택해야 한다.

7. 해당 일반 목적 AI 모델에 대한 접근을 요청하기 전에 AI 사무국은 일반 목적 AI 모델 제공자와 구통합된 대화를 시작하여 모델의 내부 테스트, 체계적 위험을 방지하기 위한 내부 보호 장치, 제공자가 이러한 위험을 완화하기 위해 취한 기타 내부 절차 및 조치에 대한 추가 정보를 수집할 수 있다.

**제93조(조치 요청 권한)**

1. 필요하고 적절한 경우 위원회는 공급자에게 다음을 요청할 수 있다.

   (a) 제53조 및 제54조에 명시된 의무를 준수하기 위한 적절한 조치를 취한다.

   (b) 제92조에 따라 수행된 평가로 인해 연합 차원의 체계적 위험에 대한 심각하고 입증된 우려가 발생한 경우 완화 조치를 시행한다.

   (c) 시장 출시를 제한하고 해당 모델을 철회 또는 회수한다.

2. 조치가 요청되기 전에 AI 사무국은 범용 AI 모델 제공자와 체계적인 대화를 시작할 수 있다.

3. 제2항에 언급된 구조적 대화 중에 체계적 위험이 있는 일반 용도 AI 모델 제공자가 연합 차원에서 체계적 위험을 해결하기 위한 완화 조치를 이행하겠다는 약속을 제시하는 경우, 위원회는 결정을 통해 그러한 약속을 구속력 있게 만들고 추가 조치의 근거가 없다고 선언할 수 있다.

> **제94조(일반 AI 모델의 경제 운영자의 절차적 권리)**
> 
> 일반 목적 AI 모델 제공자에게는 규정 (EU) 2019/1020의 제18조[54]가 준용되며, 이 규정에 명시된 보다 구체적인 절차적 권리는 침해되지 않는다.

---

[54] 규정(EU) 2019/1020의 제18조는 시장 감시 당국과 세관 당국 간의 협력을 규정하고 있다. 이 조항은 유럽연합(EU)으로 들어오는 제품이 규정에 적합한지 확인하고, 불법적이거나 안전하지 않은 제품이 시장에 진입하지 않도록 보장하는 절차를 정의한다. 제18조 시장 감시 당국과 세관 당국 간의 협력은 세관 당국은 EU로 수입되는 제품의 통관 절차에서, 해당 제품이 유럽의 안전 및 규제 요건을 준수하는지 확인할 책임이 있다. 세관 당국은 제품이 규정을 위반할 가능성이 있다고 판단되는 경우, 시장 감시 당국에 통보하고 그 제품의 통관을 일시적으로 중단할 수 있다. 세관 당국과 시장 감시 당국은 상호 협력하여 제품의 규정 준수를 확인한다. 특히, 세관 당국은 제품이 규정을 위반하거나 의심되는 경우 시장 감시 당국에 이를 전달하여 조사를 요청해야 한다. 이 협력은 제품의 안전성과 적합성을 보장하며, 특히 위험하거나 불법적인 제품이 EU 시장에 진입하는 것을 방지하는 데 중점을 둔다. 세관 당국은 시장 감시 당국이 제품의 적합성을 조사할 때까지 통관을 최대 10일간 중단할 수 있다. 이 기간 동안 시장 감시 당국은 해당 제품이 규정을 준수하는지 판단하고 적절한 조치를 취한다. 만약 시장 감시 당국이 제품이 규정을 위반한다고 판단하면, 해당 제품의 유통을 제한하거나 금지할 수 있다. 위반 사항이 발견된 경우 제품이 EU 규정을 위반한 것으로 확인되면, 세관 당국은 해당 제품의 통관을 거부하고 시장 감시 당국과 협력하여 더 이상의 유통을 막는다. 또한 제품이 유통된 경우, 리콜 및 회수 조치가 이루어질 수 있다. 세관 당국과 시장 감시 당국 간의 협력을 통해, EU로 수입되는 제품의 안전성과 규정 준수 여부를 감시하고 확인하는 절차를 확립하고 있다. 세관 당국은 제품 통관을 일시 중단할 수 있으며, 이 기간 동안 시장 감시 당국은 제품이 규정을 준수하는지 조사하게 된다. 이 조항은 특히 소비자 보호와 시장 신뢰를 강화하는 역할을 하며, 유럽 시장에서 불법적이고 위험한 제품이 유통되는 것을 방지한다. 이 제18조는 시장 감시와 제품 안전성 확보에 중요한 역할을 하는 조항으로, 소비자와 EU 시장의 안전을 보호하는 데 핵심적인 기능을 수행한다.

Directive (EU) 2019/1020는 EU 시장에서 유통되는 제품의 규정 준수를 강화하고 감시하는 것을 목적으로 하는 지침으로, 제18조는 경제 운영자의 의무에 대해 다루고 있다. 이에 대해 불이행 시 제조업체, 수입업체 또는 유통업체와 같은 경제 운영자는 자신이 시장에 내놓은 제품이 EU 제품 안전 규정을 준수하지 않는다고 믿을 만한 이유가 있는 경우, 즉시 시정 조치를 취하여 제품을 규정에 맞게 조정하거나 시장에서 철회해야 한다. 만약 그 제품의 불이행이 위험을 초래할 경우, 경제 운영자는 즉시 관련 국가 당국에 이를 알리고, 위험과 취해진 조치에 대한 세부 사항을 제공해야 하는 보고 의무가 있으며 경제 운영자는 규정 준수 여부를 증명할 수 있는 문서, 예를 들어 기술 파일이나 기타 증빙 자료를 보관해야 하며, 시장 감시 당국의 요청에 협조해야 한다. 그러므로 제18조는 경제 운영자가 불이행 제품을 사전에 시정하거나 시장에서 철수할 의무가 있음을 명시하고, 소비자 안전을 위한 시장 감시에 협력하도록 요구한다.

# 행동 강령 및 지침

제95조(특정 요구 사항의 자발적 적용을 위한 행동 강령)
1. AI 사무국과 회원국은 제3장 제2절에 명시된 요건의 일부 또는 전부를 고위험 AI 시스템이 아닌 AI 시스템에 자발적으로 적용하도록 촉진하기 위한 관련 거버넌스 메커니즘을 포함한 행동 강령의 작성을 장려하고 촉진해야 하며, 이러한 요건의 적용을 허용하는 이용 가능한 기술 솔루션과 업계 모범 사례를 고려해야 한다.

2. AI 사무국과 회원국은 배포자를 포함한 모든 AI 시스템에 대한 특정 요구 사항의 자발적 적용과 관련된 행동 강령의 작성을 촉진해야 하며, 명확한 목표와 목표 달성을 측정하기 위한 핵심 성과 지표를 기반으로 해야 하며, 여기에는 다음이 포함되지만 이에 국한되지는 않는다.
  (a) 신뢰할 수 있는 AI에 대한 유럽연합 윤리 지침에 적용되는 요소
  (b) AI 시스템이 환경적 지속 가능성에 미치는 영향을 평가하고 최소화하는 것, 여기에는 에너지 효율적인 프로그래밍과 AI의 효율적 설계, 훈련 및 사용을 위한 기술이 포함된다.
  (c) 특히 AI 개발, 운영 및 사용을 다루는 사람들의 AI 이해력 증진

(d) 포괄적이고 다양한 개발팀을 구성하고 이 과정에 이해관계자의 참여를 촉진하는 것을 포함하여 포괄적이고 다양한 AI 시스템 설계를 촉진한다.

(e) AI 시스템이 취약계층이나 취약계층 집단에 미치는 부정적 영향을 평가하고 예방하는 것, 특히 장애인의 접근성과 성평등에 미치는 영향을 평가하고 예방하는 것.

3. 행동 강령은 AI 시스템의 개별 제공자 또는 배포자 또는 이들을 대표하는 조직 또는 둘 다에 의해 작성될 수 있으며, 여기에는 시민사회 조직 및 학계를 포함한 이해관계자와 대표 조직이 참여해야 한다. 행동 강령은 관련 시스템의 의도된 목적의 유사성을 고려하여 하나 이상의 AI 시스템을 포함할 수 있다.

4. AI 사무국과 회원국은 행동 강령 작성을 장려하고 촉진할 때 신생기업을 포함한 중소기업의 구체적인 이익과 필요를 고려해야 한다.

**제96조(이 규정의 시행에 관한 위원회의 지침)**

1. 위원회는 이 규정의 실질적 이행에 관한 지침을 개발해야 하며, 특히 다음 사항에 관한 지침을 개발해야 한다.

   (a) 제8조부터 제15조까지 및 제25조에 언급된 요건 및 의무의 적용

   (b) 제5조에 언급된 금지 행위

   (c) 실질적인 수정과 관련된 조항의 실제적 구현

   (d) 제50조에 규정된 투명성 의무의 실제적 이행

   (e) 부속서 I에 열거된 유럽연합 통합 입법과 이 규정의 관계에 대한 자세한 정보, 그리고 집행의 일관성을 포함한 기타 관련 유럽연합 법률과의 관계에 대한 자세한 정보

   (f) 제3조(1)항에 명시된 AI 시스템 정의 적용.

이러한 지침을 발표할 때, 위원회는 신생기업을 포함한 중소기업, 지방 공공 기관 및 이 규정의 영향을 가장 많이 받을 수 있는 부문의 요구 사항에 특히 주의를 기울여야 한다.

이 문단의 첫 번째 하위 문단에 언급된 지침은 AI에 대한 일반직으로 인정된 최신 기술 수순과 제40조 및 제41조에 언급된 관련된 통합된 표준 및 공통 사양, 또는 유럽연합 통합법에 따라 제정된 통합된 표준이나 기술 사양을 적절히 고려해야 한다.

2. 회원국 또는 AI 사무국의 요청에 따라, 또는 자체적인 주도로, 위원회는 필요하다고 판단될 경우 이전에 채택된 지침을 업데이트한다.

# 제11장 권한 위임 및 위원회 절차

**제97조(위임의 행사)**
1. 위임된 행위를 채택하는 권한은 이 조항에 규정된 조건에 따라 위원회에 부여된다.

2. 제6조(6) 및 (7), 제7조(1) 및 (3), 제11조(3), 제43조(5) 및 (6), 제47조(5), 제51조(3), 제52조(4), 제53조(5) 및 (6)에 언급된 위임 행위를 채택하는 권한은 2024년 8월 1일부터 5년 기간 동안 위원회에 부여된다. 위원회는 5년 기간이 끝나기 9개월 전까지 권한 위임에 대한 보고서를 작성한다. 권한 위임은 유럽 의회 또는 이사회가 각 기간이 끝나기 3개월 전까지 이러한 연장에 반대하지 않는 한 동일한 기간 동안 묵시적으로 연장된다.

3. 제6조(6) 및 (7), 제7조(1) 및 (3), 제11조(3), 제43조(5) 및 (6), 제47조(5), 제51조(3), 제52조(4), 제53조(5) 및 (6)에 언급된 권한 위임은 유럽 의회 또는 이사회가 언제든지 철회할 수 있다. 철회 결정은 해당 결정에 명시된 권한 위임을 종료시킨다. 철회 결정은 유럽연합 관보에 게재된 다음 날 또는 관보에 명시된 이후 날짜에 효력을 발생한다. 철회 결정은 이미 시행 중인 위임 행위의 유효성에 영향을 미치지 않는다.

4. 위임된 행위를 채택하기 전에 위원회는 2016년 4월 13일 보다 나은 입법 제정에 관한 기관 간 협정에 규정된 원칙에 따라 각 회원국이 지정한 전문가와 협의해야 한다.

5. 위원회는 위임 행위를 채택하자마자 이를 유럽 의회와 이사회에 동시에 통보한다.

6. 제6조(6)항 또는 (7), 제7조(1)항 또는 (3), 제11조(3), 제43조(5)항 또는 (6), 제47조(5), 제51조(3), 제52조(4) 또는 제53조(5)항 또는 (6)에 따라 채택된 위임 행위는 유럽 의회 또는 이사회가 해당 행위를 유럽 의회와 이사회에 통보한 후 3개월 이내에 반대 의사를 표명하지 않거나 해당 기간이 만료되기 전에 유럽 의회와 이사회가 모두 위원회에 반대 의사를 표명한 경우에만 발효된다. 해당 기간은 유럽 의회 또는 이사회의 발의에 따라 3개월 연장된다.

> **제98조(위원회 절차)**
>
> 1. 위원회는 위원회의 지원을 받는다. 해당 위원회는 규정 (EU) 182/2011의 의미 내에서 위원회이다.
>
> 2. 이 문단이 언급되는 경우, 규정 (EU) 제182/2011호의 제5조[55]가 적용된다.

Regulation (EU) No 182/2011은 위원회의 역할과 구성을 설명하는 규정을 포함하고 있다. 이 규정에 따라 유럽연합 집행위원회는 회원국

---

[55] 규정 (EU) 제182/2011호는 집행 권한의 행사에 관한 규정으로, 유럽연합(EU)에서 특정 규정의 집행 권한을 위임받은 기관이 이 권한을 어떻게 행사해야 하는지를 규정하고 있다. 이 규정은 EU의 의사결정 절차를 조율하고, 특히 위임된 행정적 권한이 적절하게 사용되도록 보장한다. 제5조 검토 절차(Examination Procedure)에 관한 내용으로 이 절차는 특정 법률이나 규정이 시행될 때, 그에 대한 회원국들의 감독과 검토를 가능하게 하는 구조로 설계되어 있다. 검토 절차는 일반적으로 공공 정책, 프로그램 실행, 재정 지원 또는 시장 접근과 관련된 중요한 규제 결정을 위한 권한의 행사를 다룬다. 이는 회원국들이 직접적으로 영향을 받을 수 있는 결정들에 대해 더 큰 통제력을 제공하기 위한 절차이다. 유럽 위원회는 특정 규정이나 프로그램을 시행하기 위해 법적 권한을 부여받은 경우, 검토 절차에 따라 회원국들의 의견을 수렴해야 한다. 위원회는 회원국의 의견을 바탕으로 최종 결정을 내리며, 그 결정은 각 회원국이 영향을 받는지 여부를 고려하여 조정된다. 회원국들은 위원회의 제안에 대해 투표를 통해 의견을 제출할 수 있다. 회원국들의 다수결에 따라 결정이 내려지며, 다수의 회원국이 반대할 경우 위원회는 결정을 수정하거나 철회해야 할 수 있다. 중요한 경우에는 검토 절차가 더 긴밀하게 적용되며, 회원국들의 더 철저한 검토와 협의가 요구된다. 검토 절차는 중요한 행정적 결정을 내리는 데 있어서 회원국의 참여를 보장하고, 그들의 감독 기능을 강화하기 위한 것이다. 이를 통해 회원국의 의견이 반영될 수 있으며, 유럽 위원회의 집행 권한이 적절하게 행사되도록 보장한다. 회원국들의 투표를 통해 의사결정이 이루어지며, 다수결 원칙에 따라 결정된다. 제5조는 유럽연합 의사결정 절차에서 투명성과 민주적 통제를 보장하는 중요한 조항으로, 집행 과정에서 회원국들의 의견을 존중하는 것을 목표로 한다. 특히, 공공 정책이나 중요한 재정적 결정에서 각 회원국의 참여를 촉진하여, 공동의 결정을 이끌어 내는 데 중점을 두고 있다.

대표들로 구성된 위원회와 협력하여 이행 법안을 채택할 때 도움을 받는다. 위원회는 각 EU 회원국을 대표하는 전문가나 관계자로 구성되며, 이들은 제안된 이행 법안과 관련된 특정 분야의 전문가이다. 위원회는 집행위원회가 제안한 이행 법안 초안에 대한 의견을 제공하며 이들의 역할은 집행위원회의 제안이 EU 정책 및 회원국의 이익과 일치하는지 확인하는 것이다. 이 규정에 따라 위원회는 두 가지 주요 절차를 통해 운영된다. 자문 절차(Advisory Procedure)의 위원회는 비구속적인 의견을 제공한다. 이 절차는 주로 덜 중요한 또는 기술적인 조치에 사용된다. 심사 절차(Examination Procedure)는 중요한 조치에 사용되며 위원회는 제안된 법안에 대해 투표를 진행하고 그 결과에 따라 법안 채택 여부가 결정된다. 심사 절차에서는 다수결 의결이 필요하며, 이는 제안된 법안의 승인 또는 거부 여부를 결정한다. 만약 과반수 의견이 형성되지 않을 경우, 집행위원회는 특정 조건하에서 법안을 채택할 수 있다. 이 위원회들은 EU 정책의 시행 과정에서 회원국이 중요한 발언권을 가질 수 있도록 보장하는 역할을 한다.

Regulation (EU) No 182/2011은 코미톨로지 규정으로[56], 유럽연

---

56) 코미톨로지(Comitology)는 "위원회 시스템"을 의미하며, 유럽연합(EU) 내에서 집행위원회가 이행 권한을 행사할 때 EU 회원국의 통제를 받는 절차를 나타낸다. 이 시스템은 위원회(Comité)와 행정 절차(Logy)의 결합어로, 집행위원회가 EU법을 실행하거나 규정을 세울 때 각 회원국 대표들로 구성된 위원회의 의견을 반영해야 한다는 뜻이다. 코미톨로지는 유럽연합의 입법 과정에서 집행위원회의 권한 행사와 이를 감독하는 회원국들의 참여를 조화롭게 유지하는 중요한 절차적 메커니즘이다. 코미톨로지 절차는 크게 두 가지로 나뉜다. 첫째는 자문 절차(Advisory Procedure)로 비구속적인 의견을 제공하는 절차이며 둘째는 심사 절차(Examination Procedure)로서 더 중요한 이행 법안에 대해 위원회가 투표하는 절차로, 가중 다수결을 통해 승인 여부가 결정된다. 이 절차는 집행위원회의 결정을 회원국들이 감독하고, 민주적 정당성을 확보하는 장치로 작동한다.

합 집행위원회가 실행 권한을 행사할 때 적용되는 규칙과 절차를 규정하고 있다. 이 규정은 EU 회원국 대표들로 구성된 위원회와 집행위원회가 EU 법률을 이행하는 방법을 다룬다. 제5조는 심사 절차(Examination Procedure)에 대해 설명하고 있는데 심사 절차는 일반적인 범위의 조치나 중요한 정책 결정을 수반하는 시행 법안에 적용된다. 예를 들어, EU의 공통 농업 정책이나 무역 규칙과 관련된 프로그램이 여기에 포함될 수 있다. 해당 위원회는 집행위원회가 제안한 시행 법안 초안에 대해 투표를 진행하는데 자격을 갖춘 자들이 다수결(Qualified majority)로 법안의 승인 또는 거부 여부가 결정된다. 긍정적인 의견이 나올 경우, 집행위원회는 초안을 채택한다. 부정적인 의견이 제시되면, 집행위원회는 법안을 채택할 수 없다. 의견이 없을 경우(찬반 다수결이 나오지 않을 때), 집행위원회는 특정 조건하에서 여전히 법안을 채택할 수 있지만, 예외적으로 채택이 불가능한 경우도 있다. 이 절차는 회원국들이 중요한 EU 정책을 이행하는 과정에서 발언권을 가질 수 있도록 보장한다.

# 제12장 벌칙

**제99조(벌칙)**

1. 회원국은 이 규정에 명시된 약관에 따라 운영자의 이 규정 위반에 적용되는 경고 및 비금전적 조치를 포함할 수 있는 처벌 및 기타 집행 조치에 대한 규칙을 제정하고, 이를 적절하고 효과적으로 이행하는 데 필요한 모든 조치를 취해야 하며, 이를 통해 제96조에 따라 위원회가 발표한 지침을 고려해야 한다. 규정된 처벌은 효과적이고 비례적이며 억제적이어야 한다. 이는 신생기업을 포함한 중소기업의 이익과 경제적 실행 가능성을 고려해야 한다.

2. 회원국은 지체 없이, 늦어도 적용일까지 제1항에 언급된 벌금 및 기타 집행 조치에 대한 규칙을 위원회에 통보해야 하며, 이에 대한 후속 수정 사항이 있는 경우 지체 없이 위원회에 통보해야 한다.

3. 제5조에 언급된 AI 관행 금지를 준수하지 않을 경우 최대 35,000,000유로의 행정 벌금 또는 위반자가 사업체인 경우 이전 회계연도의 전 세계 총 연간 매출액의 최대 7%(이 중 더 높은 금액)에 해당하는 벌금을 부과받을 수 있다.

4. 제5조에 규정된 것 외에 운영자 또는 통보 기관과 관련된 다음 조항을 준수하지 않을 경우 최대 EUR 15,000,000의 행정 벌금 또는 위반자가 사업체인 경우 이전 회계연도의 전 세계 총 연간 매출의 최대 3% 중 더 높은 금액에 해당한다.

(a) 제16조에 따른 공급자의 의무

(b) 제22조에 따른 공인 대리인의 의무

(c) 제23조에 따른 수입자 의무

(d) 제24조에 따른 유통업체의 의무

(e) 제26조에 따른 배치자의 의무

(f) 제31조, 제33조(1), (3) 및 (4) 또는 제34조에 따른 통보 기관의 요구 사항 및 의무

(g) 제50조에 따라 공급자 및 배포자에 대한 투명성 의무

5. 통보된 기관 또는 국가 유관 당국에 요청에 대한 답변으로 부정확하거나 불완전하거나 오해의 소지가 있는 정보를 제공하는 경우 최대 7,500,000유로의 행정 벌금 또는 위반자가 사업체인 경우 이전 회계연도의 전 세계 총 연간 매출액의 최대 1%(이 중 더 높은 금액)의 벌금이 부과된다.

6. 신생기업을 포함한 중소기업의 경우, 이 조항에 언급된 각각의 벌금은 제3항, 제4항 및 제5항에 언급된 백분율 또는 금액 중 낮은 금액까지이다.

7. 행정 과태료를 부과할지 여부를 결정할 때와 각 개별 사례에 대한 행정 과태료 금액을 결정할 때 특정 상황의 모든 관련 상황을 고려해야 하며, 적절한 경우 다음 사항을 고려해야 한다.

(a) AI 시스템의 목적을 고려하여 침해의 성격, 심각성, 지속 기간 및 그 결과를 결정하며, 필요한 경우 영향을 받는 사람의 수와 그들이 입은 피해 수준도 고려한다.

(b) 동일한 위반 행위에 대해 다른 시장 감시 기관이 동일한 사업자에게 이미 행정 벌금을 부과했는지 여부

(c) 동일한 사업자가 다른 연합법이나 국가법을 위반하여 이미 다른 기관에서 행정 벌금을 부과받은 적이 있는지 여부, 이러한 위반이 이 규정의 관련 위반을 구성하는 동일한 활동이나 부작위로 인해 발생한 경우

(d) 침해 행위를 저지른 사업자의 규모, 연간 매출 및 시장 점유율

(e) 사건의 상황에 적용 가능한 기타 가중 또는 완화 요소, 예를 들어 위반 행위로 인해 직접 또는 간접적으로 얻은 재정적 이익이나 회피한 손실

(f) 위반 사항을 시정하고 위반의 부정적 영향을 완화하기 위해 국가 유관 당국과 협력한 정도

(g) 기술적, 조직적 조치를 구현한 운영자의 책임 정도

(h) 위반 사실이 국가 유관 당국에 알려진 방식, 특히 운영자가 위반 사실을 통지했는지 여부와 통지했다면 어느 정도인지

(i) 침해의 고의 또는 과실적 성격

(j) 영향을 받는 사람들이 입을 피해를 완화하기 위해 운영자가 취하는 모든 조치

8. 각 회원국은 해당 회원국에 설립된 공공 기관 및 기관에 행정 벌금을 부과할 수 있는 범위에 대한 규칙을 정해야 한다.

9. 회원국의 법 체계에 따라 행정 벌금에 대한 규칙은 해당 회원국에서 적용 가능한 유능한 국가 법원 또는 기타 기관에서 벌금을 부과하는 방식으로 적용될 수 있다. 해당 회원국에서 이러한 규칙을 적용하는 것은 동등한 효과를 갖는다.

10. 이 조항에 따른 권한의 행사는 효과적인 사법적 구제책과 적법 절차를 포함하여 연합 및 국가법에 따른 적절한 절차적 보호 조치의 적용을 받는다.

11. 회원국은 이 조항에 따라 해당 연도에 부과한 행정 벌금 및 관련 소송이나 사법 절차에 관해 매년 위원회에 보고해야 한다.

**제100조(연합 기관, 기구, 사무실 및 기관에 대한 행정 벌금)**

1. 유럽 데이터 보호 감독관은 이 규정의 범위에 속하는 연합 기관, 기구, 사무소 및 기관에 행정 벌금을 부과할 수 있다. 행정 벌금을 부과할지 여부를 결정하고 각 개별 사례에서 행정 벌금의 금액을 결정할 때 특정 상황의 모든 관련 상황을 고려하고 다음 사항을 적절히 고려해야 한다.

　(a) 해당 AI 시스템의 목적을 고려하여 침해의 성격, 심각성, 지속 기간 및 그 결과를 결정하며, 필요한 경우 영향을 받는 사람의 수와 그들이 입은 피해 수준도 고려한다.

　(b) 기술적 및 조직적 조치를 고려하여 연합 기관, 기구, 사무소 또는 기관의 책임 정도

　(c) 피해를 입은 사람들이 입은 피해를 완화하기 위해 연합 기관, 단체, 사무소 또는 기관이 취하는 모든 조치

　(d) 침해를 시정하고 침해의 부정적 영향을 완화하기 위해 유럽 데이터 보호 감독 기관과 협력한 정도. 여기에는 동일한 주제와 관련하여 유럽 데이터 보호 감독 기관이 관련 연합 기관, 기구, 사무소 또는 기관에 대해 이전에 명령한 조치를 준수하는 것도 포함된다.

　(e) 연합 기관, 단체, 사무실 또는 기관에 의한 유사한 이전 위반 사항

　(f) 침해 사실이 유럽 데이터 보호 감독 기관에 알려진 경위, 특히 유럽연합 기관, 단체, 사무소 또는 기관이 침해 사실을 통지했는지 여부와 통지했다면 어느 정도인지.

(g) 연합 기관, 단체, 사무소 또는 기관의 연간 예산.

2. 제5조에 언급된 AI 관행 금지를 준수하지 않을 경우 최대 1,500,000유로의 행정 벌금이 부과된다.

3. 제5조에 규정된 것 외에 이 규정에 따른 모든 요구 사항 또는 의무를 AI 시스템이 준수하지 않을 경우 최대 750,000유로의 행정 벌금이 부과된다.

4. 본 조항에 따라 결정을 내리기 전에 유럽 데이터 보호 감독관은 유럽 데이터 보호 감독관이 진행하는 절차의 주제인 연합 기관, 기구, 사무소 또는 기관에 잠재적 침해에 관한 문제에 대해 의견을 제시할 기회를 제공해야 한다. 유럽 데이터 보호 감독관은 당사자들이 의견을 제시할 수 있는 요소와 상황에만 근거하여 결정을 내려야 한다. 원고가 있는 경우 원고는 절차와 긴밀히 연관되어야 한다.

5. 소송 절차에서 관련 당사자의 방어권은 충분히 존중되어야 한다. 개인이나 기업이 개인 데이터나 사업 비밀을 보호하는 데 합법적인 이익이 있는 경우, 해당 당사자는 유럽 데이터 보호 감독관의 파일에 접근할 권리가 있다.

6. 이 조항의 벌금 부과로 징수된 기금은 연합의 일반 예산에 기여한다. 벌금은 벌금을 부과받은 연합 기관, 단체, 사무실 또는 기관의

효과적인 운영에 영향을 미치지 않는다.

7. 유럽 데이터 보호 감독 기관은 매년 본 조항에 따라 부과한 행정 벌금과 제기한 소송 또는 사법 절차를 위원회에 통보해야 한다.

### 제101조(일반 용도 AI 모델 제공자에 대한 벌금)

1. 위원회는 일반 용도 AI 모델 제공자에게 이전 회계연도의 연간 전 세계 총매출의 3% 또는 15,000,000유로(둘 중 더 높은 금액)를 초과하지 않는 벌금을 부과할 수 있다. 이는 위원회가 제공자가 고의 또는 과실로 다음을 행했다고 판단하는 경우이다.

(a) 이 규정의 관련 조항을 위반했다.

(b) 제91조에 따른 문서 또는 정보 요청에 따르지 않았거나, 부정확하거나 불완전하거나 오해의 소지가 있는 정보를 제공한 경우

(c) 제93조에 따라 요청된 조치를 준수하지 못했다.

(d) 제92조에 따라 평가를 실시할 목적으로 일반 목적의 AI 모델 또는 체계적 위험이 있는 일반 목적의 AI 모델에 대한 접근을 위원회에 제공하지 못했다. 벌금 또는 정기적 벌금 지불 금액을 정할 때는 비례성 및 적절성의 원칙을 적절히 고려하여 위반의 성격, 심각성 및 기간을 고려해야 한다. 위원회는 또한 제93조(3)에 따라 이루어진 공약 또는 제56조에 따라 관련 실무 강령에서 이루어진 공약을 고려해야 한다.

2. 위원회는 제1항에 따라 결정을 채택하기 전에 일반 목적 AI 모델 제공자에게 예비 조사 결과를 전달하고 의견을 제시할 기회를 제공해야 한다.

3. 본 조항에 따라 부과되는 벌금은 효과적이고 비례적이며 억제적이어야 한다.

4. 이 조항에 따라 부과된 벌금에 대한 정보도 적절한 경우 이사회에 전달되어야 한다.

5. 유럽연합 사법재판소는 이 조항에 따라 벌금을 부과하는 위원회의 결정을 검토할 무제한 관할권을 가진다. 부과된 벌금을 취소, 감액 또는 증가시킬 수 있다.

6. 위원회는 이 조 제1항에 따른 결정의 채택 가능성을 고려하여 절차에 대한 세부적인 조치 및 절차적 보호 조치를 포함하는 이행 조치를 채택해야 한다. 이러한 이행 조치는 제98조(2)에 언급된 심사 절차에 따라 채택해야 한다.

법 위반 행위 유형별로 그 중대성에 따라 과징금 상한을 차등화하여 규정하였는데 연간 매출액 기준과 정액 과징금 기준 중 선택 적용은 매출액이 존재하는 사업자에 대해서만 적용한다. EU 기구, 기관, 사무소, 청에 대한 과징금 부과 권한은 EU 데이터 보호감독관(EDPS)이 보유한다(제100조). 금지되는 AI를 활용한 경우에는 3,500만 원 유로 또는 전 세계 연간 매출액(Turnover)의 7% 중 높은 금액을 내야 하고 고위험 AI 의무, 투명성 의무 위반 등은 1,500만 유로 또는 전 세계 매출액의 5% 중 높은 금액을 내야 한다. 당국, 기관의 정보 제공 요청 의무 위반 등은 750만 유로 또는 전 세계 연간 매출액의 1% 중 높은 금액을 내야 한다. 다만 중소기업, 스타트업 특례가 있어 상기 연간 매출액 또는 정액 과징금 기준 중 낮은 금액을 과징금을 낸다.

# 제13장 최종 조항

> **제102조(규정 (EC) 300/200857)에 대한 수정)**
> 규정 (EC) 300/2008 제4조(3)항58)에 다음 하위 단락이 추가되었다. 유럽 의회 및 위원회 규정 (EU) 2024/1689에 명시된 인공지능 시스템에 관한 보안 장비의 승인 및 사용에 대한 기술 사양 및 절차와 관련한 세부 조치를 채택할 때, 해당 규정의 제3장 제2절에 명시된 요구 사항을 고려해야 한다.

---

57) Regulation (EC) No 300/2008은 유럽연합 내의 민간 항공 보안을 보장하기 위한 규정을 설정하고 있다. 이 중 제4조(3)는 회원국들이 공통 보안 기준을 구현할 때의 책임에 대해 명시하고 있다. 회원국들은 해당 규정에 의해 설정된 기본 보안 기준을 준수하는 모든 적절한 보안 조치를 마련해야 한다. 이러한 보안 기준은 공항, 항공사 및 관련 항공기에 적용되며, 이를 시행하는 책임은 각 회원국에 있다. 즉, 이 조항은 회원국들이 민간 항공을 불법 간섭으로부터 보호하기 위해 일관되게 보안 기준을 적용하고 이행하도록 요구한다.

58) 규정 (EC) No 300/2008은 민간 항공 보안에 관한 규정으로, 유럽연합(EU) 내에서 항공 보안을 강화하기 위해 설정된 규칙을 포함하고 있다. 이 규정은 항공 보안 절차와 표준을 정의하며, 공항, 항공기, 승객, 수하물, 화물 및 항공 물품의 보호를 보장하는 데 목적을 두고 있다. 제4조(3)항 공동 기본 표준의 적용을 항공 보안의 일관성을 유지하기 위해 어떻게 적용해야 하는지를 규정하고 있다. 이 항목은 특히 회원국들이 공동의 기본 표준을 준수할 수 있도록 세부 사항을 다룬다. 항공 보안에 대한 공동 기본 표준은 EU 전역에서 모든 항공 보안 조치가 통일되도록 보장하는 규칙이다. 제4조(3)항은 각 회원국이 해당 규정에 따라 자체적인 보충 보안 조치를 채택할 수 있음을 명시한다. 이는 공동의 표준을 충족하거나 초과하는 추가적인 조치로, 각국의 보안 상황과 필요에 따라 보완적으로 시행될 수 있다. 이러한 보충 조치는 EU에서 정한 최소한의 보안 표준을 강화하거나 구체적인 위협 상황에 대응할 수 있도록 조정될 수 있다. EU 회원국은 항공 보안 관련 위험 및 위협을 고려하여, 공동 표준을 강화하는 추가적인 보안 조치를 도입할 수 있는 재량을 가지고 있다. 보충 보안 조치가 도입되더라도, EU의 기본 보안 표준을 반드시 충족

> ### 제103조(규정 (EU) 167/2013에 대한 수정)
> 규정 (EU) No 167/2013의 제17조(5)항[59]에 다음 하위 단락이 추가되었다.
>
> 유럽 의회 및 위원회 규정 (EU) 2024/1689의 의미 내에서 안전 구성 요소인 인공 지능 시스템에 관한 첫 번째 하위 단락에 따라 위임된 행위를 채택할 때, 해당 규정의 제3장 제2절에 명시된 요구 사항을 고려해야 한다.

하거나 초과해야 한다. 추가적인 보안 조치를 시행하는 경우, 회원국은 EU 위원회에 통보해야 하며, 이러한 조치가 기본 표준과 일치하는지에 대한 검토가 가능하다.

제4조(3)항의 중요성: 이 항목은 유연성과 효율성을 보장한다. 각 회원국은 자신들의 국가적 상황과 특정 보안 위험에 대응하기 위해 추가 조치를 취할 수 있으며, 이러한 조치는 EU 전체의 항공 보안 체계를 강화하는 데 기여한다. 이를 통해 각국은 공통 표준을 유지하면서도 더 강력한 보안 조치를 취할 수 있게 된다.

[59] 규정 (EU) No 167/2013은 농업 및 임업용 차량(트랙터 포함)에 대한 형식 승인 및 시장 감시에 관한 규정이다. 이 규정은 유럽연합 내에서 농업 및 임업용 차량이 안전, 환경 보호, 기술적 요건 등을 충족하도록 보장하는 데 목적을 두고 있다.

제17조는 EU 형식 승인 절차에 관한 내용을 다루며, 특히 형식 승인 인증서의 발급 및 발효 절차를 규정하고 있고 제17조(5)항은 EU 형식 승인 인증서의 효력 정지와 관련된 내용을 다룬다 이 항목은 형식 승인 인증서가 유효하지 않게 되는 경우를 구체적으로 설명하고 있다. 형식 승인 인증서의 효력 정지는 특정 조건이 충족되지 않거나, 승인된 차량 유형이 규정에 따른 기술적 요건을 더 이상 충족하지 못할 때 발생할 수 있다. 형식 승인 인증서가 효력을 정지시키는 경우, 해당 차량은 더 이상 EU 시장에서 판매되거나 유통될 수 없다. 이러한 효력 정지는 제조업체가 문제를 해결하고 차량이 다시 규정을 준수하는 경우, 해제될 수 있다. 문제가 해결되지 않으면, 형식 승인 인증서는 취소될 수 있다. 형식 승인 인증서는 특정 기술적 요건이 충족되지 않으면 효력이 정지된다. 제조업체가 문제를 해결하고 해당 차량이 다시 규정을 준수하면, 효력 정지는 해제될 수 있다. 효력 정지 상태에서는 해당 차량은 더 이상 유럽연합 내에서 판매되거나 사용될 수 없으며, 이러한 규제는 시장에서의 안전성과 환경 보호를 강화하는 역할을 한다. 제17조(5)항은 EU 형식 승인 제도의 엄격한 적용을 보장하는 중요한 역할을 한다. 농업 및 임업용 차량의 안전성, 환경 보호, 기술적 표준 준수를 보장하기 위해, 형식 승인 인증서의 효력 정지 절차를 규정하고 있다. 이를 통해 불법적이거나 기술적 요건을 충족하지 않는 차량이 시장에 유통되는 것을 방지할 수 있다.

> **제104조(규정 (EU) 168/2013에 대한 수정)**
>
> 규정 (EU) No 168/2013의 제22조(5)항[60]에 다음 하위 단락이 추가되었다.
>
> 유럽 의회와 위원회의 규정 (EU) 2024/1689에 명시된 안전 구성 요소인 인공지능 시스템에 관한 첫 번째 하위 단락에 따라 위임된 행위를 채택할 때, 해당 규정의 제3장 제2절에 명시된 요구 사항을 고려해야 한다.

---

60) 규정 (EU) No 168/2013은 L-범주 차량에 대한 형식 승인 및 시장 감시를 다루는 규정이다. L-범주 차량에는 이륜차, 삼륜차, 사륜차 등이 포함되며, 이 규정은 이러한 차량의 안전성, 성능, 환경 기준 등을 보장하기 위한 제도를 규정하고 있다.

제22조는 EU 형식 승인에 관한 규정을 명시하고 있으며, 특히 차량의 유형 승인과 그 절차에 대한 내용을 다루고 제22조(5)항은 형식 승인 인증서의 유효성 및 정지와 관련된 사항을 규정한다. 형식 승인 인증서의 유효성은 차량이 규정된 기술적 요건을 계속해서 충족할 때 유지된다. 기술적 요건을 충족하지 못하거나 규정을 위반하는 경우, 해당 차량의 형식 승인 인증서는 효력이 정지될 수 있다. 승인 절차 중, 특정 요건을 충족하지 못하거나 확인된 문제점이 해결되지 않으면, 차량의 형식 승인은 취소되거나 제한될 수 있다. 규정 위반이 발생하면 인증서가 정지되거나 취소될 수 있다. 제22조(5)항은 L-범주 차량의 안전성과 환경 보호를 보장하기 위해 EU 형식 승인 시스템을 엄격히 적용하는 핵심적인 역할을 한다. 이를 통해 불법적이거나 규정을 충족하지 못하는 차량이 유럽 시장에 진입하는 것을 방지하며, 제조업체가 문제를 해결하고 다시 규정을 준수하면 인증서의 효력이 회복될 수 있도록 명시하고 있다.

> **제105조(지침 2014/90/EU에 대한 수정)**
>
> 지침 2014/90/EU 제8조[61])에 다음 문단이 추가되었다.
>
> 유럽 의회 및 위원회 규정(EU) 2024/1689의 의미 내에서 안전 구성 요소인 인공지능 시스템의 경우, 위원회는 제1항에 따라 활동을 수행하고 제2항 및 제3항에 따라 기술 사양 및 테스트 표준을 채택할 때 해당 규정의 제3장 제2절에 명시된 요구사항을 고려해야 한다.

---

61) 지침 2014/90/EU는 해양 장비에 대한 지침으로, 해상에서 사용되는 장비의 안전성을 보장하기 위해 유럽연합(EU) 내에서 해양 장비가 일정한 표준을 준수하도록 규정하고 있다. 이 지침은 특히 선박 안전 및 해양 환경 보호와 관련된 장비의 인증과 표준을 규정한다. 제8조는 해양 장비의 EU 적합성 평가 절차를 다루고 있으며, 이는 해양 장비가 EU 규정을 준수하는지 확인하는 중요한 과정이다. 해양 장비가 EU 시장에 출시되기 전에 EU 적합성 평가 절차를 거쳐야 한다. 이 절차는 장비가 해양 안전, 환경 보호, 국제 표준을 충족하는지 평가하는 과정이다. 적합성 평가 절차는 EU 내 공인 기관에 의해 수행된다. 이 기관들은 해양 장비가 규정된 기술 요구 사항을 충족하는지 확인한다. 제조업체는 장비가 적합성을 충족할 경우, EU 적합성 선언을 작성해야 한다. 이 선언서는 해당 장비가 모든 규제 요건을 충족했음을 증명하는 문서이다. 적합성 절차를 통과한 장비는 통합된 표준을 충족하며, 이는 EU 내에서 자유롭게 유통될 수 있다. 장비가 국제 협약 및 EU 규정에서 요구하는 기술적 기준에 맞지 않으면 적합성 평가에서 통과할 수 없다. 특히 SOLAS 협약(해상 인명 안전 협약)에서 요구하는 기준을 충족해야 하며, 관련된 해양 장비에는 휠마크(바퀴 표식)가 부착되어야 한다. 제조업체는 적합성 평가 절차를 따르고, 장비의 성능 및 안전을 보장해야 한다. 또한, 장비가 시장에서 유통될 때 규정된 표준을 지속적으로 준수하는지 감독해야 한다. 적합성 인증을 받은 후에도 시장 감시 당국에 의해 장비가 감독되며, 규정 위반이 발견되면 필요한 조치가 취해질 수 있다. 제8조는 EU 내에서 유통되는 해양 장비가 국제 및 EU 표준을 충족하도록 보장하는 중요한 절차를 명시하고 있다. 이를 통해 해양 장비의 안전성과 성능이 유럽 시장에서 일관되게 유지되며, 선박 안전과 환경 보호에 기여한다. 적합성 평가 절차는 장비가 규정된 요건을 충족했음을 보증하고, 제조업체가 이를 지속적으로 준수하도록 책임을 부여하는 핵심적인 역할을 한다.

> **제106조(지침 (EU) 2016/797에 대한 수정)**
> 지침 (EU) 2016/797 제5조[62]에 다음 문단이 추가되었다.
> 유럽 의회 및 이사회 규정(EU) 2024/1689의 의미 내에서 안전 구성 요소인 인공지능 시스템에 관한 제1항에 따라 위임된 행위를 채택하고 제11항에 따라 행위를 이행할 때 해당 규정의 제3장 제2절에 명시된 요구 사항을 고려해야 한다.

---

[62] 지침 2016/797/EU는 유럽 철도 시스템의 상호운용성에 관한 지침으로, 유럽연합(EU) 내 철도 네트워크의 효율성과 안전성을 높이기 위해 철도 시스템 간의 상호운용성을 강화하는 데 목적이 있다. 이 지침은 특히 기술적 사양과 안전 표준을 통일함으로써 EU 내 철도 시스템의 호환성을 촉진하고 있다. 제5조 상호운용성 기술 사양(TSI, Technical Specifications for Interoperability)의 적용 및 개발에 관한 규정에서 상호운용성 기술 사양(TSI)은 철도 시스템의 상호운용성을 보장하기 위해 필수적인 기술 기준 및 규격을 정의한다. TSI는 철도 네트워크의 인프라, 이동 장비, 신호 시스템 등 다양한 분야에 적용된다. 유럽 철도 기관(European Union Agency for Railways, ERA)은 TSI를 제안하고, 유럽 위원회는 이를 검토하여 공식적으로 채택한다. TSI는 유럽 철도 네트워크 전반에 걸쳐 적용되며, 새로운 철도 시스템을 개발하거나 기존 시스템을 개조할 때 반드시 준수해야 한다. 이는 철도 시스템 간 상호운용성을 보장하고, EU 회원국 간의 철도 운송 효율성을 높이는 데 기여한다. TSI는 특히 안전성, 신뢰성, 보건, 환경 보호와 같은 요구 사항을 고려하여 개발된다. 제5조는 TSI가 기술 발전이나 운영 환경의 변화에 맞춰 지속적으로 업데이트될 수 있도록 규정하고 있다. 새로운 기술이나 산업 표준이 개발되면, TSI는 이를 반영하여 개선될 수 있으며, 이를 통해 철도 시스템의 최신 기술 동향을 반영할 수 있다. 제5조는 특정 상황에서 TSI 적용의 예외가 허용될 수 있음을 규정하고 있다. 예를 들어, 역사적 가치가 있는 철도 차량이나 노선, 혹은 특수한 지형적 요인으로 인해 일반적인 TSI를 적용하기 어려운 경우, 특정한 조건하에서 예외가 허용될 수 있다. 이러한 예외 사항은 유럽 위원회에 의해 개별적으로 검토되고 승인된다. TSI(상호운용성 기술 사양)는 유럽 철도 시스템의 호환성을 보장하고, 철도 서비스의 효율성 및 안전성을 높이는 데 필수적인 규격이다. 유럽 철도 기관(ERA)이 TSI의 개발과 유지 보수를 담당하며, 유럽 위원회가 이를 공식적으로 채택하고 관리한다. TSI는 기술 발전에 따라 지속적으로 수정되며, 필요한 경우 예외 적용이 가능하다. 제5조 조항은 철도 시스템의 안전성과 상호운용성을 보장하기 위해 중요한 역할을 한다. 상호운용성 기술 사양(TSI)은 유럽 내 철도 네트워크의 기술 표준화를 통해 안전성, 효율성, 환경 보호를 달성하며, 유럽연합 내 철도 시스템 간의 원활한 통합을 촉진한다.

### 제107조(규정 (EU) 2018/858에 대한 수정)

규정 (EU) 2018/858 제5조[63]에 다음 문단이 추가되었다.

유럽 의회 및 위원회 규정(EU) 2024/1689의 의미 내에서 안전 구성 요소인 인공지능 시스템에 관한 제3항에 따라 위임된 행위를 채택할 때 해당 규정의 제3장 제2절에 명시된 요구 사항을 고려해야 한다.

---

[63] 규정 (EU) 2018/858은 자동차 및 이들 차량에 관련된 시스템, 구성 부품 및 별도 기술 장치에 대한 형식 승인 및 시장 감시에 관한 규정이다. 이 규정은 EU 내에서 차량의 안전성, 환경 적합성, 그리고 시장 내 유통을 보장하기 위한 제도를 다루며, 특히 형식 승인 절차와 관련된 규칙을 명시한다. 제5조는 EU 형식 승인 요건 및 절차에 대한 규정을 다루고 있으며, 차량 제조업체가 EU 시장에서 차량을 판매하기 전에 준수해야 할 절차를 명시한다. 제조업체는 차량, 시스템, 구성 부품 및 별도 기술 장치가 EU 규제 및 기술 요건을 충족해야 EU 형식 승인을 받을 수 있다. 제조업체는 형식 승인 절차를 통해 차량의 안전성, 환경 적합성, 기타 규제 요건을 입증해야 한다. 형식 승인 인증서를 받기 위해, 해당 차량이나 시스템은 EU 규정에 따른 적합성 평가를 거쳐야 한다. 이는 차량의 성능과 안전이 규정된 기준에 부합하는지 확인하는 절차이다. 적합성 평가 절차는 공인된 형식 승인 기관에 의해 수행되며, 이 기관들은 차량이 모든 규제 요건을 충족하는지 검토하고 승인 여부를 결정한다. 승인 절차가 완료되면, 형식 승인 기관은 형식 승인 인증서를 발급한다. 이 인증서는 해당 차량이나 시스템이 규정 요건을 충족했음을 증명하는 문서이다. 제조업체는 형식 승인 인증서를 획득한 후에만 EU 시장에서 해당 차량을 판매할 수 있다. 형식 승인 기관은 형식 승인 절차 전반에 걸쳐 중요한 역할을 하며, 차량의 기술 요건 및 성능을 평가하고 승인을 결정한다. 승인 기관은 차량의 적합성 및 안전성을 평가하는 데 있어서 독립적인 위치에 있으며, EU 규정에 따라 엄격한 기준을 적용해야 한다. 제조업체는 승인 후에도 차량이 시장에서 지속적으로 규정을 준수하는지 확인해야 하며, 차량에 대한 품질 관리 시스템을 운영해야 한다. 차량이 시장에서 발견된 결함으로 인해 규정을 위반할 경우, 제조업체는 수정 조치를 취하거나, 필요시 해당 차량을 회수하는 등의 조치를 취해야 한다. 제조업체는 EU 규제에 따라 차량이나 시스템이 적합성을 입증해야 하며, 이를 위해 형식 승인 절차를 거쳐야 한다. 적합성 평가는 공인된 형식 승인 기관이 수행하며, 차량이 기술적 및 규제적 요건을 충족하는지 확인한다. 제조업체는 형식 승인 후에도 차량의 규정 준수를 유지해야 하며, 결함이 발견될 경우 즉각적인 조치를 취해야 한다. 이 조항은 EU 차량 시장의 안전성을 보장하기 위한 중요한 절차를 명시하고 있다. 형식 승인 절차를 통해 차량의 안전성, 환경 적합성 및 규제 준수가 보장되며, 이는 소비자 보호와 시장 신뢰성을 높이는 역할을 한다. 형식 승인 기관과 제조업체 간의 협력은 차량의 기술적 요건을 충족하고 시장에 안전한 차량을 공급하는 데 필수적인 역할을 한다.

> **제108조(규정 (EU) 2018/1139에 대한 수정 사항)**
> 규정 (EU) 2018/1139는 다음과 같이 개정된다.
>
> (1) 제17조[64]에 다음 항을 추가한다.
> 제2항의 적용을 받지 않고, 유럽 의회 및 이사회 규정(EU) 2024/1689의 의미 내에서 안전 구성 요소인 인공지능 시스템에 관한 제1항에 따른 이행 조치를 채택할 때, 해당 규정의 제3장 제2절에 명시된 요구 사항을 고려해야 한다.

---

64) 규정 (EU) 2018/1139는 유럽 항공 안전 규정에 관한 규정으로, 항공 안전과 관련된 여러 분야를 다루고 있으며, 유럽항공안전청(EASA)의 권한과 역할을 규정하고 있다. 이 규정은 유럽연합 내에서 항공 안전, 환경 보호, 그리고 항공기와 항공 인프라의 효율적인 운영을 보장하기 위한 체계를 구축하고 있다. 제17조는 유럽항공안전청(EASA)의 권한 위임 및 업무 수행 규정이다. 유럽항공안전청(EASA)은 이 규정에 따라 항공 안전과 관련된 기술적 조사 및 감독 업무를 수행할 권한을 가진다. EASA는 회원국들의 요구에 따라 항공기, 항공기 운항, 항공 종사자, 항공기 유지 보수 및 설계 등에 대한 감독 및 조사 업무를 위임받는다. 이러한 권한 위임은 EASA가 항공 안전 표준을 정하고, 감독 및 인증 활동을 통해 EU 항공 안전 법규가 효과적으로 시행되도록 하기 위함이다. EASA는 회원국 또는 제3국에서 수행되는 항공 활동에 대해 감독 및 조사를 실시할 수 있으며, 필요한 경우 기술적 지원을 제공할 수 있다. 항공 안전과 관련된 기술적인 기준을 설정하고, 이러한 기준을 모든 회원국이 따르도록 지침을 제시할 수 있다. EASA는 국가 당국 및 국제기관과 협력하여 항공 안전을 강화하기 위한 기술적 지원을 제공한다. 이를 통해, EASA는 국제적으로도 항공 안전 기준을 개선하고, 유럽 내 항공 산업이 국제 기준을 준수할 수 있도록 지원한다. EASA는 필요시 항공기 및 항공 운영에 대한 검사를 수행하고, 항공 관련 인증을 발급할 수 있는 권한을 보유한다. 항공기 설계, 생산, 운항, 유지보수와 관련된 모든 사항에서 안전 표준이 제대로 적용되고 있는지 확인하는 역할을 한다. EASA는 항공 안전과 관련된 감독 및 조사 권한을 위임받아 수행하며, 항공 안전 표준을 정립하고 적용하는 역할을 한다. EASA는 회원국 및 제3국에서 항공 안전과 관련된 활동을 감독하고, 필요한 경우 기술적 지원을 제공할 수 있다. EASA는 항공기 및 관련 운영에 대한 검사를 수행하고, 적합한 경우 인증을 발급할 권한이 있다. 제17조는 유럽항공안전청(EASA)의 역할과 책임을 명확히 하여, 유럽연합 내 항공 안전을 보장하고, 항공 관련 법규가 일관되게 적용되도록 하는 데 중점을 둔다. EASA는 항공 안전의 최고 권위로서, 유럽과 국제 항공 산업에 대한 감독과 협력을 통해 항공기 안전성, 환경 보호, 그리고 효율적인 운항을 보장한다.

(2) 제19조에 다음 항을 추가한다.

규정(EU) 2024/1689의 의미 내에서 안전 구성 요소인 인공지능 시스템에 관한 단락 1 및 2에 따라 위임된 행위를 채택할 때 해당 규정의 제3장 제2절에 명시된 요구 사항을 고려해야 한다.

(3) 제43조에 다음 항을 추가한다.

규정(EU) 2024/1689의 의미 내에서 안전 구성 요소인 인공지능 시스템에 관한 제1항에 따라 이행 조치를 채택할 때 해당 규정의 제3장 제2절에 명시된 요구 사항을 고려해야 한다.

(4) 제47조에 다음 항을 추가한다.

규정(EU) 2024/1689의 의미 내에서 안전 구성 요소인 인공지능 시스템에 관한 단락 1 및 2에 따라 위임된 행위를 채택할 때 해당 규정의 제3장 제2절에 명시된 요구 사항을 고려해야 한다.

(5) 제57조에 다음 항을 추가한다.

(EU) 2024/1689 규정의 의미에 따른 안전 구성 요소인 인공지능 시스템에 관한 시행령을 채택할 때, 해당 규정의 제3장 제2절에 명시된 요건을 고려해야 한다.

(6) 제58조에 다음 항을 추가한다.

규정(EU) 2024/1689의 의미 내에서 안전 구성 요소인 인공지능 시스템에 관한 단락 1 및 2에 따라 위임된 행위를 채택할 때 해당 규정의 제3장 제2절에 명시된 요구 사항을 고려해야 한다.

> **제109조(규정 (EU) 2019/2144에 대한 수정)**
>
> 규정 (EU) 2019/2144 제11조[65]에 다음 문단이 추가되었다.
>
> 유럽 의회 및 이사회 규정(EU) 2024/1689의 의미 내에서 안전 구성 요소인 인공지능 시스템에 관한 제2항에 따라 이행 조치를 채택할 때 해당 규정의 제3장 제2절에 명시된 요구 사항을 고려해야 한다.

---

65) 규정 (EU) 2019/2144는 도로 차량 및 관련 기술적 사양에 대한 일반 안전 및 특정 장비의 도입에 관한 규정으로, 차량의 안전성과 환경 보호를 개선하기 위해 다양한 기술적 요건을 규정하고 있다. 이 규정은 자동차 및 트레일러, 시스템, 부품, 별도의 기술 장치에 대해 특정한 안전 기준을 마련하는 것이 목적이다. 제11조는 타인 생명 및 재산을 보호하기 위한 필수 장비는 차량에 설치되어야 함과 타인의 생명 및 재산을 보호하기 위한 장비에 관한 내용을 다룬다. 이는 차량이 도로에서 안전하게 운행되고, 운전자뿐 아니라 보행자와 기타 도로 이용자들의 안전을 보장하기 위한 규정을 명시한다. 모든 차량에는 도로 안전을 높이기 위해 필수적인 안전 장비가 설치되어야 한다. 이러한 장비에는 특정 상황에서 차량의 제어를 돕거나, 사고를 예방하고 경감을 목적으로 하는 다양한 시스템이 포함된다. 제11조는 특히 긴급 제동 시스템, 차선 이탈 경고 시스템, 그리고 탑승자 및 보행자 보호 시스템과 같은 기술적 장비를 요구할 수 있다. 이 장비들은 운전자가 차량을 보다 안전하게 조작하고, 사고 발생 시 피해를 줄일 수 있도록 설계되었다. 차량은 보행자 및 도로에서 취약한 사용자를 보호하기 위한 기술적 요건도 충족해야 한다. 예를 들어, 차량의 외부 구조는 충돌 시 보행자의 부상을 줄이는 설계를 포함해야 하며, 차량이 자동으로 위험을 감지하여 사고를 방지하거나 경감을 위해 작동하는 시스템이 요구될 수 있다. 이 조항은 차량의 안전 장비와 기술이 최신 기술 발전을 반영할 수 있도록 규정하고 있다. 기술 발전에 따른 새로운 안전 장비는 주기적으로 검토되어 법적 요구 사항에 통합될 수 있다. 차량 안전 장비는 도로에서 타인의 생명 및 재산을 보호하기 위해 필수적이며, 이 장비들은 주행 중 사고 방지 및 피해 경감을 목적으로 설치된다. 보행자와 기타 취약 도로 사용자를 보호하기 위한 장비도 필수적으로 설치되어야 하며, 이는 차량의 외부 설계 및 기술 시스템에 반영된다. 최신 기술 발전을 반영하여 차량의 안전 장비가 정기적으로 업데이트되고 강화될 수 있다. 제11조는 차량 안전성을 대폭 강화하기 위한 중요한 규정으로, 도로 교통사고 예방 및 피해 최소화를 목표로 한다. 차량에 설치되는 필수 안전 장비는 운전자뿐만 아니라 도로에서 취약한 사용자(보행자, 자전거 이용자 등)의 안전도 보장하며, 첨단 기술을 적용한 안전 시스템이 법적으로 요구됨으로써 교통사고의 위험을 줄이고 있다.

**제110조(지침 (EU) 2020/1828에 대한 수정)**

유럽 의회 및 위원회 지침 (EU) 2020/1828 부속서 I에 다음 사항이 추가되었다.

인공지능에 관한 통합 규칙을 정하고 규정 (EC) 300/2008, (EU) 167/2013, (EU) 168/2013, (EU) 2018/858, (EU) 2018/1139 및 (EU) 2019/2144와 지침 2014/90/EU, (EU) 2016/797 및 (EU) 2020/1828(인공지능법)을 개정하는 유럽 의회 및 이사회 규정 (EU) 2024/1689(OJ L, 2024/1689, 12. 7. 2024.[66])

---

66) http://data.europa.eu/eli/reg/2024/1689/oj

제111조(이미 시장에 출시되었거나 서비스에 들어간 AI 시스템과 이미 표시된 일반 용도의 AI 모델)

1. 제113조(3)항(a)에 언급된 제5조의 적용을 해치지 않고, 부속서 X에 나열된 법률 행위에 의해 구축된 대규모 IT 시스템의 구성 요소로서 2027년 8월 2일 이전에 시장에 출시되거나 가동된 AI 시스템은 2030년 12월 31일까지 이 규정을 준수해야 한다. 이 규정에 명시된 요건은 부속서 X에 열거된 법령에 따라 설립된 각 대규모 IT 시스템을 평가할 때 고려되어야 하며, 해당 법령이 대체되거나 개정되는 경우에도 고려되어야 한다.

2. 제113조(3)항(a)에 언급된 제5조의 적용을 침해하지 않고, 이 규정은 이 조항의 단락 1에 언급된 시스템을 제외한 고위험 AI 시스템 운영자에게 적용되며, 2026년 8월 2일 이전에 시장에 출시되거나 가동된 경우, 해당 날짜부터 해당 시스템이 설계에 상당한 변경을 받는 경우에만 적용된다. 어떤 경우든 공공 기관에서 사용하도록 의도된 고위험 AI 시스템의 제공자와 배포자는 2030년 8월 2일까지 이 규정의 요구 사항과 의무를 준수하기 위한 필요한 조치를 취해야 한다.

3. 2025년 8월 2일 이전에 시장에 출시된 일반 용도 AI 모델 제공자는 2027년 8월 2일까지 이 규정에 명시된 의무를 준수하기 위해 필요한 조치를 취해야 한다.

**제112조(평가 및 검토)**

1. 위원회는 이 규정이 발효된 후 1년에 한 번씩, 제97조에 규정된 권한 위임 기간이 끝날 때까지 부속서 III에 명시된 목록과 제5조에 규정된 금지된 AI 관행 목록의 수정 필요성을 평가한다. 위원회는 해당 평가 결과를 유럽 의회와 이사회에 제출한다.

2. 위원회는 2028년 8월 2일까지 그리고 그 후 4년마다 다음 사항을 평가하여 유럽 의회와 이사회에 보고해야 한다.
  (a) 부속서 III에 있는 기존 지역 제목을 확장하거나 새로운 지역 제목을 추가하는 개정이 필요하다.
  (b) 제50조에 추가 투명성 조치를 요구하는 AI 시스템 목록에 대한 수정
  (c) 감독 및 거버넌스 시스템의 효율성을 강화하기 위한 개정안.

3. 위원회는 2029년 8월 2일까지 그리고 그 후 4년마다 이 규정의 평가 및 검토에 대한 보고서를 유럽 의회와 이사회에 제출해야 한다. 이 보고서에는 시행 구조와 식별된 단점을 해결하기 위한 연합 기관의 필요성에 대한 평가가 포함되어야 한다. 조사 결과를 바탕으로 해당 보고서는 적절한 경우 이 규정의 개정 제안을 첨부해야 합니다. 이 보고서는 공개되어야 한다.

4. 제2항에 언급된 보고서는 다음 사항에 특히 주의를 기울여야 한다.

(a) 이 규정에 따라 할당된 업무를 효과적으로 수행하기 위한 국가 유관 기관의 재정적, 기술적, 인적 자원의 상태
(b) 특히 제99조(1)에 언급된 행정 벌금을 포함한 이 규정의 위반에 대해 회원국이 적용하는 처벌의 상태.
(c) 이 규정을 지원하기 위해 개발된 통합된 표준 및 공통 사양을 채택했다.
(d) 이 규정이 적용된 후 시장에 진입하는 사업체의 수와 그중 중소기업의 숫자

5. 위원회는 2028년 8월 2일까지 AI 사무소의 기능을 평가하고, AI 사무소가 업무를 이행하는 데 충분한 권한과 역량을 부여받았는지, 그리고 이 규정의 적절한 이행 및 집행을 위해 AI 사무소와 집행 역량을 업그레이드하고 자원을 늘리는 것이 관련되고 필요한지 여부를 평가해야 한다. 위원회는 평가 보고서를 유럽 의회와 이사회에 제출해야 한다.

6. 위원회는 2028년 8월 2일까지 그리고 그 후 4년마다 일반 용도 AI 모델의 에너지 효율적 개발에 대한 표준화 성과물 개발 진행 상황 검토 보고서를 제출하고 구속력 있는 조치 또는 행동을 포함한 추가 조치 또는 행동의 필요성을 평가해야 한다. 보고서는 유럽 의회와 이사회에 제출되어야 하며 공개되어야 한다.

7. 위원회는 2028년 8월 2일까지 그리고 그 이후 3년마다 고위험

AI 시스템 이외의 AI 시스템에 대한 제3장 제2절에 명시된 요건과 환경적 지속 가능성을 포함하여 고위험 AI 시스템 이외의 AI 시스템에 대한 추가 요건의 적용을 촉진하기 위해 자발적 행동 강령의 영향과 효과를 평가해야 한다.

8. 제1항부터 제7항까지의 목적을 위해 이사회, 회원국 및 국가 유관 당국은 위원회의 요청에 따라 지체 없이 위원회에 정보를 제공해야 한다.

9. 제1항부터 제7항까지 언급된 평가 및 검토를 수행함에 있어서 위원회는 이사회, 유럽 의회, 이사회 및 기타 관련 기관이나 출처의 입장 및 조사 결과를 고려해야 한다.

10. 위원회는 필요한 경우 이 규정을 개정하기 위한 적절한 제안을 제출해야 하며, 특히 기술 발전, AI 시스템이 건강과 안전, 기본권에 미치는 영향을 고려하고 정보 사회의 진행 상황을 고려해야 한다.

11. 본 조의 제1항부터 제7항까지 언급된 평가 및 검토를 안내하기 위해 AI 사무국은 관련 조에 명시된 기준과 다음 사항에 대한 새로운 시스템을 포함시켜 위험 수준을 평가하기 위한 객관적이고 참여적인 방법론을 개발하기로 약속한다.
  (a) 부속서 III에 명시된 목록에는 기존 지역 제목의 확장 또는 해당 부속서에 있는 새로운 지역 제목의 추가가 포함된다.

(b) 제5조에 규정된 금지 행위 목록 및

(c) 제50조에 따라 추가적인 투명성 조치가 필요한 AI 시스템 목록.

12. 제10항에 따른 이 규정의 개정 또는 관련 위임 또는 이행 행위가 부속서 I의 B절에 나열된 부문별 연합 통합 입법과 관련된 경우, 각 부문의 규제 특성과 해당 부문에서 수립된 기존 거버넌스, 적합성 평가 및 집행 메커니즘과 당국을 고려해야 한다.

13. 위원회는 2031년 8월 2일까지 이 규정의 시행에 대한 평가를 수행하고, 이 규정의 첫 적용 연도를 고려하여 유럽 의회, 이사회 및 유럽 경제 사회 위원회에 보고해야 한다. 해당 조사 결과를 바탕으로, 해당 보고서는 적절한 경우 시행 구조와 확인된 단점을 해결하기 위한 연합 기관의 필요성과 관련하여 이 규정의 개정 제안을 첨부해야 한다.

> **제113조(발효 및 적용)**
> 본 규정은 유럽연합 관보에 게재된 날로부터 20일째 되는 날부터 시행된다. 2026년 8월 2일부터 적용된다. 하지만
> (a) 제1장과 제2장은 2025년 2월 2일부터 적용된다.
> (b) 제3장 제4절, 제5장, 제7장 및 제12장, 제78조는 제101조를 제외하고 2025년 8월 2일부터 적용한다.
> (c) 제6조(1)항 및 이 규정의 해당 의무는 2027년 8월 2일부터 적용된다. 본 규정은 전체적으로 구속력을 가지며 모든 회원국에 직접 적용된다.

**EU 집행위원회와 회원국 간 제재 권한의 분담**

EU 집행위원회는 범용 AI 모델에 대한 제재 권한을 보유한다. AI Act 위반에 따른 EU 차원의 제재 수준 일관성 확보를 위하여 과징금 상한은 AI Act에서 법률로 규정한다.

구체적인 제재 수준의 결정은 회원국의 재량이지만, 과징금 부과, 산정에 있어 EU 집행위원회의 가이드라인을 준수하고, 필수 고려 요소를 반영한다.

과징금 부과, 산정 시 고려 요소는 위반 행위의 성격, 중대성, 기간, 위반 행위에 따른 결과, 법 위반 사업자의 규모(중소기업, 스타트업 여부 고려)이다.

회원국은 금지되는 AI 시스템 활용, 고위험 AI 시스템 활용, 고위험 AI

시스템 준수 의무, 특정 AI 시스템의 투명성 의무 위반에 대한 제재 권한을 보유한다. 실효성, 법 위반 억지력, 비례의 원칙 준수하에 회원국 재량으로 제재 수준을 결정할 수 있으며, 경고, 비금전적 조치 등의 법 집행수단에 관한 규칙을 EU 집행위원회에 통지한다. 자발적 이행 지원을 위해 고위험 AI 시스템 요건(제3장 제2절)의 전부 또는 일부를 고위험이 아닌 AI 시스템에 자발적으로 적용하도록 행동 강령의 작성 장려, 촉진, 법 이행 준수 지원을 위한 가이드라인을 마련하였다.

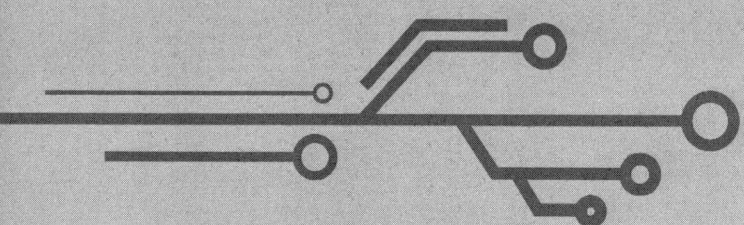

# 기타

## 1. 행동 강령

　실효성 확보를 위해 목적 달성 측정하는 핵심 성과지표를 고려하여 마련, 행동 강령의 효과성 및 영향 평가 후 포함할 필요가 있는 요건 등 포함, 행동 강령 작성을 장려하고 촉진 시 스타트업 포함한 중소기업의 구체적인 관심, 요구를 고려함. 행동 강령의 효과, 영향을 2028년 8월 2일까지 평가, 이후 3년마다 고위험 AI 시스템 외의 AI 시스템이 준수해야 하는 추가 요건(환경의 지속가능성 등) 또한 평가함

## 2. 가이드라인

　(법 전체 이행) 관련 AI 시스템의 정의의 적용(제3조 제1항), 이 법과 부속서 I에 따른 EU법 및 기타 관련 유럽연합 법률과의 관계, 집행의 일관성 등에 관한 정보
　(고위험 AI 시스템) 제8조~15조 및 제25조에 따른 요건, 의무 적용, 제5조에 따른 금지된 업무, 상당한 수정 관련 조항의 이행, 제50조 투명성 의무 대상 AI 시스템 제50조에 규정된 투명성 의무의 이행
　AI법 위반 여부를 판단할 때 고려하게 되는 요소, 스타트업 포함한 중소기업, 지방공공당국, AI법 영향받는 분야 요구 특별히 고려함

## 3. 이행법(Implemeting act)

　명시적인 법상 위임 근거에 따라 채택되는 것으로 절차 등 오직 중요도

가 낮은 사항에 대한 것을 정하게 함

(고위험 AI 시스템) 피통보 기관 지정의 중지, 제한과 철회(제37조 제4항) 공통기준 마련(제41조 제1항), 업무준칙 승인(제50조 제7항)

(제50조 투명성 의무 대상 AI 시스템) 콘텐츠 탐지, 표시 관련 의무 이행 관련 업무준칙 승인(제50조 제7항)

(범용 AI 모델) 제53조, 제55조 이행 관련 공통규칙(제56조 제9항), 범용 AI 모델 평가절차(제92조), 범용 AI 모델 과징금 부과 절차 등(제101조)

(규제 샌드박스) 규제 샌드박스 제도 구체화(제58조 제1항), 실증계획의 세부 내용 구체화(제60조 제1항), 과학 패널 설치규정(제68조 제1항), 사후 시장 감독 계획 견본(제72조 제3항)

## 4. 위임법(Delegated act)

법 이행을 위한 통일된 조건을 마련할 필요가 있을 때 권한 위임

(고위험 AI 시스템) 고위험으로 간주되지 않는 조건 개정(제6조 제6항, 제7항), 고위험 AI 시스템 분류(부속서 III) 개정(제7조 제1항, 제3항), 기술 문서(부속서 IV) 개정(제11조 제3항), 적합성 평가 절차(부속서 VI)(제43조 제5항), 품질관리시스템 및 기술 문서 평가에 근거한 적합성 평가(부속서 VII) 개정(제43조 제6항), 적합성 선언의 내용 수정(부속서 V) (제47조 제5항)

(범용 AI 모델) 구조적 위험 및 고영향 성능 기준 개정(제51조 제3항, 제52조 제4항, 제53조 제5항, 제6항)

# 마치면서

최근 생성형 AI와 관련한 법적 문제는 저작권 침해였다. 여러 작가와 예술가들이 OpenAI와 Microsoft 같은 회사에 소송을 제기했고 이 소송들은 AI 모델이 무단으로 저작권이 있는 책이나 기사 등을 학습하는 데 사용되었다고 주장한다. 예를 들어, 뉴욕 타임스는 OpenAI의 챗봇이 자사의 기사를 무단으로 학습에 사용했다며 소송을 제기했고, 작가 사라 실버맨 등도 비슷한 주장으로 소송을 제기했다. 이 사건들은 AI의 저작권법 적용 여부와 AI가 사용하는 자료가 '공정 사용'에 해당하는지 여부를 시험하는 중요한 사례들이다.

또 다른 문제는 생성형 AI의 산출물이 거짓이 많아 그대로 활용하려면 전문가의 확인 및 검수가 필요하다는 점이다. 미국 연방거래위원회(FTC)는 Operation AI Comply라는 프로그램을 통해 AI를 이용한 기만적 주장을 한 기업들을 조사하고 있는데 예를 들어, DoNotPay라는 회사는 자사의 AI가 '세계 최초의 로봇 변호사'라고 주장했으나, FTC는 이 서비스가 주장한 수준의 법률 서비스를 제공하지 못한다고 고발했다. 거짓말을 하는 AI 판결로 인해 인간의 확인 및 검수 능력이 중요시되고 있다. 그 밖에도, 딥페이크와 같은 남용까지 가지 않더라도, AI가 개인 데이터를 어떻게 사용하는가에 대한 법적 논란도 발생하고 있다. 사용자 동의 없이 개인 데이터를 AI 학습에 사용했다는 이유로 소송을 당한 기업도 있고 유럽연합의 개인정보 보호법에 위배된다는 주장이 제기되기도 하였다.

추후 이러한 AI와 관련한 문제를 EU AI Act 수준으로 관리하면 AI 기술의 급격한 발전이 있다고 하더라도 기존 법체계와 통합시킬 수 있는 방안을 가질 수 있을 것이다. 그럼에도 불구하고 AI 기술은 산업의 발전 이전에 저작권, 개인정보 보호, 소비자 보호 등 다양한 분야에서 새로운 도전과제를 만들어 내고 있다.